はしがき

　本協会に所属する学校は、令和6年度は216校に及び、企業で経理事務を担当する人や、将来税理士などの職業会計人になる人の養成に携わっています。本協会は、簿記会計の実践面において大きな影響力を持つ税法の学習を、経理学校の正式科目として普及するよう長年努力を続けてまいりました。

　このため、本協会では毎年3回、法人税法についての能力検定試験を1級から3級に分けた形で実施し、その合格者には本協会の合格証書を授与しています。幸い、その普及率・合格率も徐々に向上しています。

　わが国の税制は、納税者の一人一人が法律に定められたルールに従って、申告・納税を自主的に行う申告納税制度を基本としています。

　その税法が難しい法律であり、若い生徒諸　　　　　にくいということも事実ですが、学習用テキストとして平易に書かれた解説書　　　　　　　　　しやすくなるのではないかと考えられます。

　そこで、株式会社清文社のご協力を得て本　　　　　　　　　「演習法人税法」テキストになります。発刊以来、全国各地の会員校にお　　　　　　　を博しています。

　本書は、初級用テキストである「入門税法」及び中　　　　　　　習所得税法」「演習消費税法」と姉妹書になっており、「演習所得税法」　　　　と同様、「入門税法」で一応の税法予備知識を習得された方のために作成されてい・

　また、読む勉強と同時に、問題を解くことにより実力を養って　ただくことを狙いとし、各章に演習問題を、最終章に総合演習問題を配置しました。問題の水準については、本協会の法人税法能力検定試験の2級ないし3級程度としています。

　なお、参考までに巻末には本協会の法人税法能力検定試験の試験規則・級別出題区分表と、令和5年10月実施の試験問題の2級及び3級を掲載しました。読者諸氏の能力にあった検定試験をできるだけ多くの方が受験され、能力を確かなものとされるようお薦めする次第です。

令和6年3月

公益社団法人　全国経理教育協会

（注）　本書印刷日現在、令和6年度の税制改正法案は、国会で審議中ですが、学習の便を考え、あえて　　　法案の段階にて作成としたことをご了解いただきたく存じます。

目　　　次

第一章　法人税のあらまし

第二章　総　　　則

第三章　法人税法上の「所得」

第四章　損益の期間帰属

第五章　棚卸資産

第六章　減 価 償 却

第七章　繰延資産の償却

第八章　役員の給与等

第九章　租税公課等

第十章　寄　附　金

第十一章　交　際　費　等

第十二章　貸倒損失と貸倒引当金

第十三章　圧　縮　記　帳

第十四章　受取配当等の益金不算入

第十五章　有価証券の譲渡損益・時価評価損益

第十六章　外貨建取引の換算

第十七章　その他の損益

第十八章　別表四と五㈠の作成方法

第十九章　税　　　　率

第二十章　同族会社と留保金課税

第二十一章　所得税額の控除

第二十二章　申告と納税

第二十三章　グループ法人税制

公益社団法人 全国経理教育協会主催 法人税法能力検定試験

─────────────── 〈凡例〉 ───────────────

◎本書に使用した法令・通達等の略号は次によっています。

通則法…………国税通則法（昭和37年法律第66号）

法法……………法人税法（昭和40年法律第34号）

法令……………法人税法施行令（昭和40年政令第97号）

法規……………法人税法施行規則（昭和40年大蔵省令第12号）

法基通…………法人税基本通達（昭和44年5月1日直審（法）25国税庁長官通達）

措法……………租税特別措置法（昭和32年法律第26号）

措令……………租税特別措置法施行令（昭和32年政令第43号）

措通……………租税特別措置法関係通達（法人税編）（昭和50年2月14日直法2－2
　　　　　　　　国税庁長官通達）

租特透明化法……租税特別措置の適用状況の透明化等に関する法律
　　　　　　　　　　　　　　（平成22年3月31日法律第8号）

復興財源確保法…東日本大震災からの復興のための施策を実施するために必要な財源
　　　　　　　　の確保に関する特別措置法（平成23年12月2日法律第117号）

耐令……………減価償却資産の耐用年数等に関する省令（昭和40年大蔵省令第15号）

耐通……………耐用年数の適用等に関する取扱通達（昭和45年5月25日直法4－25
　　　　　　　　国税庁長官通達）

全検……………公益社団法人全国経理教育協会主催「法人税法能力検定試験」

〈略号使用例〉

法法37⑤…………法人税法第37条第5項

法令138①一 ……法人税法施行令第138条第1項第1号

（注）　本書の演習問題では地方法人税及び復興特別所得税は考慮していません。

第一章 法人税のあらまし

■第一節　法人税は会社の所得に課税される

　法人税は、所得税と並んで、税金の中では税収入の最も大きな税金の1つです。

　所得税は、個人の所得に課税されるのに対し、法人税は法人の所得＝会社の利益に対して課税される税金です。会社は、会社法により、帳簿を備えて取引に関する事項をすべて記帳しなければならない義務があります（会社法432①）から、法人税は、すべてこの会社の企業会計による記録を基として所得を計算することにしており、このため会社は、決算期後に会社の利益計算の内容を示した損益計算書と、期末貸借対照表を作成し、これを基として法人税法に従った課税所得、税額の計算過程を示した法人税申告書を作成します。そしてこれを、原則として決算期後2か月以内に税務署長に提出し、納税することになっています（これを法人税の確定申告といいます。）。

　企業会計によって計算された利益は、必ずしも税法の定める所得の計算規定に従って計算されてはいませんから、法人税申告書に添付する各種の明細書（別表第○と番号が付されています。）の上で、これを税法の規定に従って、課税所得金額に修正していく必要がありますが、これを「申告調整」と呼んでいます。法人税法を勉強するということは、その大部分はこの申告調整の仕方を学んでいくことになります。

■第二節　法人税の計算には簿記の知識が必要

　法人税では、前述のように、企業会計による利益計算を、課税所得計算の第一の基盤としている他に、企業会計の面で一定の処理をするかしないかで、課税所得の金額が違ってくるというように、簿記の方法にも積極的に介入して、会計処理にも密接に関連してきます。

　このため、法人税の計算を理解するには、簿記の仕訳の原則を知っておくことが前提となります。

　例えば、法人税法では、「損金経理をしたときは」とか「圧縮記帳したときは」とか「××引当金に繰り入れたときは」その金額を損金（経費）の額に算入するというような規定をしています。これは、会社の帳簿の上で、あるいは決算書の上で、損金として経費科目に計上したり、引当金として貸借対照表の負債の部に計上することが、課税利益を減少させる（損金の額に算入する）ことの前提条件となっていますので、会計処理の仕方を規制していることになり

ます。

　しかし、税法は、このような場合よく「確定決算」でそのような処理になっていることを要求します。「確定決算」とは、株主総会その他正当な権限のある会社の機関が、承認して確定した決算をいいますから、税法の要請による会計処理も、その大部分は決算書を作る段階で行えばよいことになります。

　そこで、申告書や別表類における調整計算の前に、会社の帳簿や決算書を作る段階で行うこのような税務のための調整を一般に「決算調整」と呼んで、前述の申告調整と区別しています。

■第三節　法人税法は営利行為を前提として立法されている

　法人税は、法人を課税の対象にするものですが、本来、法人つまり会社とは、営利を追及するために設立された社団（個人の集団）です。

　したがって、税法も、会社があらゆる場合に営利のための行動をとることを前提として作られています。このため、会社が通常の常識では考えられないような非営利的行動（取引）を行うと、これを正常な取引に直して（つまり実際の取引を否認して）課税所得を計算することがあります。これは、個人を課税の対象とする所得税とはまったく異なった法人税の特色であるといわれています。

　その例として、会社がその役員に不動産を安く売ったり、無利息で金銭を貸したりすると、その取引を否認して、正常の価格で売った、又は正常の利息を受けとったものとして収益の額を計算します。そして、現実に収入した金額との差額を寄附金とし、一定限度を超えると経費に算入しない——といった取扱いを定めています。

　簿記では、取引をありのまま正確に記録するのが正しいのですが、税法では、会社の正常でない取引なり計算を容認すると、同じ所得がありながら、会社が任意に課税所得を増やしたり減らしたりすることができることになり、正常な取引をする会社との間に税負担の不公平を生じるので、このような規制をしなければならないわけです。つまり、会社の計算なり会計処理を前提として所得計算をするものの、税法独自の立場から、その処理を一部修正して、会社利益と異なる課税所得を計算することもあるわけです。しかし、これはその取引の民法や会社法上の効力を失わせるのではなく、それはあくまで有効にしておき、税法の所得計算の上でだけ「正常な取引に修正されたものとみなす」にすぎません。

■第四節　法人税は所得税の前払である

　これは、必ずしも一般に認められた考え方ではなく、反対の考え方をする人もありますが、

現在の法人税法の作られ方、所得税法の作られ方をみる限りにおいては、法人税は所得税の前払である、と考えたほうが理解しやすい面が多くあります。

この考え方の基礎にあるのは、法人は、個人の集合体であり、個人が資金を出し合って設立したものである。法律上、その集合体に権利能力の主体としての人格を与えたほうが便利だから、これを構成する個人とは別の法人という人格を作ったにすぎない。したがって、その法人の得た所得は、いつかはその構成者である個人つまり出資者に分配されるものである、という考え方です。このように、法人というのは、個人の集合体を一個の人格に擬制したにすぎないという見方を「法人擬制説」と呼びます。

戦後の大きな税制改革であったシャウプ勧告による税制は、この法人擬制説の考え方に立って立法されたので、その後多くの手直しはされてきましたが、まだこの考え方は税制のあちこちに残っているわけです。その代表的なものとして、法人税率の定め方と所得税における配当控除の制度をあげることができます。

法人も個人と同じ独立した経済主体であり、人格を擬制されたものではない、という考え方（前述の法人擬制説に対して、この考え方を「法人実在説」といいます。）に立てば、法人税の税率も所得税と同じ累進構造（所得が高くなるに従って税率も高くなる仕組み）をとればよいはずですが、現在の法人税率は、（小規模会社における軽減税率はありますが）基本的には比例税率を採用しており、所得金額の大小にかかわらず税率は一定しています。これを、「どうせ所得税の前取りだから、一定税率で概算した税金をとっておればよい。その精算は、所得が個人に分配された段階で、所得税という別の税金でしてもらえばよいのだから」という考え方のあらわれとみれないこともないでしょう。

また、個人の配当所得に対する配当控除は配当所得の一定割合（10％〜1.25％）を所得税から引く制度ですが、これの存在理由は、配当所得は、会社が利益を上げた段階で法人税として税金を前払しているから、そのぶんだけ所得税を軽減しないと他の法人税のかかっていない所得と比べ負担が重くなり二重課税になる、ということになっています。

■第五節　法人税は事業年度単位で課税される

会社は、1年以下の期間を区切ってこれを事業年度として、定款等で定めることになっていますが、法人税でも、これを課税所得の計算期間としています。したがって、法人税の課税は、事業年度を半年としている会社には年に2回行われ、事業年度を1年としている会社には年1回だけ行われることになります。このような納税回数の不均衡を是正するために、法人税では、1年決算法人には、事業年度の中間時点で予定納税（原則として前年度法人税額の半額を納税）する制度が設けられています。

法人税で新しい制度ができたり、従来の制度が改正されたりした場合に、それがいつから適用されるかは、多くの場合「〇月1日以後開始（又は終了）する事業年度」という形で適用開始時期が定められます。事業年度が、新法と旧法の適用の境目となることが多いのもこのためです。そのため、法人の事業年度の開始日が1日違うだけで、同じ改正規定の適用開始が1年ずれてくることもあります。

総　　則

この章のポイント

●法人の区分と法人税の課税標準

法人の区分		各事業年度の所得に対する法人税	清算所得に対する法人税	退職年金等積立金に対する法人税
内国法人	公　共　法　人 ⇨	非　　　　　　課　　　　　　税		
	公　益　法　人　等 ⇨	収益事業から生じた所得について課税	非　課　税	退職年金業務等を行う法人に対して課税
	人格のない社団等 ⇨			
	協　同　組　合　等 ⇨	各事業年度の所得の全部について課税	課　税	
	普　通　法　人 ⇨			
外国法人	人格のない社団等 ⇨	国内源泉所得のうち収益事業から生じた所得に課税	非　課　税	
	普　通　法　人 ⇨	国内源泉所得に課税		同　　　　　上

> **注**　平成22年10月１日以後の解散から清算所得に対する法人税の課税が廃止されました。清算所得に対する法人税は平成22年９月30日以前に解散した場合に適用されます。（旧法法５、99①、②）

■第一節　法人税の納税義務者と課税所得の範囲

　法人税法は、法人税の納税義務の範囲といった観点から、法人を次のように区分しています。（法法２三～九の二）

$$
法\ 人
\begin{cases}
内\ 国\ 法\ 人
\begin{cases}
公\ 共\ 法\ 人 \\
公\ 益\ 法\ 人\ 等 \\
人格のない社団等 \\
協\ 同\ 組\ 合\ 等 \\
普\ 通\ 法\ 人
\end{cases} \\
外\ 国\ 法\ 人
\begin{cases}
人格のない社団等 \\
普\ 通\ 法\ 人
\end{cases}
\end{cases}
$$

以下、これらの法人の意義とその課税所得の範囲を説明します。

1 納税義務者

(1) 内国法人

「内国法人」とは、国内に本店又は主たる事務所を有する法人をいいます。

本店とは、会社の住所（事業活動を統轄する本拠）のある所をいい、主たる事務所とは、会社以外の法人の住所のある所をいいます。

内国法人は、国内に源泉がある所得はもちろんのこと、国外にその源泉がある所得についても、最終的にはその内国法人に帰属するものであることから、すべて納税義務を負うこととされています。（法法4①）

(2) 外国法人

「外国法人」とは、内国法人以外の法人、つまり国内に本店又は主たる事務所を有しない法人をいいます。

外国法人は、国内に資産又は事業等を有し、その資産又は事業等から生ずる所得、すなわち国内源泉所得を有するとき、法人課税信託の引受けを行うとき又は退職年金業務等を行うときにのみ納税義務を負うこととされています。外国法人を一般に制限納税義務者と呼ぶのはこのためです。（法法4③）

(3) 公共法人

「公共法人」とは、法人税法別表第一「公共法人の表」の地方公共団体、公庫、公社、地方公社等の法人、独立行政法人で国等の全額出資に係るもの、地方独立行政法人、国立大学法人等をいい、法人税を納める義務がないので納税義務者とはなりません。（法法4②）

公共法人は、政府の出資により公共の利益のために経営する企業体であったり、国又は地方公共団体の行うべき事務を代行していると認められるなど、公共性が強く私的所有、私的支配に属さないことから、非課税法人とされています。

(4) 公益法人等

「公益法人等」とは、法人税法別表第二「公益法人等の表」の法人をいい、収益事業を行う場合、法人課税信託の引受けを行う場合、特定多国籍企業グループ等に属する場合又は退職年金業務等を行う場合に限って法人税の納税義務を負うこととされています。（法法4①）

公益法人等は、原則として利益又は残余財産が分配されるべき特定の資本主等を有さず、しかも、その行う公益事業は、社会公共の利益を目的とするものですが、公益事業を行うかたわら営利事業を行う場合があります。このような営利事業に法人税が課税されなければ課税の公平を失することになるので、そうした収益事業についてだけ課税することとされたものです。

公益法人等には、非営利型法人に該当する一般社団法人及び一般財団法人、公益社団法人及び公益財団法人のほか、学校法人、宗教法人、社会医療法人、社会福祉法人、税理士会、商工

会、商工組合などがあり、特定非営利活動法人（NPO法人）も公益法人等とみなされます。

収益事業とは、次の各事業で継続して事業場を設けて営まれるものをいいます。（法法2十三、法令5）

①物品販売業　②不動産販売業　③金銭貸付業　④物品貸付業　⑤不動産貸付業　⑥製造業　⑦通信業　⑧運送業　⑨倉庫業　⑩請負業　⑪印刷業　⑫出版業　⑬写真業　⑭席貸業　⑮旅館業　⑯料理店業その他の飲食店業　⑰周旋業　⑱代理業　⑲仲立業　⑳問屋業　㉑鉱業　㉒土石採取業　㉓浴場業　㉔理容業　㉕美容業　㉖興行業　㉗遊技所業　㉘遊覧所業　㉙医療保健業　㉚洋裁、和裁、着物着付け、編物、手芸、料理、理容、美容、茶道、生花、演劇、演芸、舞踊、舞踏、音楽、絵画、書道、写真、工芸、デザイン、自動車操縦、小型船舶操縦の教授又は予備校若しくは公開模擬学力試験を行う事業　㉛駐車場業　㉜信用保証業　㉝工業所有権及び著作権の譲渡又は提供を行う事業　㉞労働者派遣業

⑸　人格のない社団等

「人格のない社団等」とは、社交クラブ、同窓会、PTA、各種親睦団体、事業者団体等で社団又は財団たる実体は備えていますが、法人となる手続をとっていないなどのため法人格を有しておらず、代表者又は管理人の定めがあるものをいいます。

このように権利能力のない社団等については、これを法人とみなして、収益事業を行う場合、法人課税信託の引受けを行う場合、特定多国籍企業グループ等に属する場合又は退職年金業務等を行う場合に限って納税義務を負わせることとしています。（法法3、4①）

外国の人格のない社団等についても、国内源泉所得のうち収益事業から生じた所得については、納税義務を負うことになります。（法法8②）

⑹　普通法人

「普通法人」とは、公共法人、公益法人等、協同組合等以外の法人をいい、人格のない社団等は含まれません。

具体的には、一般の株式会社のほか合名会社、合資会社、合同会社、医療法人、企業組合、非営利型法人に該当しない一般社団法人及び一般財団法人等がこれに該当します。

普通法人は、法人の大部分を占めることはいうまでもありませんが、内国法人である普通法人（内国普通法人）は、納税義務に制限がないことから、一般に無制限納税義務者と呼ばれています。

⑺　協同組合等

「協同組合等」とは、法人税法別表第三「協同組合等の表」の法人をいい、内国法人である普通法人と同様に無制限納税義務者です。

協同組合等の組合員は自分で事業を営み、組合は組合員の事業活動に便宜を与えるためにいろいろな活動（共同加工など）を行うのみで組合自体の営利を追求するわけではありません。

かといって一般大衆の公益を目的として活動する公益法人でもありません。したがって、協同組合等は公益法人等と普通法人との性格をあわせもっており、法人税率は普通法人と比べて低い税率が定められています。

2 内国法人の設立等の届出

(1) 内国普通法人等の設立の届出

内国法人である普通法人又は協同組合等は、その設立の日以後2か月以内に、次の事項を記載した届出書に定款等（定款、寄附行為、規則、規約等）の写しを添付し、これを納税地の所轄税務署長に提出しなければなりません。（法法148①、法規63、通則法124）

① 名称、本店所在地、法人番号、納税地、代表者氏名及び住所 ② 事業の目的

③ 設立の日

(2) 公益法人等又は人格のない社団等の収益事業の開始等の届出

内国法人である公益法人等又は人格のない社団等が収益事業を開始した場合には、その開始した日以後2か月以内に、次の事項を記載した届出書にその開始した時における収益事業に係る貸借対照表、定款等の写しを添付し、これを納税地の所轄税務署長に提出しなければなりません。（法法150①、法規65①、通則法124）

① 名称、本店所在地、法人番号、納税地、代表者氏名及び住所 ② 事業の目的

③ 収益事業の種類 ④ 収益事業を開始した日

(3) 公共法人が収益事業を行う公益法人等に該当することとなった場合の届出

公共法人が収益事業を行う公益法人等に該当することとなった場合には、その該当することとなった日以後2か月以内に、次に掲げる事項を記載した届出書にその該当することとなった時における貸借対照表、定款等の写しを添付し、これを納税地の税務署長に提出しなければなりません。（法法150②、法規65②、通則法124）

① 名称、本店所在地、法人番号、納税地、代表者氏名及び住所 ② 事業の目的

③ 収益事業の種類 ④ その該当することとなった日

(4) 公共法人又は収益事業を行っていない公益法人等が普通法人又は協同組合等に該当することとなった場合の届出

公共法人又は収益事業を行っていない公益法人等が普通法人又は協同組合等に該当することとなった場合には、その該当することとなった日以後2か月以内に、次に掲げる事項を記載した届出書にその該当することとなった時における貸借対照表、定款等の写しを添付し、これを納税地の所轄税務署長に提出しなければなりません。（法法150③、法規65③、通則法124）

① 名称、本店所在地、法人番号、納税地、代表者氏名及び住所 ② 事業の目的

③ その該当することとなった日

3　課税所得の範囲

(1)　内国法人の課税所得の範囲

　内国法人に対しては、各事業年度の所得について「各事業年度の所得に対する法人税」が課税されます。（法法5）清算中の各事業年度にあっても、同様です。

　なお、平成22年9月30日以前の解散については、改正前の法人税法の規定により清算所得課税がされます。

(2)　内国法人の国際最低課税額の課税

　特定多国籍企業グループ等に属する内国法人に対しては、上記の法人税のほか、各対象会計年度の「国際最低課税額に対する法人税」が課税されます。（法法6の2）

(3)　外国法人の課税所得の範囲

　外国法人に対しては、各事業年度の所得のうち国内源泉所得（人格のない社団等の場合は、そのうち収益事業から生じた所得）について、各事業年度の所得に対する法人税が課税されます。（法法8）

(4)　退職年金業務等を行う法人の退職年金等積立金の課税

　退職年金業務等を行う内国法人又は外国法人に対しては、上記の法人税のほか、各事業年度の退職年金等積立金について、「退職年金等積立金に対する法人税」が課税されます。（法法7、9）なお、平成11年4月1日から令和8年3月31日までの間に開始する各事業年度の退職年金等積立金に対する法人税については、課税が停止されています。（措法68の5）

■第二節　内国法人の事業年度等

(1)　事業年度の意義

　法人税法において「事業年度」とは、法人の財産及び損益の計算の単位となる期間（会計期間）で、法令で定めるもの又は法人の定款、寄附行為、規則、規約その他これらに準ずるもの（以下「定款等」といいます。）に定めるものをいうとされています。（法法13①）

(2)　解散・合併等の場合の事業年度の特例

　法人の解散、合併等により、次の①から⑤に掲げる事実が生じた場合には、その事実が生じた法人の事業年度は、上記(1)にかかわらず、次の①から⑤に定める日に終了し、これに続く事業年度は、②又は④に掲げる事実が生じた場合を除き、同日の翌日から開始するものとされます。（法法14）

　①　法人が事業年度の中途において解散（合併による解散を除きます。）をしたこと
　　　その解散の日

　＊　株式会社が解散（破産手続開始の決定による場合を除きます。）をした場合における清算中の事

業年度は、その株式会社の定款で定めた事業年度にかかわらず、会社法第494条第1項に規定する清算事務年度（解散の日の翌日又はその後毎年その日に応当する日から始まる各1年の期間）になります。（法基通1－2－9）

② 法人が事業年度の中途において合併により解散したこと
　　その合併の日の前日

③ 公益法人等が事業年度の中途において普通法人若しくは協同組合等に該当することとなったこと
　　その事実が生じた日の前日

④ 清算中の法人の残余財産が事業年度の中途において確定したこと
　　その残余財産の確定の日

⑤ 清算中の法人が事業年度の中途において継続したこと
　　その継続の日の前日

(3)　会計期間の届出

　法令及び定款等に会計期間の定めがない内国法人は、その設立の日（次の①～③の法人については、それぞれ次の日）以後2か月以内に、会計期間を定めて納税地の所轄税務署長に届け出なければなりません。（法法13②一）

① 新たに収益事業を開始した公益法人等又は人格のない社団等
　　その開始した日

② 公共法人に該当していた収益事業を行う公益法人等
　　当該公益法人等に該当することとなった日

③ 公共法人又は収益事業を行っていない公益法人等に該当していた普通法人又は協同組合等
　　当該普通法人又は協同組合に該当することになった日

　なお、人格のない社団等がその届出をしない場合には、その人格のない社団等の会計期間は、その年の1月1日（収益事業を開始した年については、その開始した日）から12月31日までの期間とされます。（法法13④）

(4)　会計期間を変更した場合等の届出

　法人がその定款等に定める会計期間を変更し、又はその定款等において新たな会計期間を定めた場合には、遅滞なく、その変更前の会計期間及び変更後の会計期間又はその定めた会計期間を納税地の所轄税務署長に届け出なければなりません。（法法15）

■第三節　内国法人の納税地

(1)　法人税の納税地

　内国法人の法人税の納税地は、その本店又は主たる事務所の所在地とされています。（法法16）

(2)　納税地の異動の届出

　法人は、その法人税の納税地に異動があった場合には、遅滞なく、異動前の納税地及び異動後の納税地を記載した書面をもって、その異動前の納税地の所轄税務署長に届け出なければなりません。（法法20、法令18）

■第四節　法人税の課税標準

　法人税の課税標準（税額計算の基礎となる金額）は、法人の事業活動によって得た所得の金額であり、株主が払い込んだ資本金等によって法人の正味資産が増えた部分については課税対象としないこととされています。（法法21、22）

　その他、退職年金業務等を行う生命保険会社などには、退職年金等積立金について特別な課税が行われます。また、特定の同族会社には、社内に留保した所得について法人税が課税される場合があります。

　以下、それらの課税標準の意味を説明しますが、特定同族会社の留保金課税については、第二十章であらためて説明します。

　なお、以下では、内国法人についてのみ記述することとしますので、単に「法人」とあるのは「内国法人」をさすものと理解してください。

(1)　各事業年度の所得

　各事業年度の所得は、法人の各会計期間の事業活動によって得た所得をいいます。

　また、清算中の各会計期間も同様です。

(2)　清算所得

　清算所得とは、法人が解散した場合の残余財産の価額が、解散時の資本金等の額と利益積立金額等との合計額を超える場合のその超える部分の金額をいいます。（法法旧93①）〔＊平成22年10月１日以後の解散から廃止〕

(3)　退職年金等積立金

　退職年金等積立金とは、確定給付年金資産管理運用契約等、確定給付年金基金資産運用契約、確定拠出年金資産管理契約又は勤労者財産形成（基金）給付契約に基づいて、信託、生命保険（共済）、損害保険等の業務を行う法人にその給付のために積み立てられている信託財産又は保険積立金のうち、事業主等が負担した部分をいいます。この積立金に対し１％の税率による法人税（特別法人税）が保険会社等に課税されます。（法法84、87）

> **注**　特別法人税は、平成11年４月１日から令和８年３月31日までの間に開始する事業年度においては、その課税が停止されています。（措法68の５）

　この制度に基づいて払い込んだ掛金は支払法人の損金になる一方で、その年金受給者への所

得税の課税は受給開始まで繰り延べられます。退職年金等積立金に対する１％の税率による課税は、この所得税の課税の繰延べに対する利子としての性格をもっているといわれています。

■第五節　青色申告制度

青色申告制度は、納税者が所定の帳簿書類を備え付け税務署長の承認を受けたときは、青色の申告書を提出することができるという制度です。（法法121）

この申告書を提出する法人は、次のような税法上の各種の特例措置の適用が受けられます。

(1)　法人税法上の特例

①　青色欠損金の繰越控除

②　欠損金の繰戻しによる前１年以内の法人税額の還付

（中小法人、公益法人等、協同組合等及び人格のない社団等を除き、平成４年４月１日から令和８年３月31日までの間に終了する各事業年度に生じた欠損金額については適用が停止されています。）

> **注** 中小法人とは、資本（出資）金の額が１億円以下の普通法人をいいます。ただし、資本（出資）金の額が５億円以上の法人の100％子法人及び100％グループ内の複数の資本（出資）金の額が５億円以上の法人に発行済株式等の全部を保有されている法人を除きます。

③　税務署長が更正するときは、原則として帳簿書類の調査に基づき更正しなければならないこと

④　税務署長が更正するときは、更正通知書にその理由を付記しなければならないこと

⑤　推計による更正又は決定の禁止

(2)　租税特別措置法上の特例

①　法人税額の特別控除

（試験研究費、投資税額、給与等の支給額が増加した場合等の控除）

②　減価償却資産の特別償却

③　各種準備金の積立額の損金算入など

1 青色申告の承認

(1)　承認申請書の提出

青色申告の承認を受けようとする内国法人は、当該事業年度開始日の前日までに、当該事業年度開始日その他所定の事項を記載した申請書を納税地の所轄税務署長に提出しなければなりません。（法法122①）

この場合、当該事業年度が次の事業年度に該当するときは、申請書の提出期限は、それぞれ

次の日の前日とされます。（法法122②）

① 　内国普通法人等の設立事業年度……設立の日以後３か月を経過した日と当該事業年度終了日のいずれか早い日

② 　公益法人等又は人格のない社団等の新たに収益事業を開始した事業年度……収益事業を開始した日以後３か月を経過した日と当該事業年度終了日のいずれか早い日

③ 　次に掲げる法人の区分に応じそれぞれ定める日の属する事業年度……同日以後３か月を経過した日と当該事業年度終了の日とのいずれか早い日

　イ　公共法人に該当していた収益事業を行う公益法人等

　　当該公益法人等に該当することとなった日

　ロ　公共法人又は収益事業を行っていない公益法人等に該当していた普通法人又は協同組合等

　　当該普通法人又は協同組合等に該当することとなった日

④ 　①の設立の日、②の新たに収益事業を開始した日又は③のイ又はロに掲げる区分に応じそれぞれイ若しくはロに定める日から当該事業年度終了日までの期間が３か月に満たない場合における当該事業年度の翌事業年度……その設立の日、新たに収益事業を開始した日又は③のイ又はロに掲げる区分に応じそれぞれイ若しくはロに定める日以後３か月を経過した日と当該翌事業年度終了のいずれか早い日

　なお、**2**(1)の承認の取消しの通知を受け、又は同(2)の青色申告の取りやめの届出書の提出をした日以後１年以内の申請書の再提出は認められないことになっています。（法法123三）

(2)　承認等の通知

　税務署長は、(1)の申請書の提出があった場合において、その申請につき承認又は却下の処分をするときは、その申請をした内国法人に対し、書面によりその旨を通知することとされていますが、当該事業年度終了日（当該事業年度について中間申告書を提出すべき法人については、当該事業年度開始日以後６か月を経過した日の前日）までにその申請につき承認又は却下の処分がなかったときは、その日においてその承認があったものとみなされます。（法法124、125）

(3)　青色申告法人の帳簿書類

　青色申告書の提出の承認を受けている法人は、仕訳帳、総勘定元帳、その他所定の帳簿書類を備え付けて、その資産、負債及び資本に影響を及ぼすいっさいの取引につき、複式簿記の原則に従い記帳を行う義務があり、その帳簿記録に基づいて決算を行い、その帳簿書類を保存しなければなりません。（法法126①、法規53 ～ 59）

　なお、税務署長は、必要があると認めるときは、上記の帳簿書類について必要な指示をすることができることになっています。（法法126②）

❷ 青色申告の取消し又は取りやめ

(1) 承認の取消し

　税務署長は、青色申告の承認を与えた法人について次のいずれかに該当する事実があるときは、それぞれ次の事業年度までさかのぼって、その承認を取り消すことができます。（法法127①）

　① その事業年度に係る帳簿書類の備付け、記録又は保存が財務省令の規定に従って行われていないこと……その事業年度

　② その事業年度に係る帳簿書類について税務署長の指示に従わなかったこと……その事業年度

　③ その事業年度に係る帳簿書類について取引を隠ぺいし又は仮装して記載するなど記帳の真実性を疑うに足りる相当の理由があること……その事業年度

　④ 確定申告書を期限内に提出しなかったこと……その申告書に係る事業年度

(2) 青色申告の取りやめ

　青色申告をやめようとするときは、当該事業年度終了日の翌日から2か月以内に、当該事業年度開始日その他所定の事項を記載した届出書を納税地の所轄税務署長に提出しなければなりません。この届出書の提出があったときは、当該事業年度以後の各事業年度について青色申告の承認は効力を失うものとされます。（法法128）

演習問題

問1　次の『　』内の各用語について、それぞれイ〜ニの説明のうち最も適当な説明と認められるもの1つを選び、符合で示しなさい。

(1) 『内国法人』

　イ　国内の法人のことである。

　ロ　国内に源泉のある所得を有する法人のことである。

　ハ　国内に本店又は主たる事務所を有する法人のことである。

　ニ　国内に本店又は主たる事務所を有する普通法人のことである。

(2) 『事業年度』

　イ　暦年又は半年の期間のことである。

　ロ　税務署長の指定した期間のことである。

　ハ　法人が設立の届出をする際に選択して届け出た期間のことである。

　ニ　法人の財産及び損益の計算の単位となる期間（会計期間）で、法令又は法人の定款等に定めるもののことである。

問2　法人税に関する次の説明の空欄に、適当な語句を書き入れ、文章を完成させなさい。

　イ　日本国内に本店又は主たる事務所を有する法人を　　　　　　　　　といい、これは公共法人、　　　　　　　、　　　　　　　、　　　　　　　　に分かれる。

　　このうち、　　　　　　　　　は制限納税義務者といわれ、各事業年度の所得のうち、　　　　　　　から生ずる所得のみに法人税が課税される。地方公共団体、地方公社、一定の独立行政法人などは　　　　　　　であり、法人税は非課税とされる。

　ロ　法人格は有しないが社団又は財団としての実体を備え、代表者又は管理人の定めのある団体を　　　　　　　　　といい、法人税法上はこれを法人とみなして、その　　　　　　　から生ずる所得には法人税が課税される。

　ハ　　　　　　　、　　　　　　　　は法人税の無制限納税義務者である。

法人税法上の「所得」

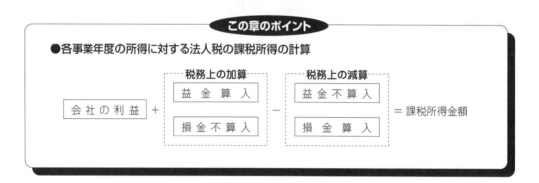

この章のポイント

●各事業年度の所得に対する法人税の課税所得の計算

■第一節　所得の金額

　国家の財政収入の大部分は、租税収入によってまかなわれています。

　租税は、国民がその税負担能力に応じて税法に従って納めるものですが、この場合、会社も法人として、自然人と同様の1人の国民とみなされます。したがって、会社は、法人税法によってその税負担能力に応じて税金を納めることになっています。

　それでは、その税金は何を基にして計算するのがいいかということになりますが、税の負担能力の点からいって、それは会社の利益の高に応じて計算するのがいちばん良いということになっています。つまり、法人税のほとんどは、会社の利益にその税源と課税標準を求めることになっています。法人税法第21条では、各事業年度の法人税の課税標準を「各事業年度の所得の金額とする」といっています。それから続けて第22条では、各事業年度の所得の金額は、「当該事業年度の益金の額から当該事業年度の損金の額を控除した金額とする」と定めています。

　所得、益金、損金という税法上の用語は聞きなれない言葉ですが、企業会計上の利益、収益、費用にだいたい対応するものと考えてよいでしょう。

（税務会計）　所得　＝　益金　－　損金
　　　　　　　　↓　　　　　↓　　　　　↓
（企業会計）　利益　＝　収益　－　費用

■第二節　益金の額

　税法では、資本等取引以外の取引による原因で純資産が増加した場合、実際にお金や物が動

いたかどうかにかかわらず収益が生じたと考えることになっています。したがって、次のような場合はいずれも収益になります。（法法22②）

> **注** 資本等取引というのは、資本金等の額（株主等から出資を受けた金額）を増減させる取引（例えば増資、減資など）の他に、株式配当など利益又は剰余金の分配も含んでいます。こういう性質の取引によって会社の純資産に増減が生じても、それは課税所得の計算の対象にはしないということです。（法法22⑤、２十六）

(1) 資産の販売……商品や製品を営業として販売するもので、収益の代表的なものです。

(2) 有償による資産の譲渡、役務の提供……土地や建物などを他の人に売り渡した代金も収益のうちです。安く売っても高く売っても収益です。なお、譲渡ということには、一般の売買のほか、収用、贈与、交換、出資、代物弁済などいろいろなケースが含まれています。

(3) 無償又は低い価額による資産の譲渡……無償で物を人にあげたり、安い値段で売るとその時価が収益になることがあります。人に物を無償であげた場合、もらった人に収益が発生するというのは疑問の余地はないでしょう。それでは、物をあげた方に、なぜ収益が発生するのかということですが、これは、法人が行う外部取引においては、すべての資産は時価によって取引されたものとして取り扱うというのが税務上の原則的な考え方とされているからです。人に物を無償であげるということは、いったんその物の時価に相当する金銭を対価として受け取り、この受け取った金銭をあげるということと変わらないので、物をあげたときにその物の時価に相当する収益が実現したものとするのです。

(4) 無償による資産の譲受け……ただでお金や物をもらったという場合です。企業会計では、もらったものの性質によっては資本剰余金とすることもありますが、税務ではすべて受贈益として益金を構成します。

■第三節　損金の額

　第二節の益金に対応するものとして、税法は次のようなものを損金としてあげています。（法法22③）

(1) 売上原価等……商品や製品の売上高に対応する売上原価とか、譲渡した資産の原価などです。売上原価等については、特に費用収益対応の原則が重要視され、当期の益金として計上した収益との対応関係により当期の損金かどうかの決定を行います。

> **注** 売上原価等となるべき費用の額が当期終了日までに確定していない場合には、同日の現況によりその金額を適正に見積もらなければなりません。なお、たとえ販売等に関連して発生する費用であっても、単なる事後的な費用の性格を有するものについては、債務確定がないかぎり、あらかじめ見積り計上することは認められません。（法基通２−２−１）

(2)　販売費、一般管理費、その他支払利息、割引料など営業外費用……外部に支払われる費用を期間費用として処理する場合、その費用が期末までに債務として確定していることが必要です。したがって、減価償却費のようなものは別として、見越費用や引当金の計上による費用計算は、税法で決められたもの以外は認められないことになります。

> **注** 期末までに債務が確定しているものとは、特別なものを除き、次の要件の全てに該当するものをいいます。（法基通2−2−12）
> ①　期末までにその費用に係る債務が成立していること
> ②　期末までにその債務に基づいて具体的な給付をすべき原因となる事実が発生していること（つまり支払請求を受ける状態になったこと）
> ③　期末までにその金額を合理的に算定することができるものであること

(3)　資本等取引以外の取引による損失……災害、盗難など偶発的な原因によるものです。

■第四節　税務上の所得と企業会計上の利益

　会社の経理は、いわゆる企業会計の原則に従って行われます。税法もその条文の中で、税務上の益金、損金は「一般に公正妥当と認められる会計処理の基準に従って計算されるものとする」と企業自主経理の立場を尊重しています。（法法22④）

　企業経理の利益がそのまま法人税の課税所得となれば理想的なのですが、現実の企業経理の実態と課税公平の原則、そして政策上の問題があって、課税所得の計算では企業経理に税法上の調整処理が入ってくることは避けられません。そういう税法上の調整処理は次のようにあらわされています。

①　益金の額に算入する　　　→　企業経理の利益に＋（プラス）
②　益金の額に算入しない　　→　企業経理の利益に−（マイナス）
③　損金の額に算入する　　　→　企業経理の利益に−（マイナス）
④　損金の額に算入しない　　→　企業経理の利益に＋（プラス）

（例）

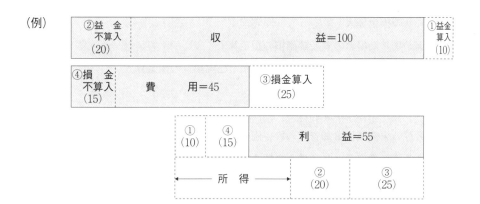

収益100－費用45＝企業経理の利益55

企業経理の利益＋税務上の加算（①、④）－税務上の減算（②、③）＝課税所得

   55   ＋   （10＋15） －   （20＋25） ＝ 35

　以上の調整計算は主に申告書別表四という税務上の所得計算書の上で行います。しかし、税法は多くの損金について会社が企業経理の中で費用として計算に織り込んでおかなければ、別表四の上だけで調整しても損金とは認めないという立場をとっています。ですから、税法がどういう内容のものをどの程度まで益金に、あるいは損金にすることを認めているかということをよく理解しておかなければなりません。

　なお、別表四の上だけでも調整を認めるものと、決算の段階でしか調整できないものとの区分は次のとおりです。

1 決算調整事項

　「決算調整事項」は、法人が確定した決算において所定の経理をすることが要求される事項であって、法人が確定した決算で経理をしなかった場合には、税法上、所得金額の計算に影響させないこととなる事項です。

　「決算調整事項」は、次のように区分されます。

⑴　損金経理をしなければ損金の額に算入されないもの

　次のような事項は、「損金経理」（法人がその確定した決算で費用又は損失として経理、すなわち損益計算書に計上することをいいます。）をした場合に限って損金の額に算入されることとなっており、これらについては、損金経理をしないで別表四で減算するというようなことは認められません。

　①　減価償却費（特別償却費を含みます。）の損金算入

　②　繰延資産の償却費の損金算入

　③　少額減価償却資産及び少額繰延資産の一時損金算入

④　一括償却資産の損金算入

⑤　特定の事実が生じた場合の資産評価損の損金算入

⑥　交換・換地処分等・特定交換分合の圧縮記帳（圧縮損）の損金算入

⑦　貸倒引当金の損金算入

⑧　特定の場合の貸倒損失の損金算入

⑨　中小企業者等の少額減価償却資産の取得価額の損金算入

(2)　損金経理によるほか積立金として積み立てる方法によっても損金の額に算入されるもの

次のような事項は、損金経理をした場合のほか、確定した決算において積立金又は決算の確定の日までに剰余金の処分として積み立てる方法（株主資本等変動計算書に記載し、貸借対照表に反映させる方法）により経理をした場合にも、申告調整（別表四で所得から減算調整）により損金の額に算入することが認められます。

①　上記(1)の⑥以外の圧縮記帳制度（圧縮積立金）の損金算入

②　国庫補助金等・保険差益等の圧縮特別勘定の損金算入

③　特別償却準備金の損金算入

④　各種準備金の損金算入

(3)　一定の経理をすることで所得計算が認められるもの

次の事項に係る収益費用の帰属事業年度については、法人が確定した決算において一定の経理をした場合に限ってその計算が認められます。

①　リース譲渡の延払基準の適用

②　長期大規模工事以外の工事の工事進行基準の適用

② 申告調整事項

決算調整事項に対して、法人の経理処理に関係なく、申告書により所得計算に含める事項を「申告調整事項」といいます。

「申告調整事項」は、次のように区分されます。

(1)　当初の申告書に記載がないと認められないもの

例えば、次のようなものは、租税政策等により税法上、特に損金算入等が認められている事項で、当初の申告書に記載がある場合に限り認められるものです。

したがって、これらのものは、確定申告に際して申告調整をしなかった場合には、原則として、修正申告に際してあらためて申告調整をすることはできませんし、また更正の請求の対象にもなりませんから注意しなければなりません。

イ　所得金額から控除されるもの（別表四で減算）

収用換地等の場合の所得の特別控除など

ロ　税額から控除されるもの

　　法人税額の特別控除（試験研究費、投資税額等の控除）

(2)　当初の申告書に記載がなくとも、修正申告や更正の請求によって認められるもの

　次のようなものは、当初の申告書に記載がなくとも、修正申告に際しての申告調整や、更正の請求によって新たに制度の適用を受けることが認められています。

①　受取配当等の益金不算入

②　外国子会社から受ける配当等の益金不算入

③　所得税額及び外国税額の控除

(3)　かならず申告調整を行わなければならないもの

　次のようなものは、法人の意思にかかわらず、かならず申告書で益金算入、損金不算入等の調整をしなければならないことになっています。

　したがって、これらのものは確定した決算とは関係なく申告調整を行わなければなりませんので、これらについて申告調整が行われていない場合には、税務当局において調整計算を行い更正されることになります。

①　法人税、地方法人税、道府県民税及び市町村民税等の損金不算入

②　各種加算税や延滞税、罰科金等の損金不算入

③　交際費等や寄附金の損金算入限度超過額の損金不算入

④　貸倒引当金の繰入限度超過額の損金不算入

⑤　各種準備金の繰入（積立）限度超過額の損金不算入

⑥　還付金等の益金不算入

⑦　役員給与の損金不算入

⑧　過大な使用人給与の損金不算入

⑨　減価償却資産や繰延資産の償却超過額の損金不算入

⑩　各種圧縮記帳の圧縮限度超過額の損金不算入

⑪　税額控除される所得税額、復興特別所得税額や外国税額の損金不算入

⑫　資産の評価益の益金不算入

⑬　資産の評価損の損金不算入

⑭　青色申告事業年度の欠損金の損金算入

⑮　完全支配関係がある法人間の受贈益の益金不算入

⑯　完全支配関係がある法人間の資産の譲渡損益の益金又は損金不算入

演 習 問 題

問3　次の各文章の（　）内の語句として最も正しいものを下記の語群のうちから選び、その符号を解答欄に記入しなさい。

1．内国法人に対して課する各事業年度の所得に対する法人税の（①）は、各事業年度の（②）とする。

2．内国法人の各事業年度の所得の金額は、その事業年度の（③）からその事業年度の（④）を控除した金額とする。

3．内国法人の各事業年度の所得の金額の計算上その事業年度の益金の額に算入すべき金額は、別段の定めがあるものを除き、（⑤）、有償又は無償による資産の譲渡又は（⑥）、無償による資産の譲受けその他の取引で（⑦）以外のものに係るその事業年度の収益の額とする。

4．内国法人の各事業年度の所得の金額の計算上その事業年度の損金の額に算入すべき金額は、別段の定めがあるものを除き、次に掲げる額とする。

　(1)　その事業年度の収益に係る（⑧）、完成工事原価その他これらに準ずる原価の額

　(2)　(1)に掲げるもののほか、その事業年度の（⑨）、一般管理費その他の費用の額

　(3)　その事業年度の損失の額で（⑦）以外の取引に係るもの

5．上記3、4に掲げる額は、一般に（⑩）と認められる会計処理の基準に従って計算されるものとする。

〈語　群〉

a．所得の金額	b．公明正大	c．資本等取引	d．損金の額	e．損益取引
f．原価	g．売上原価	h．課税所得	i．資産の販売	j．収益の額
k．損失の額	l．税額	m．公正妥当	n．利益	o．課税標準
p．販売費	q．益金の額	r．必要経費	s．役務の提供	t．サービス

（解答欄）

①	②	③	④	⑤	⑥	⑦	⑧	⑨	⑩

問4 税務調整には、決算調整と申告調整があるが、決算調整事項（確定した決算において所定の経理をすることが要求される事項）のうち、損金経理をしなければ損金の額に算入されない事項を下記から4つ選びなさい。

〈選択事項〉

(1) 減価償却資産の償却費　　(2) 交換取得資産の圧縮記帳　　(3) 寄附金

(4) 各種準備金　　(5) 受取配当等の額　　(6) 所得税額　　(7) 貸倒引当金

(8) 交際費等の額　　(9) 繰延資産の償却費

(10) 国庫補助金等で取得した固定資産の圧縮積立金　　(11) 還付金等の額

(12) 法人税等の額

問5 税務調整について、下記(1)の要件に該当するものを、下記(2)からそれぞれ2個選びその符号を(1)の右欄に記入しなさい。

(1)

	決　　算　　調　　整		
①	どのような経理をしても損金の額に算入されるもの		
②	損金経理又は確定した決算において積立金として積み立てる方法によらなければ損金の額に算入されないもの		
③	収益及び費用の帰属時期について、確定した決算において一定の経理を行うことが要件とされるもの		
	申　　告　　調　　整		
④	必須申告調整事項(必ず申告書上で調整をしなければならないもの)		
⑤	任意申告調整事項（確定申告書に記載がないと適用がないもの）		

(2) ア．リース譲渡等の延払基準　　イ．保険金等で取得した固定資産等の圧縮額の損金算入

ウ．収用換地等の場合の特別控除など　　エ．役員給与の損金不算入　　オ．売上原価

カ．工事進行基準　　キ．各種準備金積立額の損金算入　　ク．交際費等の損金不算入

ケ．法人税額の特別控除（試験研究費、投資税額等の控除）

コ．債務の確定した水道光熱費

問6 次の資料によりA商事㈱の当期（自令和6年4月1日 至令和7年3月31日）の課税標準となる所得金額を計算しなさい。

〈資 料〉

(1) 当期利益 3,000,000円

(2) 所得の金額の計算上、加算あるいは減算すべき事項

① 損金の額に算入した中間納付の法人税額 1,000,000円（損金不算入）

② 損金の額に算入した中間納付の住民税の額 200,000円（損金不算入）

③ 損金の額に算入した納税充当金 800,000円（損金不算入）

④ 納税充当金から支出した前期分事業税等の額 200,000円（損金算入）

⑤ 法人税額から控除される所得税額 200,000円（損金不算入）

⑥ 受取配当等の益金不算入額 150,000円（益金不算入）

⑦ 交際費等の損金不算入額 100,000円（損金不算入）

摘　　　　　　　　　　　　　　要	金　　　額
当　　期　　利　　益	円
加	
算	
小　　　　　　　計	
減	
算	
小　　　　　　　計	
仮　　　　　　　計	
法 人 税 額 か ら 控 除 さ れ る 所 得 税 額	
所　　得　　金　　額	

-24-

損益の期間帰属

```
┌─────────────────────────────────────────────────────────┐
│              この章のポイント                               │
│                                                           │
│  ●収益の計上時期                                           │
│                                                           │
│  ┌─┐ ┌─────────┐                                        │
│  │販│ │ 出 荷 基 準 │ ⇨ 実際に出荷された日                   │
│  │売│ ├─────────┤                                        │
│  │計│ │ 船 積 基 準 │ ⇨ 船積みをした日                      │
│  │上│ ├─────────┤                                        │
│  │に│ │ 着 荷 基 準 │ ⇨ 販売先に着荷した日                   │
│  │よ時│ ├─────────┤                                      │
│  │る期│ │ 検 収 基 準 │ ⇨ 販売先が検査して合格した日           │
│  │収  │ ├─────────┤                                      │
│  │益  │ │使用収益可能日基準│ ⇨ 管理権を移転し販売先が使用収益できることとなった日 │
│  │の  │ └─────────┘                                      │
│  └─┘                                                     │
└─────────────────────────────────────────────────────────┘
```

●収益の計上時期

販売による収益の計上時期	出　荷　基　準	⇨ 実際に出荷された日
	船　積　基　準	⇨ 船積みをした日
	着　荷　基　準	⇨ 販売先に着荷した日
	検　収　基　準	⇨ 販売先が検査して合格した日
	使用収益可能日基準	⇨ 管理権を移転し販売先が使用収益できることとなった日

請負による収益の計上時期	物の引渡しを要するもの	完成引渡基準	⇨ 目的物の全部を引き渡した日
		部分完成基準	⇨ 完成部分を引き渡した日
	物の引渡しを要しないもの	役務完了基準	⇨ 役務の全部を完了した日
		部分完了基準	⇨ 部分的に報酬の額が確定した日

　企業会計では期間を区切って営業成績を見ようとするので、その期間に帰属させるべき収益費用の範囲を決めることが重要な問題になります。発生主義、実現主義はこの期間対応計算のために生まれた考え方です。

　税法でも、この期間計算は所得に対する税金の納税時期に直接関連する大切なことですから、いろいろと細かい決まりがあります。

　最近では、平成30年度の税制改正により、「収益認識に関する会計基準」の導入に伴う決まりが設けられています。

　なお、「収益認識に関する会計基準」とは、平成30年3月30日に企業会計基準委員会が公表した「収益認識に関する会計基準」及び「収益認識に関する会計基準の適用指針」をいいます。

＊　中小企業（監査対象法人以外）については、従来どおり企業会計原則等による会計処理が認められることとされています。

■第一節　収益の計上価額

1 収益の計上単位の通則

　資産の販売若しくは譲渡又は役務の提供に係る収益の額は、原則として個々の契約ごとに計上します。

　ただし、次に掲げる場合には、複数の契約を一つの単位として区分し、または、一つの契約を複数の単位として区分して、区分した単位ごとに収益の額を計上することができます。（法基通2－1－1）

(1)　同一の相手方等と同時期に締結した複数の契約で、その複数の契約で約束した資産の販売等を組み合わせて初めて単一の履行義務となる場合……その複数の契約を結合した単位

(2)　一つの契約の中に複数の履行義務が含まれている場合……それぞれの履行義務の単位

2 収益の計上価額の通則

　資産の販売等に係る収益の額として所得金額の計算上、益金の額に算入する金額は、原則として、その販売若しくは譲渡をした資産の引渡しの時における価額又はその提供した役務につき通常得るべき対価の額に相当する金額となります。（法法22の2④）

　ただし、その引渡しの時における価額又は通常得るべき対価の額は、貸倒れ（回収不能）又は買戻し（返品）の可能性がある場合においても、その可能性がないものとした場合における価額となります。（法法22の2⑤）

> **注**　「通常得るべき対価の額に相当する金額」とは、原則として資産の販売等につき第三者間で取引されたとした場合に通常付される価額をいいます。なお、資産の販売等に係る目的物の引渡し又は役務の提供の日の属する事業年度終了の日までにその対価の額が合意されていない場合は、同日の現況により引渡し時の価額等を適正に見積もるものとされています。
>
> 　また、その後確定した対価の額が見積額と異なるときは、その差額に相当する金額につきその確定した日の属する事業年度の収益の額を減額し、又は増額することとされています。（法基通2－1－1の10）

3 変動対価

　変動対価とは、資産の販売等に係る契約の対価が、値引き、値増し、割戻しその他の事実（値引き等の事実《金銭債権の貸倒れ、資産の買戻しを除きます。》）により変動する可能性がある部分の金額をいいます。

　この変動対価がある場合において、次の(1)から(3)までに掲げる要件を全て満たすときは、(2)

により算定される変動対価につき引渡し等事業年度の確定した決算において収益の額を減額し、又は増額して経理した金額（引渡し等事業年度の確定申告書にその収益の額に係る益金算入額を減額し、又は増額させる金額の申告の記載がある場合のその金額を含みます。）は、引渡し等事業年度の引渡し時の価額等の算定に反映されます。（法基通2－1－1の11）

(1)　値引き等の事実の内容及びその値引き等の事実が生ずることにより、契約の対価の額から減額若しくは増額する可能性のある金額又はその金額の算定基準（客観的なものに限ります。）が、その契約や法人の取引慣行、公表した方針等により相手方に明らかにされていること又は当該事業年度終了の日において内部的に決定されていること

(2)　過去における実績を基礎とする等合理的な方法のうち法人が継続して適用している方法により(1)の減額若しくは増額をする可能性又は算定基準の基礎数値が見積もられ、その見積りに基づき収益の額を減額し、又は増額することとなる変動対価が算定されていること

(3)　(1)を明らかにする書類及び(2)の算定の根拠となる書類が保存されていること

■第二節　収益の計上時期

1 棚卸資産の販売に係る収益

　商品などのいわゆる棚卸資産の販売に係る収益は、代金を受け取ったかどうかということには関係はなく、その商品などを相手方に引き渡した日に販売収益があったものとして計上します。（法基通2－1－2）

　引渡しの日というのは、ふつう先方の店や工場へ届けた日（受領書、引渡書などの日付によります。）ということですが、これについては次のいずれかの基準によって引渡しがあったものとみなし、その基準を継続して適用すればよいことになっています。（法基通2－1－2）

(1)　出荷基準……製品・商品が、工場や商品倉庫から得意先に向けて実際に出荷された日を売上計上日とする方法です。

(2)　船積基準……輸出される製品・商品が、通関手続きを済ませて、船や飛行機に積み込まれた日を売上計上日とする方法です。

(3)　着荷基準……製品・商品が得意先に実際に引き渡された日を売上計上日とする方法です。

(4)　検収基準……数量、品質などを先方が検査して合格した時にはじめて売上計上する方法です。大型の機械設備を納入したときは、据付け、試運転、合格、引渡しという手順にずいぶん時間がかかりますから、この基準がよく使われます。

(5)　使用収益可能日基準……土地建物等の不動産の販売の場合に適合する引渡しの判定基準であり、相手方に管理権を移転し、相手方においてその使用収益ができるようになった日に引

渡しがあったとする方法です。

2 役務の提供に係る収益

役務の提供に係る収益の計上は、次の(1)及び(2)の区分に応じた役務の提供の日に行います。（法法22の2①）

(1) 履行義務が一定の期間にわたり充足されるもの……その履行に着手した日から引渡し等の日までの期間において履行義務が充足されていくそれぞれの日が役務の提供の日になり、そのそれぞれの日の収益に計上します。（法基通2－1－21の2）

> **注1** 引渡し等の日とは、物の引渡しを要する取引にあってはその目的物の全部を完成して相手方に引き渡した日をいい、物の引渡しを要しない取引にあってはその約した役務の全部を完了した日をいいます。（法基通2－1－21の2）
>
> **注2** 履行義務が一定の期間にわたり充足されるものとは、次のいずれかを満たすものをいいます。（法基通2－1－21の4）
>
> 1 取引における義務を履行するにつれて、相手方が便益を享受すること。
>   例えば、清掃サービスなどの日常的又は反復的なサービス。
> 2 取引における義務を履行することにより、資産が生じ、又は資産の価値が増加し、その資産が生じ、又は資産の価値が増加するにつれて、相手方がその資産を支配すること。
> 3 次の要件のいずれも満たすこと。
>   イ 取引における義務を履行することにより、別の用途に転用することができない資産が生じること。
>   ロ 取引における義務の履行を完了した部分について、対価の額を収受する強制力のある権利を有していること。

(2) 履行義務が一時点で充足されるもの……その引渡し等の日が役務の提供の日になり、その引渡し等の日の収益に計上します。（法基通2－1－21の3）

3 請負に係る収益

請負に係る収益の計上は、次によります。（法基通2－1－21の7、2－1－21の8）

(1) 完成引渡基準……物の引渡しを要する請負契約の場合は、その目的物の全部を完成して相手方に引き渡した日に収益計上します。

(2) 役務完了基準……物の引渡しを要しない請負契約の場合は、その約した役務の全部を完了した日に収益計上します。

(3) 工事完成基準……(1)の場合に、その請負契約の内容が建設、造船その他これらに類する工事（以下「建設工事等」といいます。）であるときは、例えば作業を結了した日、相手方の受入場所へ搬入した日、相手方が検収を完了した日、相手方において使用収益ができることとなった日等その建設工事等の種類及び性質、契約の内容等に応じその引渡しの日として合

理的であると認められる日のうち会社が継続してその収益計上を行うこととしている日に収益計上します。

　なお、履行義務が一定の期間にわたり充足されるものについては、履行義務が充足されていくそれぞれの日の属する事業年度に、次の算式により算定される金額を収益に計上することができます。

$$\left(\begin{array}{c}\text{通常得るべ}\\\text{き対価の額}\end{array}\right) \times \left(\begin{array}{c}\text{当期末の履行義務の充足に係る進捗度を}\\\text{示すものとして合理的と認められる割合}\end{array}\right) - \begin{array}{c}\text{前期までに収益の}\\\text{額とされた金額}\end{array}$$

4 固定資産の譲渡に係る収益

　固定資産の譲渡に係る収益（一般の会社では、売上科目として処理することはありません。）についても、原則として引渡しの日に収益計上しますが、その固定資産が土地、建物その他これらに類する資産である場合は、譲渡契約の効力発生の日に収益計上することもできます。（法基通2－1－14）

5 有価証券の譲渡に係る損益

　有価証券の譲渡に係る損益は、その譲渡契約の成立した日（約定日）（その譲渡が剰余金の配当などによるものである場合には、その効力発生日など）に計上します。（法法61の2①）

　ただし、有価証券の区分（売買目的有価証券、満期保有目的等有価証券、その他有価証券の3区分）ごとに、その譲渡損益（期末に未引渡しとなっている譲渡契約の成立した有価証券の譲渡損益を除きます。）を引渡しの日に計上する経理が認められます。有価証券の取得についても同様とされますが、この取扱いは、譲渡及び取得のいずれについてもこの取扱いを適用している場合に限り、継続適用を条件として認められます。（法基通2－1－23）

〈クロス取引の否認〉

　売買目的有価証券以外の同一の有価証券を売却の直後に購入するケースで、その売却先から売却をした有価証券の買戻し又は再購入（売却の委託をしている証券業者等からの購入又はその証券業者等に委託をしてする購入を含みます。）をする同時の契約がある場合には、その売却をした有価証券のうち、その買戻し又は再購入をした部分は売却がなかったものとされます。購入の直後に売却をした場合のその購入についても同様です。同時の契約でなくも、あらかじめ予定され、売却価額と購入価額が同一となるよう売買価額が設定されている契約などは、同時の契約と変わらないものとして取り扱われます。（法基通2－1－23の4）

6 利子、配当、使用料などの収益

(1) 貸付金、預貯金、有価証券の利子

　貸付金、預貯金、有価証券から生ずる利子は、その利子の計算期間の経過に応じて収益計上しますが、金融保険業以外の一般事業法人については、利子の支払期日が１年以内の一定の期間ごとに到来するものは、その支払期日のつど収益計上すること（いわゆる「利払期基準」）を継続して適用すればよいことになっています。ただし、例えば資金の転貸などのように、貸付金と借入金とが明らかにひもつきの見合関係にあるものは、受取利息と支払利息は同一基準で損益計上すべきで、上記の利払期基準は適用できません。（法基通２－１－24）

(2) 受取配当

　受取配当については、原則として配当決議の日など権利の確定した日に収益計上することとされていますが、支払のために通常要する期間（支払手続期間）内に支払を受けるものにつき、継続してその支払を受けた日に収益計上しているときは、その経理が認められます。（法基通２－１－27、２－１－28）

(3) 賃貸料

　地代家賃など賃貸借契約に基づく使用料は、履行義務が一定の期間にわたり充足されるものに該当し、期間の経過に応じて収益計上することになっているのですが、前受けの場合を除き、契約又は慣習において支払を受けるべき日として定めた日に収益に計上するという方法を継続してとっておれば、それでもよいことになっています。（法基通２－１－29）

7 委託販売に係る収益

　棚卸資産の委託販売は、厳密に言うと、委託を受けた側が実際にその品物を売りさばいた日に収益計上することになっているのですが、売上計算書が売上のつど（週・旬・月単位でよい）作成されてきちんと送られてきており、こちらもその計算書が到着した日の売上として計上するという方法を継続してとっておれば、それでもよいことになっています。（法基通２－１－３）

■第三節　費用及び損失の計上時期

(1) 売上原価等及び販売費・一般管理費等……第三章第三節参照

(2) 短期の前払費用

　損害保険料などを１年分支払った場合、契約期間の中途で決算期が来ると未経過分を翌期に繰り越さなければなりません。しかし、このような費用は会社にとって継続的なものであり、金額的重要性も少ないので、支払うべき日から１年以内の前払費用であれば、全額を支払った

事業年度の損金の額に算入してもよいことになっています。損害保険料、地代、家賃などがこれに当てはまります。ただし、例えば借入金を預金等に運用する場合のその借入金の支払利子のように収益と対応させるべきものは、支払った事業年度の損金とすることはできません。(法基通2－2－14)

(3) 消耗品費等

　未使用の消耗品等は期末に貯蔵品として棚卸し計上すべきですが、毎期おおむね一定数量を購入し、経常的に消費される次のようなものの取得に要した費用については、購入事業年度の損金の額に算入することを継続して適用していればそれが認められます。ただし、これらの費用が製造費用としての性格を有する場合には、当然、製造原価に算入しなければなりません。(法基通2－2－15)

① 事務用消耗品、作業用消耗品

② 包装材料、広告宣伝用印刷物

③ 見本品

④ ①～③に準ずる棚卸資産

(4) 前期損益修正

　前期以前にその収益の額を益金の額に算入した資産の販売又は譲渡、役務の提供その他の取引について当期に契約の解除又は取消し、返品等の事実が生じた場合でも、これらの事実に基づいて生じた損失の額は、当期の損金の額に算入します。(法基通2－2－16)

■第四節　収益費用の帰属事業年度の特例

1 延払基準

(1) リース譲渡

　リース取引により資産の引渡し（リース譲渡）をした場合に、その収益の額及び費用の額につき、そのリース譲渡をした事業年度以後の各事業年度の確定した決算において延払基準の方法により経理したときは、その収益の額及び費用の額を各事業年度に分割して計上することができます。(法法63①、法令124①②)

　延払基準の方法には、次の3つの方法があります。

① 一般的な延払基準の方法

$$
\text{当期に計上すべき}\begin{pmatrix}\text{収益の額}\\\text{又は}\\\text{費用の額}\end{pmatrix}=\begin{pmatrix}\text{リース譲渡の対価の額}\\\text{又は}\\\text{リース譲渡の原価の額}\\\text{(リース譲渡に要した手数料を含みます。)}\end{pmatrix}\times\boxed{\text{賦払金割合}}
$$

$$\boxed{\text{賦払金割合}} = \left(\begin{array}{c} \text{当期中に支払期} \\ \text{日の到来する賦} \\ \text{払金の合計額} \end{array} - \begin{array}{c} \text{左のうち前期} \\ \text{末までに支払} \\ \text{を受けた金額} \end{array} + \begin{array}{c} \text{当期中に支払を受けた} \\ \text{金額で翌期以後に支払} \\ \text{期日の到来するもの} \end{array} \right) \div \begin{array}{c} \text{リース譲渡} \\ \text{の対価の額} \end{array}$$

② リース譲渡の延払基準の方法

次のイ及びロを収益の額とし、ハを費用の額とする方法 (法令124①二)

イ 元本相当額（リース譲渡の対価の額－利息相当額）$\times \dfrac{\text{当期におけるリース期間の月数}}{\text{リース期間の月数}}$

ロ 当期におけるリース期間に帰せられる利息相当額（利息法*により収益計上）

    * 利息法とは、各期の受取利息相当額をリース債権の未返済元本相当額に一定の利率を乗じて計算する方法をいいます。

ハ リース譲渡の原価の額$\times \dfrac{\text{当期におけるリース期間の月数}}{\text{リース期間の月数}}$

③ リース譲渡の特例

    利息相当額（総額）を、リース譲渡に係る対価の額から原価の額を控除した金額の20％相当額として、上記②により計算する方法（法法63②、法令124③）

リース取引

    税法上、リース取引とは、資産の賃貸借で、次に掲げる要件に該当するもの、すなわち、ファイナンス・リース取引をいうこととされています。（法法64の2③）

① その賃貸借に係る契約が、賃貸借期間の中途においてその解除をすることができないものであること又はこれに準ずるものであること   （中途解約禁止）

② その賃貸借に係る賃借人がその賃貸借に係る資産からもたらされる経済的な利益を実質的に享受することができ、かつ、その資産の使用に伴って生ずる費用を実質的に負担すべきこととされているものであること   （フルペイアウト）

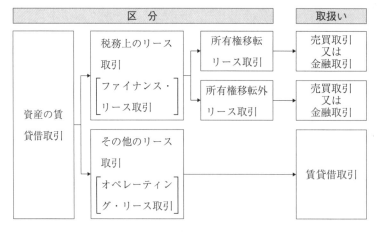

    * 金融取引とは、セール・アンド・リースバック取引（借手が所有する物件を貸手に売却し、貸

手からその物件のリースを受ける取引）をいい、税務上原則として、売買取引ではなく、金銭の
貸借とされます。（法法64の2②）

(2) 長期割賦販売等

　長期割賦販売等について延払基準により収益の額及び費用の額を計算する選択制度（リース
譲渡を除きます。）は廃止されましたが、平成30年3月31日以前に長期割賦販売等を行った法
人については、次の経過措置が講じられています。

①　令和5年3月31日までに開始する各事業年度については、廃止前の延払基準により収益
の額及び費用の額を計算できる。

②　平成30年4月1日以後に終了する事業年度において延払基準の適用をやめた場合には、
繰延割賦利益額を10年均等で収益計上する。

　なお、長期割賦販売等の延払基準の方法は、上記(1)の①と同様の方法であり、長期割賦販売
等に係る対価の額又は原価の額に賦払金割合を乗じて、収益の額及び費用の額を計算する方法
です。

> 注　「長期割賦販売等」とは、資産の販売や譲渡、工事（製造を含み、**2**(1)の長期大規模工事に
> 該当するものを除きます。）の請負又は役務の提供（資産の販売等）で、次の要件に該当する
> 条件を定めた契約に基づき行われるものをいいます。（旧法法63⑥）
> ①　月賦、年賦その他の賦払いの方法による3回以上に分割して対価の支払を受けること
> ②　目的物の引渡し（又は役務の提供）の期日の翌日から最後の賦払金の支払期日までの期間
> が2年以上であること
> ③　目的物の引渡し（又は役務の提供）の期日までに支払期日の到来する賦払金の額の合計額が、
> その資産の販売等の対価の3分の2以下となっていること

2 工事の請負

(1) 長期大規模工事の工事進行基準の適用

　長期大規模工事に該当する工事（製造及びソフトウェアの開発を含みます。以下同じ。）の
請負については、工事進行基準により収益の額及び費用の額を計算します。（法法64①）

> 注　「長期大規模工事」とは、次の要件のすべてを満たす工事をいいます。
> ①　その着手の日から契約で定められている目的物の引渡しの期日までの期間が1年以上であ
> ること
> ②　その請負の対価の額が10億円以上の工事であること（法令129①）
> ③　その請負の対価の額の2分の1以上がその工事の目的物の引渡しの期日から1年経過後に
> 支払われることが契約で定められていないものであること（法令129②）
> なお、上記③の支払われることには、契約で定められている支払期日に手形により支払われる
> 場合も含まれます。（法基通2-4-18）

工事進行基準の方法は、次の算式により計算した金額を当期の収益の額及び費用の額とする方法です。（法令129③）

$$当期に計上すべき収益の額 = \frac{請負に係る}{収益の額} \times \boxed{工事進行割合} - \frac{既に収益の額として}{計上した金額}$$

$$当期に計上すべき費用の額 = \frac{期末の現況による}{工事原価の見積額} \times \boxed{工事進行割合} - \frac{既に費用の額として}{計上した金額}$$

$$\boxed{工事進行割合} = \frac{既に要した原材料費、労務費その他の経費の額の合計額}{期末の現況による工事原価の見積額}$$

〈長期大規模工事に該当しなくなった工事の取扱い〉

　長期大規模工事に該当する工事が、着工事業年度後の事業年度において工事代金の値引きや工期短縮などの理由により長期大規模工事に該当しないこととなった場合には、その事業年度において工事進行基準の適用が強制されないことになります。つまり、その工事については、工事進行基準を継続して適用することを選択しないかぎり、工事完成基準により収益の額及び費用の額を計上することになります。

　この場合、その事業年度前の各事業年度において既に工事進行基準の方法により計上されている収益の額及び費用の額については、さかのぼって修正を行わず、その工事が完成した事業年度で調整することになります。（法基通2－4－16）

(2)　その他の工事の工事進行基準と工事完成基準との選択適用

　(1)の長期大規模工事以外の工事（着工事業年度中に引渡しが行われないものに限ります。）の請負については、確定した決算において工事進行基準の方法により経理するか、工事完成基準（第二節**3**の(3)参照）かのいずれかにより収益の額及び費用の額を計算します。（法法64②）

> **注**　工事進行基準は赤字の工事についても適用されますが、会計上の工事損失引当金は法人税法上の引当金ではありませんので、工事原価の額に計上した工事損失引当金相当額は損金不算入とされ、申告調整が必要になります。（法基通2－4－19）

(3)　部分完成基準の適用

　請け負った建設工事等（工事進行基準の適用を受けるものを除きます。）について次のような事実がある場合には、その建設工事等の全部が完成しないときにおいても、その事業年度において引き渡した建設工事等の量又は完成した部分に区分した単位ごとにその収益の額を計上することとされます。（法基通2－1－1の4）

　①　一の契約により同種の建設工事等を多量に請け負ったような場合で、その引渡量に従い工事代金を収入する特約又は慣習がある場合

　②　1個の建設工事等であっても、その建設工事等の一部が完成し、その完成した部分を引き渡したつどその割合に応じて工事代金を収入する旨の特約又は慣習がある場合

　例えば、①は建売住宅10戸の建設を請け負い、１戸完成引渡しのつどその１戸分の工事代金を収入する特約があるような場合であり、②は5,000mの道路の舗装工事を請け負い、1,000m完成引渡しのつど５分の１の割合で工事代金を収入する特約があるような場合をいいます。すなわち、包括的な請負契約であっても、完成して引き渡した部分ごとに別個の工事契約をしたものとみなして部分的に工事完成基準を適用しようとするのが、この部分完成基準です。

> **注** 設計、作業の指揮監督、技術指導などの技術役務の提供を行ったことにより受ける報酬の額は、その履行義務が一定の期間にわたり充足されるものに該当する場合を除き、役務の全部の提供を完了した日に収益に計上するのが原則ですが、その技術役務の提供について次のような事実がある場合には、その支払を受けるべき報酬の額が確定するつどその金額を収益に計上しなければなりません。ただし、その支払を受けることが確定した金額のうち役務の全部の提供が完了するまで又は１年を超える相当の期間が経過する日まで支払を受けることができないこととされている部分の金額については、その完了する日とその支払を受ける日とのいずれか早い日まで収益計上を見合わせることができます。（法基通２－１－１の５、２－１－21の10）
> ①　報酬の額が現地に派遣する技術者等の数及び滞在期間の日数等により算定され、かつ、一定の期間ごとにその金額を確定させて支払を受けることになっている場合
> ②　例えば基本設計の報酬の額と部分設計の報酬の額が区分されている場合のように、報酬の額が作業の段階ごとに区分され、かつ、それぞれの段階の作業が完了するつどその金額を確定させて支払を受けることになっている場合

■第五節　割戻しの計上時期

1 売上割戻し

　商品の売上割戻しの計上時期は、次のとおりとされています。

(1) 変動対価の取扱いを適用する場合

　売上割戻しは、原則として変動対価の取扱いが適用されます。（法基通２－１－１の11）

　したがって、次に掲げる要件を全て満たすときは、商品を販売した事業年度において、②により計算した金額を収益の額から減額することができます。

①　売上割戻しの内容及びその売上割戻しが生ずることにより契約の対価の額から減額する可能性のある金額又はその金額の算定基準（客観的なものに限ります。）が、その契約や法人の取引慣行、公表した方針等により相手方に明らかにされていること又は当該事業年度終了の日において内部的に決定されていること

②　過去における実績を基礎とする等合理的な方法のうち法人が継続して適用している方法により①の減額をする可能性又は算定基準の基礎数値が見積もられ、その見積りに基づき

収益の額を減額することとなる売上割戻しの金額が算定されていること

③　①を明らかにする書類及び②の算定の根拠となる書類が保存されていること

(2)　**変動対価の取扱いを適用しない場合**

　売上割戻しについて、変動対価の取扱いを適用しない場合は、売上割戻しの金額の通知又は支払をした事業年度の収益の額から減額します。(法基通2-1-1の12)

> **注**　変動対価の取扱いを適用しない場合において、販売先との契約等により特約店契約の解約、災害の発生等特別な事実が生ずる時まで又は5年を超える一定の期間が経過するまで販売先名義の保証金等として売上割戻しの金額を預かることとしている場合には、原則として、これを現実に支払うまで収益の額から減額することはできません。(法基通2-1-1の13)

2　仕入割戻し

　商品の仕入割戻しの計上時期は、次のとおりとされています。(法基通2-5-1)

(1)　その算定基準が購入価額又は購入数量によっており、その算定基準が契約その他の方法により明示されている場合……購入した事業年度

(2)　(1)に該当しない場合……仕入割戻しの金額の通知を受けた事業年度

> **注**　**1**の**注**の適用のある売上割戻しに対する仕入割戻しについては、原則として、現実に支払(買掛金等への充当を含みます。)を受けた事業年度の仕入割戻しとして取り扱われます。ただし、商品を購入した、又は仕入先から通知を受けた事業年度の仕入割戻しとして経理しても認められます。(法基通2-5-2)

■第六節　その他

(1)　**決算締切日の繰上げ**

　事務所がいくつもあったり、親会社との取引関係などの事情で、決算手続上どうしても必要だという場合など、商慣習その他相当の理由があれば、事業年度終了日以前おおむね10日以内に限って決算締切日を早くし、その締切日以後の損益は翌事業年度に繰り延べることができます。(法基通2-6-1)

(2)　**設立期間中の損益の帰属**

　設立期間中に生じた損益は、設立後最初の事業年度の所得の金額の計算に含めて申告することができます。ただし、設立期間が通常よりも長期にわたる場合や個人事業を引き継いでの法人成りの場合の設立期間中の損益を除きます。(法基通2-6-2)

演習問題

問7　次の処理のうち、税務上認められるものをあげなさい。

イ　販売委託先から各月分の売上計算書がその翌月に送られてくることになっているので、期末月の委託販売の収益は翌期に計上する。

ロ　前期に引き渡した建物の工事代金が確定したが、見積計上額を下回ったので、前期分の法人税について更正の請求を行う。

ハ　商品の仕入に要した引取運賃、保険料を運送費として経費に算入した。

ニ　会社の商品の宣伝用パンフレット（原価20万円）が期末に残っているが、毎期おおむね一定数量を購入し、経常的に消費しているので、資産に計上しないで、その全額を消耗品費として経費に算入している。

ホ　土地の賃貸借契約を結び、契約後2年間の地代を前払したが、その金額を経費に算入した。

ヘ　銀行借入金の利子を1年分借入時に天引きされたので、その時に翌期の期間分も支払利息として経費処理した。

ト　当期分の販売リベートの金額は300万円以内とすることを決定したので、300万円を損金経理により未払金に計上した。

第五章 棚卸資産

この章のポイント

●棚卸資産の評価方法

原価法	個 別 法	⇨ 個々の取得価額で評価
	先 入 先 出 法	⇨ 期末に最も近い仕入分から順に新しいものが残っているものとして評価
	総 平 均 法	⇨ 取得価額の合計額を総数量で割った単価で評価
	移 動 平 均 法	⇨ 仕入のたびに平均単価を改定し期末に最も近い平均単価で評価
	最 終 仕 入 原 価 法	⇨ 期末に最も近い仕入単価で評価
	売 価 還 元 法	⇨ 期末在庫の売価総額に原価率を乗じて評価
低 価 法		⇨ 上記の原価法のうち選定した方法による評価額と、期末時価とのいずれか低い価額によって評価

　次の算式でもわかるように棚卸資産の評価は、売上原価の計算に非常に重要な意味をもっています。そして、売上原価は、費用の中で通常いちばん大きなものですから、棚卸資産の評価しだいでは、利益の計算にずいぶん大きな影響があります。

　売上原価＝期首棚卸高＋当期仕入高－期末棚卸高

　そこで税法は、棚卸資産の評価について、いろいろ細かいところまで定めています。

■第一節　棚卸資産の範囲

　税法の棚卸資産とは、次のような資産（有価証券及び短期売買商品等を除きます。）で棚卸しをすべきものをいいます。（法法2二十、法令10）

① 商品又は製品（副産物及び作業くずを含みます。）

② 半製品（半成工事を含みます。）

③ 仕掛品

④ 主要原材料

⑤ 補助原材料

⑥ 消耗品で貯蔵中のもの（油、釘、帳票、文具など）

⑦ ①～⑥の資産に準ずるもの

注1 不動産業者が持っている建売りの建物や土地は、事務所などの固定資産と区別して経理していれば、棚卸資産に含まれます。しかし、自分の会社内の建物や機械、固定資産を建設するために購入した資材は、たとえ貯蔵品というような名目で処理していても、棚卸資産ではなく建設仮勘定となります。その他、固定資産のスクラップとか、土木建築業などの足場丸太、シートなども棚卸資産にはなりませんので注意してください。

注2 ⑥については、取得時損金算入の特例があります。（第四章第三節(3)参照）

■第二節　評価の方法

棚卸資産の評価方法には原価法と低価法があり、原価法はさらに6つの方法に分かれています。これらの方法のうちから、会社の事業の種類と資産の種類に応じて評価方法を選び、設立事業年度の確定申告書の提出期限までに納税地の所轄税務署長に届け出ておかなければなりません。また、新たに他の種類の事業を開始したり、事業の種類を変更した場合にも、その開始や変更をした事業年度の確定申告書の提出期限までに届出が必要です。（法令29）

会社が評価方法を選定しなかったときや、選定した評価方法によらなかったときは、最終仕入原価法（法定評価方法）で評価することになっています。（法令31①）

会社が評価方法を変えたいときには、新しい方法を採用したい事業年度開始日の前日までに、変更したい方法や理由などを書いた「変更承認申請書」を納税地の所轄税務署長に提出しなければなりません。なお、当該事業年度終了日（当該事業年度について中間申告書を提出すべき法人については、当該事業年度開始日以後6か月を経過した日の前日）までに処分の通知がないときは、その日に承認があったものとみなされます。（法令30⑤）

1 原　価　法

期末棚卸資産について次の6種類の方法のうちいずれかの方法によってその取得価額を算出し、その算出した取得価額をもってその期末棚卸資産の評価額とする方法です。（法令28①一）

(1) 個別法

期末棚卸資産の全部について、その個々の取得価額をその取得価額として評価する方法で、不動産販売業者の土地や宝石又は骨とうについて多く用いられます。

なお、個別法については、棚卸資産のうち通常1回の取引によって大量に取得され、かつ、規格に応じて価額が定められているものについては、個別法は選定できないこととされています。（法令28②）

(2) 先入先出法

期末棚卸資産をその種類、品質及び型（種類等）の異なるごとに区分し、その種類等の同じものについて、先に取得したものから先に払い出されるという購入順法により期末棚卸資産は期末に最も近い時において取得した棚卸資産から順次なるものとみなして計算した取得価額をその取得価額として評価する方法です。

(3) 総平均法

棚卸資産をその種類等の異なるごとに区分し、その種類等の同じものについて、期首において有していた棚卸資産の取得価額の総額と期中に取得した棚卸資産の取得価額の総額との合計額をこれらの棚卸資産の総数量で割って計算した価額をその一単位当たりの取得価額として評価する方法です。この総平均法についても、月別総平均法が認められています。

(4) 移動平均法

棚卸資産をその種類等の異なるごとに区分し、その種類等の同じものについて、棚卸資産を取得するつど、保有している棚卸資産と新たに取得した棚卸資産との数量及び取得価額を基礎として平均単価を算出し、その時における一単位当たりの取得価額がその平均単価に改定されたものとみなして以後同様の方法により計算を行い、期末に最も近い時において改定された単価をその一単位当たりの取得価額として評価する方法です。すなわち、受入れのつどにおける総平均法が移動平均法です。

なお、この移動平均法についても、月別移動平均法が認められています。

(5) 最終仕入原価法

期末棚卸資産をその種類等の異なるごとに区分し、その種類等の同じものについて、期末に最も近い時において取得したものの単価をその一単位当たりの取得価額として評価する方法です。

(6) 売価還元法

期末棚卸資産をその種類等又は通常の差益の率の異なるごとに区分し、その種類等又は通常の差益の率の同じものについて、期末におけるその棚卸資産の通常の販売価額の総額に原価の率を乗じて計算した金額をその取得価額として評価する方法です。この場合の通常の差益の率及び原価の率は、次の算式によって計算することになっています。

$$差益の率 = \frac{棚卸資産の通常の販売価額 - 棚卸資産の取得のために通常要する価額}{棚卸資産の通常の販売価額}$$

$$原価の率 = \frac{期首棚卸資産の取得価額の総額 + 期中に取得した棚卸資産の取得価額の総額}{期末棚卸資産の通常の販売価額の総額 + 期中に販売した棚卸資産の対価の総額}$$

なお、製造業を営む法人が、原価計算を行わないため半製品及び仕掛品について製造工程に応じて製品売価の何割として評価する場合のその評価の方法は、売価還元法として取り扱われ

ます。（法基通5－2－4～5－2－8）

───── 計算例 ─────

　種類、品質等を同じくするある商品のその事業年度中の異動状況が次のとおりであったとき、先入先出法、総平均法、移動平均法及び最終仕入原価法による期末棚卸資産の評価額の計算は、次のイ～ニのようになります。

a	180個	@	86円……期首の評価額（単価）
b	100個	@	80円……仕入
ⓒ	80個	@	100円……販売
d	100個	@	75円……仕入
ⓔ	120個	@	100円……販売
f	20個	@	85円……仕入
g	200個（期末の棚卸数量）		

※b～fの順序で仕入、販売があったものとします。

イ　先入先出法

f	20個	@	85円	1,700円
d	100個	@	75円	7,500円
b	80個	@	80円	6,400円
g	200個		（評価額）	15,600円

ロ　総平均法

a	180個	@	86円	15,480円
b	100個	@	80円	8,000円
d	100個	@	75円	7,500円
f	20個	@	85円	1,700円
	400個			32,680円

　　　　32,680円÷400（個）＝81.7円（平均単価）

g	81.7円×200（個）＝16,340円（評価額）

ハ　移動平均法

a	180個	@	86円	15,480円
b	100個	@	80円	8,000円

　　　　　280個　（平均）23,480円 ÷ 280（個）＝@83.85円

ⓒ	80個	販売		
残	200個	@	83.85円	16,770円
d	100個	@	75円	7,500円

　　　　　300個　（平均）24,270円 ÷ 300（個）＝@80.9円

ⓔ	120個	販売		
残	180個	@	80.9円	14,562円
f	20個	@	85円	1,700円

　　　　　200個　（平均）16,262円 ÷ 200（個）＝@81.31円

　　g　　81.31円×200（個）＝16,262円（評価額）

ニ　最終仕入原価法

　　　　　期末にいちばん近い仕入単価は85円なので、

　　　　　g　　85円×200（個）＝17,000円（評価額）

　上の例で棚卸資産の評価方法として売価還元法を選定したときは、期末棚卸資産の評価額の計算は、次のようになります。

期末棚卸資産の売価　　g　200（個）×@100円＝20,000円

期首の棚卸高　　　　　a　180（個）×@ 86円＝15,480円

当期中の販売高　　　　ⓒ　 80（個）×@100円＝ 8,000円　⎫
　　　　　　　　　　　ⓔ　120（個）×@100円＝12,000円　⎬ 20,000円

当期中の仕入高　　　　b　100（個）×@ 80円＝ 8,000円　⎫
　　　　　　　　　　　d　100（個）×@ 75円＝ 7,500円　⎬ 17,200円
　　　　　　　　　　　f　 20（個）×@ 85円＝ 1,700円　⎭

原価の率… $\dfrac{15,480円 + 17,200円}{20,000円 + 20,000円} = 0.817$

棚卸資産の期末評価額……20,000円×0.817＝16,340円

2 低価法

期末棚卸資産をその種類等（売価還元法による原価法を選定しているものは、種類等又は通常の差益の率）の異なるごとに区分し、その種類等の同じものについて、原価法のうちのどれか１つの方法により評価した価額と期末時価とのうちいずれか低い価額をもって評価額とする方法です。（法令28①二）

この棚卸資産の期末時価の算定に当たっては、通常、その棚卸資産を商品又は製品として売却するものとした場合の売却可能価額から見積追加製造原価（未完成品に限ります。）及び見積販売直接経費を控除した「正味売却価額」によることとされています。（法基通５－２－11）ただし、原材料等のように未加工品である棚卸資産の期末時価は、通常、その再調達原価と一致するものと考えられ、このような棚卸資産については再調達原価によることができます。

> **注** 低価法を採用している場合の翌期の処理方法は、翌期首において評価損に相当する金額の戻入れ益を計上する洗替え方式によらなければなりません。

3 棚卸資産の評価損の処理

棚卸資産の評価換えをして評価損を計上しても、その金額は損金の額に算入されないことになっています。（法法33①）

ただし、棚卸資産について次のような物損等の事実が生じたこと、会社更生法、民事再生法などにより評価換えをする必要が生じたことから、評価損を計上した場合は、その金額は損金の額に算入され、その棚卸資産の期末評価額は、**1**・**2**に述べた評価方法によらないで、その評価損の金額を帳簿価額から差し引いた後の価額によることができます。また、その評価減後の価額が、その資産の翌期首帳簿価額になります。（法法33②③④）……第十七章第一節(2)参照

評価損の計上が認められる場合 （法令68①一）	① 災害により著しく損傷したこと
	② 著しく陳腐化したこと 　これは、棚卸資産そのものには物質的な欠陥がないにもかかわらず経済的な環境の変化に伴ってその価値が著しく減少し、その価額が今後回復しないと認められる状態にあることをいいます。例えば、次のような事実が生じた場合です。（法基通９－１－４） イ　いわゆる季節商品で売れ残ったものについて、今後通常の価額では販売することができないことが既往の実績その他の事情に照らして明らかであること ロ　その商品と用途の面ではおおむね同様のものであるが、型式、性能、品質等が著しく異なる新製品が発売されたことにより、その商品につき今後通常の方法により販売することができないようになったこと

	③　①、②に準ずる特別の事実が生じたこと 　　例えば、次のような場合です。（法基通9－1－5） 　　破損、型崩れ、棚ざらし、品質変化等により通常の方法によって販売することができないようになったこと
評価損の計上が認められない場合	棚卸資産の時価が、単に物価変動、過剰生産、建値の変更等の事情によって低下しただけでは、評価損を計上することはできません。（法基通9－1－6）

　なお、この評価損は、損金経理により、決算段階で評価減後の評価額をその棚卸資産に付すことによって認められ、申告書別表四の上で申告調整により所得から評価損の金額を減算することは認められません。

■第三節　取得価額

1　一般的な取得の場合

(1)　購入したもの……購入した棚卸資産の取得価額は、購入代価（引取運賃、荷役費、運送保険料、購入手数料、関税などを加えます。）の他に、これを消費したり販売したりするために直接要した費用などがすべて含まれますが、次のような費用は、購入代価の3％以内ぐらいなら取得価額に算入せず、支出時の損金にしてもよいことになっています。（法令32①一、法基通5－1－1）

①　買入事務、検収、整理、選別、手入れなどの費用

②　販売所間の移管費用

③　特別の時期に売るための長期保管費用

　　また、棚卸資産の取得又は保有に関連して支出するものであっても、不動産取得税、地価税、固定資産税及び都市計画税、特別土地保有税、登録免許税その他登記・登録費用、借入金の利子は、取得価額に算入しないことができます。（法基通5－1－1の2）

(2)　製造したもの……自社で製造、採掘、栽培等をした資産の取得価額は、製造等のための原材料費、労務費、経費のほか、その資産の消費や販売のために直接要した費用が含まれますが、(1)と同じように製造後の検査・整理費用、移管費用、保管費用などは、製造原価の3％以内なら取得価額に算入しないことができます。（法令32①二、法基通5－1－3）また、次のような費用は製造原価に算入しなくてもよいことになっています。（法基通5－1－4）

①　創立記念日などの特別賞与

②　基礎研究、応用研究の費用

③　特別償却費

④　事業税及び特別法人事業税

⑤　事業縮小のための大量整理による退職金

⑥　工場が支出した寄附金の額

⑦　借入金の利子

> **注**　会社が算定した製造原価が(2)により計算した金額と異なる場合でも、それが適正な原価計算に基づいて算定されたものであるときは、取得価額として認められます。（法令32②）

2　特別な取得の場合

1以外の方法により取得した場合の取得価額は、取得時におけるその資産の取得のために通常要する価額とその資産の消費や販売のために直接要した費用との合計額となります。（法令32①三）

3　貸方原価差額の調整

棚卸資産についてその法人の原価計算により算定した取得価額が、前記**1**・**2**の取得価額を超える場合がありますが、その超える場合のその差額のうち、税法の規定により損金の額に算入されないため確定申告に際して自己否認した減価償却超過額、各種引当金繰入超過額又は交際費等の損金不算入額等からなる部分の金額については、申告書においてその調整を行い、減額することができます。（法基通5－3－9）

演習問題

問8　棚卸資産の評価方法として売価還元法を選定しています。当期中の売上高、棚卸資産の取得価額等、売上総利益の計算に必要な資料は次のとおりです。

当期の売上総利益を計算しなさい。（棚卸資産の種類、差益率はすべて同じ。）

〈資　料〉

イ	期首帳簿価額	480万円
ロ	期中仕入高	1,600万円
ハ	当期売上高	2,000万円
ニ	期末棚卸資産の通常の販売価額	600万円

問9　次の資料により、B商品の期末評価額を計算しなさい。なお、正常品の評価は低価法によります。

〈資　料〉

イ　B商品の期末棚卸高（数量1,000個）

　　　原価法による評価額　　　2,000,000円

　　　期末の販売予定価額　　　1,900,000円

　　　期末における価額　　　　1,800,000円

ロ　B商品の期末棚卸高1,000個のうち、20個は、品質変化により通常の販売価額の50％の価額でしか売れないので評価換えしたい。なお、期末における価額1,800,000円は、この20個も正常品と仮定した場合の金額である。

問10　法人が、棚卸資産について、原価法を採用している場合においても、一定の事実が生じた場合には、損金経理を要件として評価換え直前の帳簿価額と期末時価との差額までの金額を損金の額に算入することができることとされているが、次の資料により下記の設問に答えなさい。

〈資　料〉

区分	評価換え直前簿価	期末時価	備　　　　　考
A商品	2,400,000円	2,000,000円	建値の変更等の事情により時価が下落した。
B商品	2,600,000円	2,100,000円	性能が著しく異なる新製品が発売されたので通常の方法で販売できない。
C商品	4,800,000円	2,000,000円	地震により著しく損傷した。
D商品	3,500,000円	2,900,000円	過剰生産したことにより時価が下落した。
E商品	1,000,000円	800,000円	大売出しをするために原価を割って販売するものである。
F商品	800,000円	600,000円	季節商品の売れ残り分であり、通常の方法で販売できない。
G商品	2,000,000円	1,500,000円	長期間倉庫に入れたままのため、型崩れして通常の方法により販売することができない。

（設問1）　評価損の計上ができる商品には○印を、できない商品には×印を付けなさい。

A商品	B商品	C商品	D商品	E商品	F商品	G商品

（設問2） 評価損として損金の額に算入できる金額を計算しなさい。（算入できない場合には
損金算入額の欄に「──」を付しなさい。）

区　分	計　算　過　程	損金算入額
A　商　品		円
B　商　品		円
C　商　品		円
D　商　品		円
E　商　品		円
F　商　品		円
G　商　品		円
合　　計	（A商品〜G商品までの損金算入額の合計額）	円

問11　当社の確定決算による損益計算書の売上総利益の計算に関する部分は次のとおりで
すが、税務申告に際して次のイ〜ハの事実が判明しました。当社の税務上の売上総利益を
計算しなさい。

〈損益計算書の一部〉

1　売　上　高　　　　　　　　　　642,000,000円

2　売　上　原　価
　　　期首商品棚卸高　　　　3,450,000円
　　　期中仕入高　　　　344,400,000円
　　　期末商品棚卸高　　　　7,900,000円　　339,950,000円

3　売上総利益　　　　　　　　　　302,050,000円

〈税務調整参考事項〉

イ　販売のため引渡済みの商品の売上高600,000円が売上計上もれとなっており、この商品は、
在庫品として期末棚卸高に含まれている。（期末価額は450,000円である。）

ロ　期末棚卸高の計算に当たって、棚ざらし品を正常品として評価している。その評価額は
800,000円となっているが、販売可能価額は250,000円である。

ハ　期中仕入高のうち4,000,000円は、実際は交際費として支出された金額である。

第六章　減価償却

　建物、機械、車両などは使っているうちに、だんだん値打ちが下がってきて、おしまいには使えなくなり、スクラップになります。そこで、こういうものは購入した時にすぐ費用にしてしまわず、３年もつものは３年間、10年もつものは10年間の間に少しずつ費用にしていこうというのが減価償却です。

　税法としては、法人がみんな独自に減価償却をやるとなると、その方法がその法人に妥当なものかどうかということを、いちいち判断しなければなりませんし、課税の公正が保たれなくなるので、減価償却の方法については詳細に規定しており、原則としてどの法人もその方法をとるようにしています。

　法人独自の減価償却計算と、税法の計算との二本建てで計算するのは大変な手間ですから、ほとんどの法人は税法の計算を法人経理としてとり入れています。

■第一節　減価償却資産の範囲

■1■ 減価償却の対象となる資産

　減価償却の対象となる資産は、棚卸資産以外の資産のうち次のものです。（法法２二十三、法令13）

(1)　有形減価償却資産

　①　建　物

　②　建物附属設備（暖冷房設備、照明設備、通風設備、昇降機その他建物に附属する設備をいいます。）

　③　構築物（ドック、橋、岸壁、桟橋、軌道、貯水池、坑道、煙突その他土地に定着する土木設備又は工作物をいいます。）

　④　機械装置

　⑤　船　舶

　⑥　航空機

　⑦　車両運搬具

　⑧　工具、器具備品（観賞用、興行用その他これらに準ずる用に供する生物を含みます。）

(2) 無形減価償却資産

①鉱業権（租鉱権及び採石権その他土石を採掘し又は採取する権利を含みます。） ②漁業権（入漁権を含みます。） ③ダム使用権 ④水利権 ⑤特許権 ⑥実用新案権 ⑦意匠権 ⑧商標権 ⑨ソフトウェア ⑩育成者権 ⑪公共施設等運営権 ⑫樹木採取権 ⑬営業権 ⑭専用側線利用権 ⑮鉄道軌道連絡通行施設利用権 ⑯電気ガス供給施設利用権 ⑰水道施設利用権 ⑱工業用水道施設利用権 ⑲電気通信施設利用権

(3) 生　物

①牛、馬、豚、綿羊及びやぎ ②かんきつ樹、りんご樹、ぶどう樹、梨樹、桃樹、桜桃樹、びわ樹、くり樹、梅樹、柿樹、あんず樹、すもも樹、いちじく樹、キウイフルーツ樹、ブルーベリー樹及びパイナップル ③茶樹、オリーブ樹、つばき樹、桑樹、こりやなぎ、みつまた、こうぞ、もう宗竹、アスパラガス、ラミー、まおらん及びホップ

> **注** 観賞用、興行用その他これらに準ずる用に供する生物は、有形減価償却資産の備品に該当します。

　上記(1)～(3)に該当するものでも事業の用に供していないものは、減価償却資産として取り扱いません。しかし、稼働を休止している資産であっても、その休止期間中必要な維持補修が行われており、いつでも稼働しうる状態にあるものは、減価償却資産に該当するものとされます。また、建設中の建物、機械装置などの資産で建設仮勘定として表示されている場合であっても、その完成した部分が事業の用に供されているときは、その部分は減価償却資産に該当するものとされています。（法基通7－1－3、7－1－4）

② 非減価償却資産

　土地は使ったら価値が減少するというものではありません。また、美術品等は年が経つほどかえって価値が上がってきます。こういうものは、時の経過によりその価値の減少しない資産であり、もともと減価償却をする必要がないものです。借地権、電話加入権も同じような意味で償却の対象にはなっていません。

　上記のうち、美術品等については、次のようなものが時の経過によりその価値の減少しない資産として取り扱われます。（法基通7－1－1）

① 古美術品、古文書、出土品、遺物等のように歴史的価値又は希少価値を有し、代替性のないもの

② ①以外の美術品等で、取得価額が1点100万円以上であるもの（時の経過によりその価値が減少することが明らかなものを除きます。）

> **注** 美術品等で取得価額が1点100万円未満であるもの（時の経過によりその価値が減少しないことが明らかなものを除きます。）は減価償却資産として取り扱われます。

■第二節　減価償却資産の取得価額

■1 原　　則

　償却計算の基礎となる取得価額は、原則として、それを購入し法人で使うまでに要した費用一切をいうことになっています。(法令54①)

取得の方法	取　得　価　額
①　購入した場合	購入の代価(引取運賃、荷役費、運送保険料、購入手数料、関税、その他購入費用を含みます。)＋事業の用に供するために直接要した費用の額(a)
②　自社で建設、製作又は製造をした場合	建設等のために要した原材料費、労務費及び経費の額＋(a)
③　成育又は成熟させた牛馬等又は果樹等	購入の代価等、種付費・出産費又は種苗費＋成育又は成熟のために要した飼料費、肥料費、労務費及び経費の額＋(a)
④　その他(交換、贈与等)	その取得時におけるその減価償却資産の再調達価額＋(a)

■2 特別な取扱い

(1)　付随費用等の処理

　①　借入金利子……固定資産の取得のための借入金利子は、その固定資産の使用開始前の期間に係るものであっても、その固定資産の取得価額に算入しないことができます。(法基通7－3－1の2)

　②　税金等……固定資産の取得に伴い課税される不動産取得税、自動車取得税、登録免許税等のほか、次のような費用は、取得価額に算入しないことができます。(法基通7－3－3の2)

　　イ　建設計画の変更に伴い不要となった調査、測量、設計、基礎工事等の費用

　　ロ　固定資産の取得契約を解除して他の固定資産を取得することとした場合に支出する違約金

　③　立退料……土地建物等を買うとき、前の使用者に立退料を支払った場合、その金額は、土地建物等の取得価額に算入します。(法基通7－3－5)

　④　取りこわし費……はじめから取りこわすつもりの建物付きで土地を買い、1年以内に建物を取りこわすという場合、建物の簿価と取りこわし費用は、土地を利用するための費用として土地の取得価額に算入します。(法基通7－3－6)

　⑤　工業所有権……外部から出願権(工業所有権に関し特許又は登録を受ける権利)を取得した場合のその取得の対価については、無形固定資産に準じてその出願権の目的たる工業所有権の耐用年数により償却することができますが、その出願により工業所有権の登録が

　あったときは、その出願権の未償却残額（工業所有権を取得するために要した費用がある
ときは、その費用の額を加算した金額）に相当する金額をその工業所有権の取得価額としま
す。（法基通7－3－15）

⑵　圧縮記帳をした場合の取得価額

　国庫補助金、保険金や収用補償金等で減価償却資産を取得し、圧縮記帳をした場合には、圧
縮記帳による損金算入額控除後の金額が取得価額とみなされます。（法令54③）

■第三節　資本的支出の取扱い

■1　資本的支出と修繕費

⑴　資本的支出とは

　固定資産には修理や改造がつきものです。通常の修繕であれば、それは費用となりますが、
その修理、改造を加えたことによって特に資産の使用可能期間が通常より延びたとか、その価
額が増加したとかいう場合には、それに見合う分の修繕費は、当期の損金にはならず、資本的
支出として固定資産の取得価額とすることになっています。（法令132）

　資本的支出の金額は次によります。（いずれにも該当する場合は、いずれか多い金額となり
ます。）

　①　使用可能期間が延びる場合

$$支出金額 \times \frac{支出後に予測される使用可能期間 － 取得時において通常の管理又は修理をするものとした場合に予測される使用可能期間}{支出後に予測される使用可能期間} ＝ 資本的支出の金額$$

　②　価額が増加する場合

$$支出直後のその資産の価額（時価） － 取得時において通常の管理又は修理をするものとした場合に予測される支出直前の価額（時価） ＝ 資本的支出の金額$$

⑵　資本的支出と修繕費の区分の方法

　同一の修理、改良等に要した費用の区分は、次の順序で判定します。

□1　次のいずれかに該当すれば修繕費とします。（法基通7－8－3）

　①　その事業年度中に同一の修理、改良等のために支出した費用が20万円未満であること

　②　その修理、改良等がおおむね3年以内の周期性をもつことが過去の実績等から明らかで
　　　あること

□2　固定資産の価値を高め、又は耐久性を増すこととなる部分の金額が資本的支出となるので
すから、例えば、建物の避難階段の取付け等物理的に付加した部分の費用、用途変更のため
の模様替えなど改造や改装の直接費用や、機械の部分品を特に高品質、高性能のものに取り

替えた費用のうち通常の取替費用を超える部分の金額は資本的支出となります。（法基通7－8－1）

　ただし、建物の増築、構築物の拡張、延長等は資本的支出ではなく、建物等を新たに取得したものと考えられます。

③　固定資産の通常の維持管理のため、又は損傷した固定資産の原状回復のための費用は修繕費となりますが、次のような費用も修繕費に該当します。（法基通7－8－2）

①　建物の移築費用……解体移築の場合は、旧資材の70％以上がその性質上再使用できる場合で、その旧資材をそのまま利用して従前の建物と同一の規模及び構造の建物を再建築する場合に限られます。

②　機械装置の移設費用……移設費（運賃、据付費その他）、解体費などです。

> **注**　集中生産のためなどの移設や多額の据付費を要する機械装置の移設の場合は、移設直前の帳簿価額に含まれていた旧据付費を損金の額に算入し、代わりに新しい移設費を取得価額に加えます。ただし、移設費が移設直前の帳簿価額（その機械装置に対する資本的支出の金額を含みます。）の10％以下なら、旧据付費はそのままで、移設費を当期の損金とすることもできます。（法基通7－3－12）

③　地盤沈下回復費用……沈下した土地を沈下前の状態にまで回復するための地盛り費用をいい、土地の取得後すぐ地盛りをしたとか、土地の利用目的を変えるためという場合を除きます。

　また、建物、機械装置等が海水等に浸害されるのを防止するための床上げ、地上げ、移設に要した費用で、床面の構造、材質等の改良工事費用でない部分の費用は修繕費となります。

④　同一の修理、改良等のために支出する金額のうちに資本的支出か修繕費が明らかでない金額がある場合で、次のいずれかに該当するときは形式基準により修繕費とすることができます。（法基通7－8－4）

①　年60万円未満である場合

②　支出対象資産の前期末取得価額の10％相当額以下である場合

> **注**　前期末取得価額とは、「原始取得価額＋前期末までに支出された資本的支出の金額」をいい、前期末の帳簿価額（未償却残額）をいうのではありません。

⑤　資本的支出か修繕費かが明らかでない支出は、資本的支出と修繕費の区分の特例により継続適用を条件として次により区分することもできます。（法基通7－8－5）

支出金額×30％

支出対象資産の前期末取得価額×10％ ｝ いずれか少ない金額＝修繕費……Ⓐ

支出金額－Ⓐ＝資本的支出

> **注** この30%基準によるあん分ができる支出は、上記①又は④により修繕費と判定される支出以外の支出です。

⑥ 災害により被害を受けた固定資産（その被害に基づき評価損を計上したものを除きます。以下「被災資産」といいます。）について支出した次の費用の資本的支出と修繕費の区分については、それぞれ次によります。（法基通7−8−6）

① 被災資産につきその原状を回復するために支出した費用は、修繕費に該当します。

② 被災資産の被災前の効用を維持するために行う補強工事、排水又は土砂崩れの防止等のために支出した費用については、修繕費とすることができます。

③ 被災資産について支出した費用（①又は②に該当する費用を除きます。）の額のうちに資本的支出であるか修繕費であるかが明らかでないものがある場合には、その金額の30%相当額を修繕費とし、残額を資本的支出とすることができます。

> **注1** 被災資産の復旧に代えて資産の取得をし、又は特別の施設（被災資産の被災前の効用を維持するためのものを除きます。）を設置する場合のその資産又は特別の施設は新たな資産の取得に該当し、その取得のために支出した金額は、これらの資産の取得価額に含めなければなりません。
>
> **注2** ⑥の特例は、権利金が繰延資産に計上されている貸借建物などにつき、災害により損壊等の被害があった場合に支出した費用の区分についても適用されます。

⑦ 最後に、前記(1)の原則に戻って実質判定をすることになります。

2 資本的支出の取得価額の特例

(1) 原則的な取扱い

既存の減価償却資産に対して平成19年4月1日以後に資本的支出を行った場合、その資本的支出は、その支出金額を固有の取得価額として、既存の減価償却資産と種類及び耐用年数を同じくする減価償却資産を新たに取得したものとされます。（法令55①）

したがって、この資本的支出は、既存の減価償却資産とは種類及び耐用年数を同じくする別個の資産を新規に取得したものとして、その種類と耐用年数に応じて償却を行っていくことになります。なお、既存の減価償却資産本体については、この資本的支出を行った後においても、現に採用されている償却方法により、償却を継続して行うことになります。

また、事業年度の中途で資本的支出を行った場合の償却限度額は、原則として、次の算式により計算した金額になります。（法令58、59）

$$\text{資本的支出の当期の償却限度額に相当する金額} \times \frac{\text{事業供用日から当期終了日までの期間の月数}}{\text{当期の月数}}$$

＊ 月数の1月未満の端数は、1月に切り上げます。

(2)　取得価額の特例

　資本的支出を行った事業年度の翌事業年度以後の各事業年度においても、資本的支出については、原則として、既存の減価償却資産とは別個に取得した資産として償却していくこととなりますが、取得価額の特例として、次のような処理も認められます。

イ　平成19年３月31日以前に取得をされた既存の減価償却資産に資本的支出を行った場合

　資本的支出を行った事業年度において、資本的支出の対象資産である既存の減価償却資産の取得価額に、この資本的支出の金額を加算することができます。（法令55②）

　この加算を行った場合は、平成19年３月31日以前に取得をされた既存の減価償却資産の種類、耐用年数及び償却方法に基づいて、加算を行った資本的支出部分も含めた減価償却資産全体の償却を行っていくこととなります。

> 注　資本的支出が事業年度の中途で行われた場合には、月数調整を行う必要上、既存の減価償却資産とは別に償却限度額の計算をする必要があります。なお、この場合においても、資本的支出の償却限度額の計算は、既存の減価償却資産の償却方法（旧定額法、旧定率法等）によることになります。

ロ　平成19年４月１日から平成24年３月31日までに取得をされた定率法を適用している既存の減価償却資産に資本的支出を行った場合

> 注　平成24年４月１日以後に取得される減価償却資産の定率法の償却率については、定額法の償却率を2.5倍した償却率（250％定率法）から、定額法の償却率を２倍した償却率（200％定率法）に引き下げられています。

(イ)　平成24年３月31日までに資本的支出（追加償却資産）を行った場合には、その資本的支出を行った事業年度の翌事業年度開始の時において、その時における資本的支出の対象である既存の減価償却資産（旧減価償却資産）の帳簿価額と追加償却資産との合計額を取得価額とする１つの減価償却資産を、新たに取得したものとすることができます。（法令55④）

　この場合は、翌事業年度開始日を取得日として旧減価償却資産の種類及び耐用年数に基づいて償却を行っていくことになります。

(ロ)　平成24年４月１日以後に資本的支出（追加償却資産）を行った場合には、旧減価償却資産は250％定率法、追加償却資産は200％定率法により償却を行うことになり、それぞれ異なる償却率が適用されます。したがって、平成24年４月１日以後に資本的支出を行う場合には、旧減価償却資産の帳簿価額と追加償却資産とを合算して１つの減価償却資産とすることはできません。（法規19③）

ハ　平成24年４月１日以後に取得された定率法を適用している既存の減価償却資産に資本的支出を行った場合

　旧減価償却資産と追加償却資産のいずれも200％定率法により償却を行うことになりますの

で、その資本的支出を行った事業年度の翌事業年度開始の時において、その時における旧減価償却資産の帳簿価額と追加償却資産との合計額を取得価額とする1つの減価償却資産を、新たに取得したものとすることができます。（法令55④）

　この場合は、翌事業年度開始日を取得日として旧減価償却資産の種類及び耐用年数に基づいて償却を行っていくことになります。

ニ　平成19年4月1日以後において、同一事業年度内に複数回の資本的支出を行った場合

　同一事業年度内に複数回行った資本的支出について定率法を採用し、かつ、上記ロの(イ)、ハの適用を受けないときは、その資本的支出を行った事業年度の翌事業年度開始の時において、その開始の時における資本的支出のうち種類及び耐用年数を同じくするものの帳簿価額の合計額を取得価額とする1つの減価償却資産を新たに取得したものとすることができます。（法令55⑤）

　この場合、新たに取得したものとされる1つの減価償却資産については、翌事業年度開始の日に新たに取得したものとして、旧減価償却資産と同じ種類及び耐用年数に基づいて償却を行うこととなります。

　なお、平成24年3月31日以前に行った資本的支出（250％定率法適用）と平成24年4月1日以後に行った資本的支出（200％定率法適用）は償却率が異なりますので、これらの資産を合算して1つの減価償却資産を新たに取得したものとすることはできません。

> **注1** 旧減価償却資産と合算した資本的支出については、資本的支出を行った事業年度の翌々事業年度以後において、取り出して、他の資本的支出との合算は選択できません。（法基通7－3－15の4）
>
> **注2** 旧減価償却資産に合算する複数の資本的支出の組み合わせ、又は資本的支出間の合算の組合せは選択的に行うことができます。ただし、いったん合算した組み合わせで翌事業年度に償却費の計上を行った場合には、翌々事業年度以後において、取り出して、他の合算の組み合わせに変更することはできません。（法基通7－3－15の4、7－3－15の5）

■第四節　減価償却の方法と償却限度額の計算

１　償却費の損金経理

　減価償却資産の償却費は、損金経理をする必要があり、損金の額に算入されるのは、償却費として損金経理をした金額のうちその資産について選定した償却の方法（選定をしなかった場合には、法定償却方法）によって計算した償却限度額に達するまでの金額とされています。（法法31①）

　すなわち法人税においては、個人の所得税における取扱い（所得税法49①）と異なり、償却

費をいくら計上するかは法人の任意としますが、計上した償却費については無制限に損金算入を認めることとしないで一定の償却限度額を設けているわけです。

　また、法人が償却費として損金経理をした金額が税法上の償却限度額に達しない場合には、その償却不足額は、繰り越して翌事業年度の償却限度額に上乗せすることは認められません。

　なお、「償却費として損金経理をした金額」には、次のような金額も含まれるものとされています。（法基通7－5－1）

　①　減価償却資産の取得価額に算入すべき付随費用のうち原価外処理（経費算入）したもの

　②　減価償却資産について圧縮限度額を超えてその帳簿価額を減額した場合のその超える部分の金額

　③　減価償却資産について支出した金額で修繕費として経理した金額のうち、税法上資本的支出とみなされ損金の額に算入されなかった金額

　④　無償又は低い価額により取得した減価償却資産について取得価額として経理した金額が税法上の取得価額に満たない場合のその差額

　⑤　減価償却資産について計上した除却損又は評価損の金額のうち損金の額に算入されなかった金額

　　　＊　評価損の金額には、減損損失として計上した金額も含まれます。

　⑥　少額な減価償却資産（おおむね60万円以下）又は耐用年数が3年以下の減価償却資産の取得価額を消耗品費等として損金経理をした場合のその損金経理をした金額

　⑦　ソフトウェアの取得価額に算入すべき金額を研究開発費として損金経理をした場合のその損金経理をした金額

　これら①〜⑦の取得価額に算入すべき金額を資産計上せず損金経理をした場合には、その金額は償却費として損金経理をしたものとされますから、損金不算入となるのはそのうちの償却超過額に相当する部分であり、それが法人計上利益に加算されることになります。

2　償却方法の種類

　減価償却資産の償却の方法は、次の資産の種類に応じそれぞれ次のとおりです。（法令48、48の2、53）

資　産　の　種　類		平成19年3月31日以前の取得資産		平成19年4月1日以後の取得資産	
		選定できる償却方法	法定償却方法	選定できる償却方法	法定償却方法
①　建物（④を除きます。）	平成10年3月31日以前に取得されたもの	旧定額法 旧定率法	旧定率法		
	平成10年4月1日以後に取得されたもの	――	旧定額法	――	定額法
②　建物附属設備、構築物（④を除きます。）	平成28年3月31日以前に取得されたもの	旧定額法 旧定率法	旧定率法	定額法 定率法	定率法
	平成28年4月1日以後に取得されたもの			――	定額法
③　機械装置、船舶、航空機、車両運搬具、工具、器具備品（④を除きます。）		旧定額法 旧定率法	旧定率法	定額法 定率法	定率法
④　鉱業用減価償却資産（⑥を除きます。）	建物、建物附属設備、構築物 平成28年3月31日以前に取得されたもの	旧定額法 旧定率法 旧生産高比例法	旧生産高比例法	定額法 定率法 生産高比例法	生産高比例法
	平成28年4月1日以後に取得されたもの			定額法 生産高比例法	生産高比例法
	上記以外の鉱業用減価償却資産	旧定額法 旧定率法 旧生産高比例法	旧生産高比例法	定額法 定率法 生産高比例法	生産高比例法
⑤　無形固定資産（⑥を除きます。）及び生物		――	旧定額法	――	定額法
⑥　鉱業権（租鉱権・採掘権を含みます。）		旧定額法 旧生産高比例法	旧生産高比例法	定額法 生産高比例法	生産高比例法

資　産　の　種　類	平成20年3月31日以前契約分	平成20年4月1日後契約分
国外リース資産	旧国外リース期間定額法	
リース資産		リース期間定額法

3 償却方法の選定

　減価償却資産の償却費を計算するに当たっては、**2**の表の資産の種類ごとに、かつ、機械装置以外の同表の③の資産については、その種類（船舶、航空機、車両運搬具、工具、器具備品の別）ごとに、機械装置については、耐用年数省令別表第二の設備の種類ごとに償却の方法を選定し、その選定した方法によって償却限度額の計算を行うことになっています。もっとも、この場合において、2以上の事業所又は船舶を有する会社は、事業所又は船舶ごとに異なる償却の方法を選定することができることとされています。（法令51①）

　なお、法人が償却の方法の選定をしなかったときは、法定償却方法が適用されます。（法法31①）

4 主な償却方法と償却限度額

　減価償却資産の各事業年度の償却限度額は、その資産について採用している償却の方法に基づいて計算した金額となります（法令58）が、主な償却方法のあらましとその償却限度額は次のとおりです。

(1) 旧定額法

　旧定額法は、減価償却資産の取得価額からその残存価額を控除した金額に、その償却費が毎年同一となるようにその資産の耐用年数に応じた旧定額法の償却率を乗じて計算した金額を、各事業年度の償却限度額として償却を行います。（法令48①一）

　なお、償却費の額を計算して、償却費の累計額が取得価額の95％相当額に達した場合は、**7**（64ページ）により償却限度額を計算して償却を行い、残存簿価1円になるまで償却します。（法令61②）

　（取得価額－残存価額*）×耐用年数省令別表第七の旧定額法の償却率＝償却限度額

　　*　取得価額×耐用年数省令別表第十一の残存割合（有形減価償却資産は10％）

(2) 定額法

　定額法は、減価償却資産の取得価額に、その償却費が毎年同一となるようにその資産の耐用年数に応じた定額法の償却率を乗じて計算した金額を、各事業年度の償却限度額として償却を行い、耐用年数経過時点において残存簿価1円まで償却します。（法令48の2①一）

　取得価額×耐用年数省令別表第八の定額法の償却率＝償却限度額

【例】　取得価額1,000,000円、耐用年数10年の減価償却資産の各年の償却に係る計算は、次のとおりとなります。

・定額法の償却率　0.100

・各年の償却限度額　1,000,000円×0.100＝100,000円

年　数	1	2	3	4	5	6	7	8	9	10
期首帳簿価額	1,000,000	900,000	800,000	700,000	600,000	500,000	400,000	300,000	200,000	100,000
償却限度額	100,000	100,000	100,000	100,000	100,000	100,000	100,000	100,000	100,000	99,999
期末帳簿価額	900,000	800,000	700,000	600,000	500,000	400,000	300,000	200,000	100,000	1

＊　10年目における計算上の償却限度額は100,000円ですが、残存簿価を１円としますので、結果として、実際の償却限度額は99,999円になります。

(3)　旧定率法

　旧定率法は、減価償却資産の取得価額（第２回目以後の償却に当たっては、その取得価額から既にした償却費の額で各事業年度の所得の金額の計算上損金の額に算入されたものを控除した金額）に、その償却費が毎年一定の割合で逓減するようにその資産の耐用年数に応じた旧定率法の償却率を乗じて計算した金額を、各事業年度の償却限度額として償却を行います。（法令48①一）

　なお、償却費の額を計算して、償却費の累計額が取得価額の95％相当額に達した場合は、**7**（64ページ）により償却限度額を計算して償却を行い、残存簿価１円になるまで償却します。（法令61②）

$$\text{期首帳簿価額}\begin{pmatrix}\text{取得}\\\text{価額}\end{pmatrix}-\begin{pmatrix}\text{既にした償却}\\\text{費の累積額}\end{pmatrix}\times\begin{array}{l}\text{耐用年数省令別表第七}\\\text{の旧定率法の償却率}\end{array}=\text{償却限度額}$$

(4)　定率法

　定率法は、減価償却資産の取得価額（第２回目以後の償却に当たっては、その取得価額から既にした償却費の額で各事業年度の所得の金額の計算上損金の額に算入されたものを控除した金額）に、その償却費が毎年一定の割合で逓減するようにその資産の耐用年数に応じた定率法の償却率を乗じて計算した金額を各事業年度の償却限度額（調整前償却額）として償却を行います。（法令48の２①一）

　そして、上記により計算した償却限度額（調整前償却額）が、その資産の取得価額に耐用年数に応じて定められた「保証率」を乗じて計算した「償却保証額」に満たないこととなる場合には、その満たないこととなる最初の事業年度の期首帳簿価額（改定取得価額）に、その償却費がその後毎年同一となるようにその資産の耐用年数に応じて設定された「改定償却率」を乗じて計算した金額を各事業年度の償却限度額として償却を行い、耐用年数経過時点において残存簿価１円まで償却します。（法令48の２①一、61①二）

　この計算に当たり、①平成19年４月１日から平成24年３月31日までに取得した減価償却資産の場合には耐用年数省令別表第九に掲げられた償却率（定額法の償却率を250％した償却率）、改定償却率及び保証率を、②平成24年４月１日以後に取得した減価償却資産の場合には耐用年数省令別表第十に掲げられた償却率（定額法の償却率を200％した償却率）、改定償却率及び保

証率を適用します。

① 調整前償却額≧償却保証額の場合

$$期首帳簿価額\left(\begin{array}{c}取得_{}既にした償却\\価額^{-}費の累積額\end{array}\right)×\begin{array}{c}耐用年数省令別表第九、\\第十の定率法の償却率\end{array}=償却限度額$$

② 調整前償却額＜償却保証額の場合

$$改定取得価額\left(\begin{array}{c}調整前償却額＜償却保証額となる\\最初の事業年度の期首帳簿価額\end{array}\right)×\begin{array}{c}耐用年数省令別表第九、\\第十の改定償却率\end{array}=償却限度額$$

> **注** 事業年度の中途で事業の用に供した資産の調整前償却額が償却保証額に満たないかどうかを判定する場合の調整前償却額は、期首帳簿価額（事業年度の中途で事業の用に供していますので、期首帳簿価額＝取得価額となります。）に定率法の償却率を乗じて計算した月数あん分前の金額となります。（法令48の2①一）
> なお、償却限度額は、調整前償却額を月数あん分して計算した金額となります。（法令59）

【例】 取得価額1,000,000円、耐用年数10年の減価償却資産の各年の償却に係る計算は、次のとおりとなります。（平成24年4月1日以後に取得をした減価償却資産の場合）

・定率法の償却率0.200　保証率0.06552　改定償却率0.250

年数	1	2	3	4	5	6	7	8	9	10
期首帳簿価額	1,000,000	800,000	640,000	512,000	409,600	327,680	262,144	196,608	131,072	65,536
調整前償却額	200,000	160,000	128,000	102,400	81,920	65,536	52,428			
償却保証額	65,520	65,520	65,520	65,520	65,520	65,520	65,520			
改定取得価額×改定償却率								65,536	65,536	65,536	(65,536)
償却限度額	200,000	160,000	128,000	102,400	81,920	65,536	65,536	65,536	65,536	65,535
期末帳簿価額	800,000	640,000	512,000	409,600	327,680	262,144	196,608	131,072	65,536	1

＊ 調整前償却額（262,144円×定率法の償却率0.200≒52,428円）が償却保証額（取得価額1,000,000円×保証率0.06552＝65,520円）に満たないこととなる7年目以後の各年は、改定取得価額（262,144円）に改定償却率（0.250）を乗じて計算した金額65,536円が償却限度額となり、10年目において、残存簿価1円まで償却します。(10年目においては残存簿価を1円とするため、65,535円が償却限度額になります。)

> **注** 前期に償却超過額のあった資産については、その償却超過額を帳簿価額に加算した金額が(旧)定率法の償却基礎価額（償却率を乗ずる価額）になることに注意してください。

⑸ (旧)生産高比例法

鉱業用減価償却資産の取得価額（平成19年3月31日以前に取得をされた鉱業用減価償却資産については、その取得価額から残存価額を控除した金額）をその資産の耐用年数（その資産の属する鉱区の採掘予定年数がその耐用年数より短い場合には、その鉱区の採掘予定年数）の期

間内におけるその資産の属する鉱区の採掘予定数量で除して計算した一定単位当たりの金額に、当期におけるその鉱区の採掘数量を乗じて計算した金額を、当期の償却限度額として償却する方法です。（法令48①三、48の２①三）

$$取得価額^* \times \frac{当期採掘数量}{その資産の耐用年数又は採掘予定年数の期間内における採掘予定数量} ＝償却限度額$$

＊　平19.3.31以前に取得をされた鉱業用減価償却資産については、「（取得価額－残存価額）」

⑹　リース資産の償却方法

リース取引（32ページ参照）が売買取引又は金融取引となる場合には、賃借人がリース資産を有するものとして減価償却を行うことになりますが、償却方法は次のとおりです。

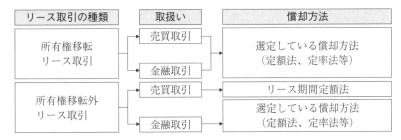

＊　「所有権移転外リース取引」とは、リース取引のうち次のいずれかに該当するもの（これらに準ずるものを含みます。）以外のものをいいます。（法令48の２⑤五）

①　リース期間終了の時又はリース期間の中途において、そのリース取引に係る契約において定められているそのリース取引の目的とされている資産（以下「目的資産」といいます。）が無償又は名目的な対価の額でそのリース取引に係る賃借人に譲渡されるものであること

②　そのリース取引に係る賃借人に対し、リース期間終了時又はリース期間の中途において目的資産を著しく有利な価額で買い取る権利が与えられているものであること

③　目的資産の種類、用途、設置の状況等に照らし、その目的資産がその使用可能期間中そのリース取引に係る賃借人によってのみ使用されると見込まれるものであること又はその目的資産の識別が困難であると認められるものであること

④　リース期間が目的資産の法定耐用年数に比べて相当短いもので、そのリース取引に係る賃借人の法人税を著しく軽減することになると認められるものであること

リース期間定額法は、リース資産の取得価額をリース期間の月数で除して計算した金額に当期に含まれるリース期間の月数を乗じて計算した金額を、当期の償却限度額として償却する方法です。（法令48の２①六）

$$（リース資産の取得価額－残価保証額） \times \frac{当期のリース期間の月数}{契約で定められたリース期間の月数} ＝償却限度額$$

＊１　リース資産の取得価額は、残価保証額がない場合には、リース料の総額となります。ただし、その一部を利息相当額として区分した場合には、その区分した利息相当額を控除した金額となります。（法基通７－６の２－９）

2　残価保証額とは、リース期間終了時にリース資産の処分価額がそのリース契約において定められ
ている保証額に満たない場合に、その満たない部分の金額を賃借人が賃貸人に支払うこととされて
いる場合におけるその保証額をいいます。リース資産の取得価額に残価保証額に相当する金額が含
まれている場合には、リース資産の取得価額から残価保証額を控除した金額を基に償却限度額の計
算を行います。（法令48の2⑤六）

3　そのリース資産がリース期間の中途において移転を受けたものであるときは、リース期間はその
移転後の期間とします。

5　償却限度額の計算単位

　償却限度額は、耐用年数省令別表に定める減価償却資産の種類の区分ごとに、かつ、耐用年
数及び償却の方法の異なるごとに1グループとして計算することとされています。この場合、
種類の区分は、その種類について構造又は用途、細目、設備の種類の区分が定められているも
のについては、これらの区分（事業所ごとに異なる償却方法を選定しているときは、事業所ご
とのこれらの区分）とします。（法規19①）したがって、その1グループに属する個々の減価
償却資産について生じた償却超過額と償却不足額とは通算されることになります。

> **注**　「償却超過額」とは、損金経理をした償却費が償却限度額を超える場合におけるその超える
> 部分の金額をいいます。また、「償却不足額」とは、損金経理をした償却費が償却限度額に満
> たない場合におけるその満たない部分の金額をいいます。

6　期中供用資産の償却限度額の特例など

(1)　事業年度の中途に事業の用に供した減価償却資産の償却限度額の特例

　事業年度の中途で事業の用に供した減価償却資産の償却限度額は、次により計算した金額と
されています。（法令59）

イ　(旧)定額法や(旧)定率法を採用している減価償却資産

　その資産につきこれらの方法により計算した当期の償却限度額に相当する金額を当期の月数
で除し、これに事業の用に供した日から当期終了日までの期間の月数を乗じて計算した金額

$$当期を通じて事業の用に供した \atop と仮定した場合の償却限度額 \times \frac{事業供用日から当期終了日までの期間の月数}{当期の月数} = 償却限度額$$

＊　月数の1月未満の端数は、1月に切り上げます。

ロ　(旧)生産高比例法を採用している減価償却資産

　その資産につき計算した当期の償却限度額に相当する金額を当期のその鉱区の採掘数量で除
し、これに事業の用に供した日から当期終了日までの期間におけるその鉱区の採掘数量を乗じ
て計算した金額

$$当期を通じて事業の用に供したと仮定した場合の償却限度額 \times \frac{事業供用日から当期終了日までの期間におけるその鉱区の採掘数量}{当期中のその鉱区の採掘数量} = 償却限度額$$

(2) 事業年度の中途で資本的支出のあった減価償却資産の償却限度額

事業年度の中途で資本的支出のあった減価償却資産については、その資本的支出の金額を独立の資産とみて、前記(1)と同じ要領で、その支出年度の償却限度額を計算します。

(3) 繰越償却過不足額がある場合の償却限度額

イ 繰越償却超過額がある場合

損金経理をした償却費が償却限度額を超え、償却超過額が生じた場合の減価償却資産の帳簿価額は、その事業年度以後の各事業年度においては、その償却超過額に相当する金額の減額がなかったものとみなされます。(法令62)

したがって、税務上の未償却残額を基礎とする旧定率法又は定率法による場合の翌期の償却限度額は、次の算式により計算することになります。

（期首帳簿価額＋前期から繰り越された償却超過額）×（旧）定率法の償却率＝償却限度額

ところで、前期から繰り越された既往の償却超過額は、当期において償却費として損金経理をした金額に含めることとされています。つまり、当期の償却計算において償却不足額が生じた場合には、その償却不足額を限度して既往において損金の額に算入されなかった繰越償却超過額を当期の償却費として損金の額に算入（損金認容）することになります。これを算式で示すと次のとおりです。(法法31④)

当期償却限度額－償却実施額＝償却不足額

前期から繰り越された償却超過額－償却不足額（損金認容額）＝翌期に繰り越す償却超過額

```
┌─ 計算例 ─────────────────────────────

  （設　例）　事業年度　　　　　　　　　　　1 年

　　　　　　　取得年月　　　　　　　　　平成31年3月

　　　　　　　取得価額　　　　　　　18,000,000円

　　　　　　　前期から繰り越した償却超過額　　640,000円

　　　　　　　当期償却実施額　　　　　　660,000円

　　　　　　　期末帳簿価額　　　　　　5,820,000円

　　　　　　　耐用年数　12年　　償却方法　　定率法

　　　　　　　（償却率0.167　　改定償却率0.200　　保証率0.05566）
```

（計　算）

　　(1)　当期償却限度額

　　　①　調整前償却額

　　　　（5,820,000円＋640,000円＋660,000円）×0.167＝1,189,040円

　　　②　償却保証額

　　　　18,000,000円×0.05566＝1,001,880円

　　　③　①≧②　∴1,189,040円

　　　④　当期償却限度額　1,189,040円

　　(2)　当期償却不足額

　　　　1,189,040円－660,000円＝529,040円

　　(3)　前期から繰越した償却超過額のうち当期認容額

　　　　640,000円＞529,040円　∴529,040円

　　(4)　翌期繰越償却超過額

　　　　640,000円－529,040円＝110,960円

ロ　繰越償却不足額がある場合

　損金経理をした償却費が償却限度額に満たないときの償却不足額は、翌期以降に繰り越して損金の額に算入することはできません。したがって、償却不足額がある減価償却資産については、結果的にはその償却不足額に相当する金額を償却するまでの期間、法定耐用年数より償却期間が延長されることになります。

７ 平成19年３月31日以前取得資産の償却累積額による償却限度額の特例

　平成19年３月31日以前に取得をされた減価償却資産について償却限度額の計算を行うと、取得価額の95％相当額（有形減価償却資産の場合）を超えることとなる場合には、その取得価額の95％相当額に達するまでの金額が償却限度額となります。（法令61①）

　この場合、翌期以後の各事業年度において、次の算式により計算した金額を償却限度額として償却を行い、残存簿価１円まで償却することができます。（法令61②）

$$（取得価額－次の①又は②の金額－1円）×\frac{当期の月数}{60}＝償却限度額$$

①　有形減価償却資産（坑道を除きます。）……取得価額×95％

②　生物……取得価額×（１－耐用年数省令別表第十一の残存割合）

【例】　取得・事業供用年月　平成18年４月　　取得価額　330万円

　　　耐用年数　15年　　旧定額法の償却率　0.066

事業年度（4.1〜3.31）	3年度	4年度	5年度	6年度	7年度	8年度	9年度	10年度
期首未償却残高	555,720	359,700	165,000	132,001	99,002	66,003	33,004	5
償却費の額	196,020	194,700	32,999	32,999	32,999	32,999	32,999	4
期末未償却残高	359,700	165,000	132,001	99,002	66,003	33,004	5	1

＊　令和4年度において、損金の額に算入された償却費の額の累積額が取得価額の95％に達しています
　　ので、令和5年度以後については、上記の算式により償却費の額の計算を行います。

■第五節　耐用年数・償却率

1　耐用年数

（1）　税法上の耐用年数

　固定資産が何年間使えるか、何年で償却すればよいかということは、償却計算にとっていち
ばん重要なことであり、また、最も難しいことでもあるのです。本来は、企業経理、経営政策
の点から判断すべきことであり、同じ機械でも使う会社によって耐用年数が異なってもよいは
ずですが、税法はいろいろな品目別に税法上の耐用年数（法定耐用年数）を「減価償却資産の
耐用年数等に関する省令」（耐用年数省令）で細かく定めています。

（2）　中古資産の耐用年数

　中古資産を購入した場合は、法定耐用年数によらず、その資産の使用可能期間を見積もり、そ
の年数を耐用年数とすることができます（見積法）。また、この見積りが難しい場合は、生物な
どを除き、次により算定した年数を見積耐用年数とすることができます（簡便法）。（耐令3①二）

　　①　法定耐用年数の全部を過ぎているもの……**法定耐用年数×20％**

　　②　法定耐用年数の一部を過ぎているもの……**（法定耐用年数－経過年数）＋経過年数×20％**

　この簡便法の計算では、1年未満の端数は切り捨てますが、年数が2年に満たない場合は、
最低2年とします。

> **注**　見積耐用年数は、供用年度においてその算定をしなければ適用することができません。（耐
> 通1−5−1）また、供用時又はその後の事業年度において、その資産の再取得価額の50％を
> 超える資本的支出をした場合には、見積耐用年数は適用されず、その支出年度以後、法定耐用
> 年数によらなければなりません。

（3）　耐用年数の短縮

　減価償却資産の材質や製作方法が、他の標準的なものと著しく異なっているとか、陳腐化した
ことなどの特別の事由に当てはまるため、その使用可能期間が法定耐用年数に比べて短いという

場合は、国税局長の承認を受けて、その承認された未経過使用可能期間（減価償却資産の使用可能期間のうち、いまだ経過していない期間）を法定耐用年数とすることができます。（法令57）

2 償 却 率

耐用年数に応じた償却率は、耐用年数省令別表第七、第八、第九及び第十で(旧)定額法、(旧)定率法それぞれに応じたものが定められています。

この償却率は1年間についてのものですから、事業年度が1年に満たない場合には、次のように償却率を換算して使います。（耐令4②③、5②〜⑤、耐通5－1－1）

(1) 旧定額法、定額法又は定率法を選定している場合

旧定額法、定額法又は定率法に係る償却率又は改定償却率 $\times \dfrac{当期の月数}{12}$

＊1　小数点以下3位未満の端数があるときは、その端数は切り上げます。
　2　定率法を採用している場合の償却保証額の計算については、事業年度が1年に満たない場合においても、別表第九、第十に定める保証率により計算します。なお、償却保証額に満たない場合に該当するかどうかの判定に当たっての調整前償却額を計算する定率法の償却率は、上記の月数によるあん分前の償却率によります。

(2) 旧定率法を選定している場合

改定耐用年数 $\left(\text{その資産の耐用年数} \times \dfrac{12}{当期の月数}\right)$ に応ずる別表第七の旧定率法の償却率

＊　改定耐用年数に1年未満の端数があるときは、その端数は切り捨てます。

■第六節　少額減価償却資産の取得価額等の損金算入制度

1 少額減価償却資産の取得価額の損金算入

減価償却資産を取得し事業の用に供した場合において、その使用可能期間が1年未満であるもの又は取得価額が10万円未満であるものについて、それを事業の用に供した事業年度にその取得価額に相当する金額につき損金経理をしたときは、一時に損金の額に算入することが認められています。（法令133）

> **注1**　取得価額がいくらであるかは、通常一単位として取引されるその単位ごとに判定します。例えば、機械装置については1台又は1基ごと、工具・器具備品については1個、1組又は1そろいごとに判定します。（法基通7－1－11）
> **注2**　使用可能期間が1年未満である減価償却資産とは、その業種（例えば紡績業、鉄鋼業、建設業等の業種）における同種の減価償却資産の使用状況、補充状況等を勘案して、一般的に消耗性のものとして認識されている減価償却資産で、会社の平均的な使用状況、補充状況等から

みてその使用可能期間が1年未満であるものをいいます。なお、平均的な使用状況、補充状況等は、おおむね過去3年間の平均値を基準として判定することとされています。また、同種の減価償却資産のうちに、材質、型式、性能等が著しく異なるため、その使用状況、補充状況等も著しく異なるものがあるときは、その材質、型式、性能等の異なるものごとに判定することができます。（法基通7－1－12）

注3 対象資産から貸付け（主要な事業として行われるものを除きます。）の用に供される資産は除かれます。

〈中小企業者等の少額減価償却資産の取得価額の損金算入の特例〉

青色申告法人である中小企業者（適用除外事業者を除きます。）又は農業協同組合等で、常時使用する従業員の数が500人（電子情報処理組織を使用する方法（e-Tax）により法人税の確定申告書等に記載すべきものとされる事項を提供しなければならない法人については300人）以下の法人が、平成18年4月1日から令和8年3月31日までの間に取得等をし、かつ、事業の用に供した減価償却資産で、その取得価額が10万円以上30万円未満であるもの（合計で300万円*に達するまでのもの）については、損金経理をすること及びその取得価額に関する明細書を確定申告書に添付することを条件に、その事業の用に供した事業年度において即時償却が認められます。（措法67の5、措令39の28①）

* 当期が1年未満の場合には、300万円 × $\dfrac{\text{当期の月数}}{12}$

注1	「中小企業者」とは次のいずれかに該当する法人をいいます。

①	資本金の額又は出資金の額が1億円以下の法人（発行済株式の総数（出資の総数）の2分の1以上が同一の大規模法人の所有に属している法人又は発行済株式の総数（出資の総数）の3分の2以上が複数の大規模法人の所有に属している法人を除きます。）
②	資本又は出資を有しない法人のうち常時使用する従業員の数が1,000人以下の法人

* 大規模法人とは、①資本（出資）金の額が1億円超の法人又は資本（出資）を有しない法人のうち常時使用する従業員の数が1,000人を超える法人、②資本（出資）金の額が5億円以上の法人の100%子法人、③100%グループ内の複数の資本（出資）金の額が5億円以上の法人に発行済株式の全部を保有されている法人をいいます。

注2 「適用除外事業者」とは、その事業年度開始の日前3年以内に終了した各事業年度の所得の金額の年平均額が15億円を超える法人をいいます。

注3 取得価額がいくらであるかは、通常一単位として取引されるその単位ごとに判定します。例えば、機械装置については1台又は1基ごと、工具・器具備品については1個、1組又は1そろいごとに判定します。（措通67の5－2）

注4 対象資産から貸付け（主要な事業として行われるものを除きます。）の用に供される資産は除かれます。

2 一括償却資産の損金算入

取得価額（**1**の**注1**参照）が20万円未満の減価償却資産（国外リース資産・リース資産及び**1**の適用を受けるものを除きます。）を事業の用に供した場合において、その減価償却資産の

全部又は特定の一部を一括したもの（一括償却資産）の取得価額の合計額について、当期から3年間で損金の額に算入できる方法を選定することができます。

この方法を選定した場合には、一括償却資産につき供用年度以後の各事業年度に損金の額に算入される金額は、一括償却資産の取得価額の合計額（一括償却対象額）の全部又は一部につき損金経理をした金額のうち、次の金額に達するまでの金額とされています。（法令133の2①）

$$一括償却対象額 \times \frac{当期の月数}{36} = 損金算入限度額$$

> **注1** 上記の損金経理をした金額には、一括償却対象額について前期以前に損金経理をした金額のうち損金の額に算入されなかった金額（損金算入限度超過額）を含みます。（法令133の2⑨）
>
> **注2** 対象資産から貸付け（主要な事業として行われるものを除きます。）の用に供される資産は除かれます。

ここで注意すべきは、上記の算式による金額は「償却限度額」ではなく「損金算入限度額」ということです。つまり、一括償却資産は、他の減価償却資産のように個別管理をせず、その取得価額を3年にわたって損金算入する方法を選択したということですから、一括償却資産について滅失、除却等の事実が生じた場合でも、その事業年度の損金算入額は、上記の損金算入限度額に達するまでの金額にとどめられます。一括償却資産を譲渡した場合についても同様です。（法基通7－1－13）

■第七節　除却損失等の損金算入

(1)　取りこわした建物等の帳簿価額の損金算入

法人が建物、構築物等でまだ使用できるものを取りこわし、新たにこれに代わる建物、構築物等を取得した場合（土地の利用を目的として土地付建物を取得し建物を取りこわした場合を除きます。）には、その取りこわした資産の取りこわし直前の帳簿価額（取りこわした時における廃材等の見積額を除きます。）は、その取りこわした事業年度の損金の額に算入されます。（法基通7－7－1）

(2)　有姿除却

次のような固定資産については、解撤、破砕、廃棄等をしていない場合であっても、その帳簿価額から処分見込価額を差し引いた金額を除却損として損金の額に算入することができます。（法基通7－7－2）

①　その使用を廃止し、今後通常の方法により事業の用に供する可能性がないと認められる固定資産

②　特定の製品の生産のために専用されていた金型等で、その製品の生産を中止したことにより将来使用される可能性のほとんどないことがその後の状況等からみて明らかなもの

■第八節　特別償却制度

1 特別償却（割増償却）

　減価償却は、費用配分という会計上の1つの約束ごととしての処理ですから、毎期同じ方法を継続的に適用することが前提になっています。法人の都合で、この機械は特に償却を早くし元をとりたいと思っても税務上は原則としてそういうことは認められません。

　しかし、税法は、国の政策に合わせて特に必要な場合だけは、被災代替資産等の特別償却を除き、青色申告法人に限り、通常の計算で算出した償却額のほかに特別に余分の減価償却をすることを認め、そのぶんだけ税法上の特典（課税の繰延べ）を与えるようになっています。

　この特別償却制度は、その償却限度額の計算方法のちがいから、次のように分類することができます。

(1)　初年度特別償却

　事業の用に供した初年度に、普通償却費に加えて、次の算式の特別償却限度額までの金額を償却費に計上できます。

　　その資産の取得価額×特別償却割合＝特別償却限度額

　　当期普通償却限度額＋特別償却限度額＝当期償却限度額

(2)　割増償却

　事業の用に供した事業年度以後の一定期間、普通償却費に加えて、次の算式の特別償却限度額までの金額を償却費に計上できます。

　　当期普通償却限度額×割増償却率＝当期特別償却限度額

　　当期普通償却限度額＋当期特別償却限度額＝当期償却限度額

2 特別償却準備金

　特別償却（割増償却）は、原則として普通償却と同様の会計処理を行います。しかし、各特別償却対象資産別に、特別償却限度額以下の金額を損金経理の方法又は当期の決算確定の日までに剰余金の処分により積立金として積み立てる方法により特別償却準備金として積み立て、その積み立てた金額を損金の額に算入（剰余金の処分による場合は、別表四で所得から減算調整）するという準備金方式も認められています。（措法52の3①）

　準備金方式によるということは、普通償却費の計算からまったく切り離して処理することを意味します。つまり、その資産の普通償却限度額の計算は、特別償却の適用がなかったものとして行えばよいのです。

　積み立てた特別償却準備金は、翌期から7年間（対象資産の耐用年数が10年未満5年以上であるときは5年間、同5年未満であるときはその耐用年数）にわたり均等額を取り崩し、各事業年

度の益金の額に算入しなければなりません。また、対象資産の除却や譲渡をしたときなどは、その資産についての積立額を取り崩して益金の額に算入しなければなりません。（措法52の3⑤⑥）

3 特別償却不足額の繰越し

前述したように、普通償却費の償却不足額は繰越しが認められません。

しかし、租税特別措置法に規定する特別償却（割増償却）の適用により生じた不足額については、連続して青色申告書を提出している法人に限り1年間の繰越しが認められています。特別償却準備金の積立不足額についても同様です。

なお、前期から繰り越された特別償却不足額がある減価償却資産の旧定率法又は定率法による普通償却限度額は、その特別償却不足額が既に償却されたものとみなして次の算式により計算することとされています。（措法52の2、措令30②）

（期首帳簿価額－前期から繰り越された特別償却不足額）×（旧）定率法の償却率
＝普通償却限度額

したがって、その減価償却資産の当期償却限度額は、その普通償却限度額に前期から繰り越された特別償却不足額を加算した金額とされます。これを算式で示すと次のとおりです。

普通償却限度額＋前期から繰り越された特別償却不足額＝合計償却限度額

演 習 問 題

問12 当社の当期（自令和6年4月1日　至令和7年3月31日）における減価償却資産及び償却の明細は以下のとおりです。当期の減価償却に関して税務上調整すべき金額を計算しなさい。

種 類 等	取 得 価 額	当期償却費	期末帳簿価額	法定耐用年 数	償却方法	償却率	備 考
建　　物	54,000,000円	1,180,000円	25,932,000円	41年	旧定額法	0.025	（注1）
機械装置	20,000,000円	1,800,000円	4,790,000円	10年	定率法	0.200	（注2）
備　　品	860,000円	350,000円	510,000円	5年	定率法	0.400	（注3）

（注1）　建物には、前期以前に発生した繰越償却超過額が158,000円ある。

（注2）　機械装置は、平成24年4月1日以後に取得し、事業の用に供したもので、前期以前に発生した繰越償却不足額が44,500円ある。

（注3）　備品は令和6年7月10日に取得したものであり、同日から事業の用に供している。

（注4）　平成24年4月1日以後に取得された減価償却資産の定率法の改定償却率及び保証率は次のとおりです。

	5年	10年
改定償却率	0.500	0.250
保証率	0.10800	0.06552

(1) 建物
　① 償却限度額

　　 [　　　　円] ×0.9× [0.　　　] = [　　　　円]

　② 認容額

　　 [　　　円] − [　　　円] = [　　　円] $\left\{ \begin{matrix} > \\ < \end{matrix} \right\}$ [　　　　円]
　　　　　　　　　　　　　　　　　　（いずれかを○で囲む）

　　 ∴ [　　　　円]

(2) 機械装置
　① 償却限度額
　　 (イ) 調整前償却額

　　　 $\left(\right.$ [　　円] + [　　円] $\left.\right)$ ×0. [　　] = [　　　　円]

　　 (ロ) 償却保証額

　　　 [　　　円] ×0. [　　] = [　　　円]

　　 (ハ) (イ) $\left\{ \begin{matrix} \geqq \\ < \end{matrix} \right\}$ (ロ) ∴ [　　　　円]
　　　 （いずれかを○で囲む）

　　 (ニ) 償却限度額

　　　 [　　　円]

　② 償却超過額

　　 [　　　円] − [　　　円] = [　　　円]

(3) 備品
　① 償却限度額
　　 (イ) 調整前償却額

　　　 [　　　円] ×0. [　　] = [　　　円]

　　 (ロ) 償却保証額

　　　 [　　　円] ×0. [　　] = [　　　円]

　　 (ハ) (イ) $\left\{ \begin{matrix} \geqq \\ < \end{matrix} \right\}$ (ロ) ∴ [　　　円]
　　　 （いずれかを○で囲む）

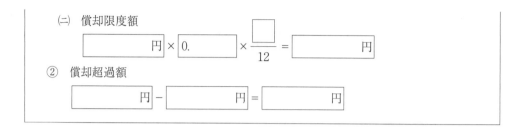

(ニ) 償却限度額

$$\boxed{} 円 \times 0.\boxed{} \times \dfrac{\boxed{}}{12} = \boxed{} 円$$

② 償却超過額

$$\boxed{} 円 - \boxed{} 円 = \boxed{} 円$$

問13　次の資料に基づき、当社の当期（自令和6年4月1日　至令和7年3月31日）における減価償却に関して税務上調整すべき金額を計算しなさい。

〈資　料〉

(1)　当期における減価償却資産の償却状況等は次のとおりです。なお、下記以外の減価償却資産については、税務上調整すべき金額はないものとします。

種類等	取　得　価　額	当期償却費 （損金経理）	期末帳簿価額	法定耐用 年　　数	備　考
建　　物	128,000,000円	3,000,000円	61,720,000円	41年	（注1）
機械装置	10,000,000円	100,000円	983,000円	22年	（注2）
車　　両	2,580,000円	1,290,000円	1,290,000円	5年	（注3）

（注1）　建物は、平成19年3月31日以前に取得し事業の用に供したもので、前期以前に発生した繰越償却不足額が80,000円あります。

（注2）　機械装置は、平成19年3月31日以前に取得し事業の用に供したもので、前期以前に発生した繰越償却超過額が150,000円あります。

（注3）　車両は、令和6年8月28日に取得し、同日より事業の用に供しています。

(2)　当社は、減価償却資産の償却方法については何ら選定の届け出をしていません。

(3)　償却率は次のとおりです。

区　　分	5年	22年	41年
旧定額法	0.200	0.046	0.025
定額法	0.200	0.046	0.025
旧定率法	0.369	0.099	0.055
定率法	0.400	0.091	0.049

(4)　平成24年4月1日以後に取得された減価償却資産の定率法の改定償却率及び保証率は次のとおりです。

	5年
改定償却率	0.500
保　証　率	0.10800

1．建物
　(1)　償却限度額

　　　　[　　　　円] × 0.9 × [0.　　　　] = [　　　　円]

　(2)　償却超過額

　　　　[　　　　円] − [　　　　円] = [　　　　円]

2．機械装置
　(1)　償却限度額

　　　　([　　　　円] + [　　　　円] + [　　　　円]) × [0.　　　　]

　　　　= [　　　　円]

　(2)　認容額

　　　　[　　　　円] − [　　　　円] = [　　　　円] $\begin{Bmatrix} > \\ < \end{Bmatrix}$ [　　　　円]
　　　　　　　　　　　　　　　　　　　　　（いずれかを○で囲む）

　　　　∴ [　　　　円]

3．車両
　(1)　償却限度額

　　　① 調整前償却額

　　　　[　　　　円] × [0.　　　　] = [　　　　円]

　　　② 償却保証額

　　　　[　　　　円] × [0.　　　　] = [　　　　円]

　　　③ ① $\begin{Bmatrix} \geqq \\ < \end{Bmatrix}$ ② ∴ [　　　　円]
　　　　（いずれかを○で囲む）

　　　④ 償却限度額

　　　　[　　　　円] × [0.　　　　] × $\dfrac{\boxed{}}{12}$ = [　　　　円]

　(2)　償却超過額

　　　　[　　　　円] − [　　　　円] = [　　　　円]

問14 当社は、当期（自令和 6 年 4 月 1 日　至令和 7 年 3 月31日）において、店舗用建物（取得価額2,800万円、耐用年数38年、定額法の償却率0.027）を取得し、6 月 7 日に事業の用に供しましたが、さらに11月15日に避難階段の取り付けを行い、同日より事業の用に供しています。その際に支出した取り付け費用の3,360,000円は修繕費として損金経理しています。なお、この建物について計上した当期償却費の額は、68万円です。

　　当期のこの建物の減価償却に関して調整すべき金額を計算しなさい。

(1)　償却限度額
　　①　従前部分

　　　　　　　　　　　　　　　　　　　　　　　　　　　　　＝　　　　　　　　　円

　　②　資本的支出部分

　　　　　　　　　　　　　　　　　　　　　　　　　　　　　＝　　　　　　　　　円

　　③　合　計
　　　　①＋② ＝　　　　　　　　円
(2)　償却超過額

　　　　　　　　　　　　　　　　　　　　　　　　　　　　　＝　　　　　　　　　円

問15 E株式会社は、当期（自令和 6 年 4 月 1 日　至令和 7 年 3 月31日）に中古の貨物自動車を取得し、直ちに事業の用に供した。次の資料に基づき、当期における減価償却限度額を計算しなさい。

〈資　料〉

1．取得価額　　　　　　　　　　　　　　　　2,000,000円

2．取得年月日　　　　　　　　　　　　　　　令和 6 年10月 8 日

3．法定耐用年数　　　　　　　　　　　　　　5 年

4．取得時までの経過年数　　　　　　　　　　1 年

5．残存耐用年数は簡便法により見積もること。

6．償却方法は法定償却方法によること。

7．償却率

	2年	3年	4年	5年
定　額　法	0.5	0.334	0.250	0.200
定　率　法	1.0	0.667	0.500	0.400

8．改定償却率、保証率

　平成24年4月1日以後に取得された減価償却資産の定率法の改定償却率及び保証率は次のとおりです。

	2年	3年	4年	5年
改定償却率	―	1.00	1.00	0.500
保　証　率	―	0.11089	0.12499	0.10800

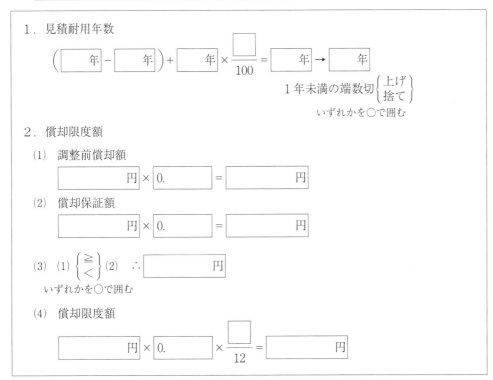

1．見積耐用年数

$$\left(\boxed{\quad 年 \quad} - \boxed{\quad 年 \quad} \right) + \boxed{\quad 年 \quad} \times \frac{\boxed{\quad}}{100} = \boxed{\quad 年 \quad} \rightarrow \boxed{\quad 年 \quad}$$

1年未満の端数切 { 上げ / 捨て }

いずれかを○で囲む

2．償却限度額

（1）調整前償却額

$$\boxed{\qquad 円 \qquad} \times 0.\boxed{\quad} = \boxed{\qquad 円 \qquad}$$

（2）償却保証額

$$\boxed{\qquad 円 \qquad} \times 0.\boxed{\quad} = \boxed{\qquad 円 \qquad}$$

（3）（1） { ≧ / < } （2）　∴ $\boxed{\qquad 円 \qquad}$

　　いずれかを○で囲む

（4）償却限度額

$$\boxed{\qquad 円 \qquad} \times 0.\boxed{\quad} \times \frac{\boxed{\quad}}{12} = \boxed{\qquad 円 \qquad}$$

第七章 繰延資産の償却

■第一節　主な繰延資産とその償却方法

　繰延資産というのは、法人が支出した費用のうち、その支出の効果がその支出の日以後1年以上に及ぶ一定のものをいいます。(法法2二十四、法令14①)

　ここで、繰延資産と前払費用は厳密に区別しなければなりません。前払費用というのは、一定の契約に従い継続的に役務の提供を受ける場合のまだ提供されていない部分に対応するものをいいますが、税法ではこれを繰延資産から除外しています。(法令14②)

　繰延資産の償却費として損金算入される金額は、法人が償却費として損金経理をした金額のうち、一定の償却限度額（第二節参照）までの金額です。(法法32①)

> **注** 繰延資産となるべき費用について償却費以外の科目で損金経理をしている場合でも、その損金経理をした金額は「償却費として損金経理をした金額」に含まれるものとされています。(法基通8-3-2)

1 会計上の繰延資産など

　税法は、会計上の繰延資産など次表の支出費用については、任意償却（支出時に全額損金算入が可能）を認めています。(法令14①一～五、64①一)

項　　　目	内　　　　　容
① 創　立　費	発起人に支払う報酬、設立登記のために支出する登録免許税その他会社の設立のために支出する費用で、会社の負担に帰すべきもの
② 開　業　費	法人の設立後事業を開始するまでの間に開業準備のために特別に支出する費用
③ 開　発　費	新技術又は新経営組織の採用や資源の開発又は市場の開拓のために特別に支出する費用
④ 株式交付費	株券等の印刷費、資本金の増加の登記についての登録免許税その他自己の株式（出資を含みます。）の交付のために支出する費用
⑤ 社債等発行費	社債券等の印刷費その他債券（新株予約権を含みます。）の発行のために支出する費用

2 税法独自の繰延資産

　税法における繰延資産には、**1**の繰延資産のほか次の税法独自の繰延資産があります。これ

らは、**1**の繰延資産とは異なり、支出の効果の及ぶ期間で均等償却しなければなりません。（法令14①六、64①二）

① 自己が便益を受ける公共的施設又は共同的施設の設置又は改良のために支出する費用

② 資産を賃借し又は使用するために支出する権利金、立退料その他の費用

③ 役務の提供を受けるために支出する権利金その他の費用

④ 製品等の広告宣伝の用に供する資産を贈与したことにより生ずる費用

⑤ ①〜④の費用のほか、自己が便益を受けるために支出する費用

3 少額繰延資産の損金算入

均等償却を行う繰延資産となる費用（**2**の各費用）のうち、その支出金額が20万円未満であるものについては、損金経理を条件に、その全額を支出事業年度の損金の額に算入することが認められます。（法令134）

■第二節　繰延資産の償却限度額

1 任意償却の繰延資産

創立費、開業費、開発費、株式交付費及び社債等発行費については、その繰延資産の額（既に損金の額に算入された金額がある場合は、その金額を控除した金額）が償却限度額です。つまり任意償却が認められます。（法令64①一）

2 均等償却を行う繰延資産

税法独自の繰延資産については、その支出の効果の及ぶ期間で均等償却を行います。（法令64①二）

$$その繰延資産の支出額 \times \frac{当期の期間のうちに含まれる償却期間の月数}{支出の効果の及ぶ期間（償却期間）の月数} ＝ 当期償却限度額$$

＊ 支出事業年度の「当期に含まれる償却期間の月数」は、支出の日から当期終了日までの期間の月数となります。月数の計算で生じた１月未満の端数は、１月に切り上げます。

主な税法独自の繰延資産とその償却期間は次表のとおりです。（法基通８－１－11、８－２－３、８－２－４）

繰延資産の種類	償却期間の年数
(1)　公共的施設の設置又は改良のために支出する費用	
その施設又は工作物が負担者の専用とされる場合	その施設又は工作物の耐用年数 $\times \frac{7}{10}$
上記以外の場合	その施設又は工作物の耐用年数 $\times \frac{4}{10}$
(2)　共同的施設の設置又は改良のために支出する費用	
その施設が負担者又は構成員の共用とされる場合又は協会等の本来の用に供される場合	①　施設の建設又は改良に充てられる部分の負担金……その施設の耐用年数 $\times \frac{7}{10}$（その施設が協会等の本来の用に供される会館等である場合は、②の部分を含め最長10年） ②　土地の取得に充てられる部分の負担金……45年
商店街等における共同のアーケード、日よけ、アーチ、すずらん灯など負担者の共用とされるとともに一般公衆の用にも供される場合	5年（その施設の耐用年数が5年未満である場合は、その耐用年数）
(3)　建物を賃借するために支出する権利金等	
建物の新築に際し支払った権利金等でその額が賃借部分の建設費の大部分に相当し、実際上その建物の存続期間中貸借できる状況にある場合	その建物の耐用年数 $\times \frac{7}{10}$
建物の新築に際し支払った上記以外の権利金等で契約、慣習等によって明渡し時に借家権として転売できる場合	その建物の賃借後の見積残存耐用年数 $\times \frac{7}{10}$
上記以外の場合	5年（契約による賃借期間が5年未満で更新時に再び権利金等の支払を要する場合は、その賃借期間）
(4)　電子計算機その他の機器の賃借に伴って支出する費用	その機器の耐用年数 $\times \frac{7}{10}$（契約による賃借期間を超える場合は、その賃借期間）
(5)　ノウハウの頭金等	5年（設定契約の有効期間が5年未満で更新時に再び一時金又は頭金の支払を要する場合は、その有効期間）
(6)　広告宣伝用資産を贈与したことにより生ずる費用	その資産の耐用年数 $\times \frac{7}{10}$（5年を超える場合は、5年）
(7)　スキー場のゲレンデ整備費用	12年
(8)　出版権の設定の対価	設定契約に定める存続期間（存続期間の定めがない場合は、3年）
(9)　同業者団体等（社交団体を除きます。）の加入金（構成員の地位を他に譲渡することができる場合及び出資の性質を有するものである場合を除きます。）	5年
(10)　職業運動選手等の契約金等	契約期間（その定めがない場合は、3年）

＊1　道路用地をそのまま、又は道路として舗装のうえ国や地方公共団体に提供した場合に、その土地の価額（舗装費を含みます。）が⑴の費用に該当するときは、その償却期間の年数の計算の基礎となる「その施設又は工作物の耐用年数」は15年とします。

2　償却期間の年数の計算で生じた１年未満の端数は切り捨てます。

> **注**　繰延資産となる費用で固定資産を利用するためのものを支出した場合に、その支出の時点で、まだその固定資産の建設に着手されていないときは、その固定資産の建設に着手した時から償却を開始することになります。（法基通８－３－５）
>
> 　繰延資産とされた費用の支出の対象となった固定資産又は契約について滅失又は解約等があった場合には、その滅失又は解約等があった日の事業年度に未償却残額を損金の額に算入します。（法基通８－３－６）

3　償却超過額の処理

当期に償却費として損金経理をした金額が償却限度額を超えている場合、その償却超過額は、翌期において償却費として損金経理をした金額に含めるものとされています。したがって、減価償却資産の場合と同様、前期から繰り越された償却超過額は、当期以後に償却不足額が生じたときその範囲内で損金に認容されることになります。（法法32⑥）

> **注**　均等償却を行う繰延資産について償却超過額がある場合には、税務上、その繰延資産の帳簿価額は、その償却超過額に相当する金額の減額がされなかったものとみなされます。（法令65）

問16 当期（自令和6年4月1日 至令和7年3月31日）において損金経理により交際費勘定に計上した金額のうちに、次の同業者団体（社交団体ではない。）に対する支出が含まれている。当期においてこれらの金額に関し税務調整すべき金額を計算しなさい。

① 加入金（構成員としての地位を他に譲渡することはできない。）

（令和7年1月16日支出）　　　　　　　　　　　　　　　　　200,000円

② 通常会費（不相当に多額な剰余金に該当するものではない。）　30,000円

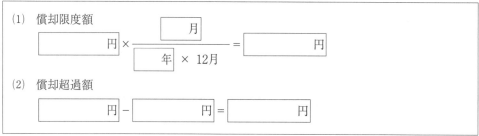

(1) 償却限度額

$$\boxed{} 円 \times \dfrac{\boxed{} 月}{\boxed{} 年 \times 12月} = \boxed{} 円$$

(2) 償却超過額

$$\boxed{} 円 - \boxed{} 円 = \boxed{} 円$$

問17 当期（自令和6年4月1日 至令和7年3月31日）の10月8日に当社が所属する同業者団体の協会の会館建設費用の負担金として1,200,000円を支払っている。

この会館は、協会の本来の用に供されるものであり、会館の建設に着手したのは令和6年12月12日であった。なお、この会館建物の耐用年数は50年である。

当社は、この会館建設費用の負担金を繰延資産として計上し、当期の償却費として150,000円を損金経理により計上しているが、当期において税務調整すべき金額を計算しなさい。

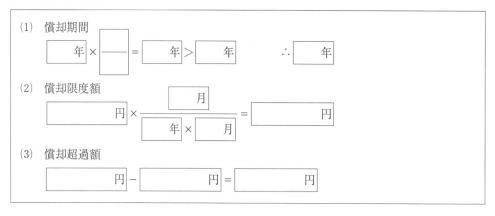

(1) 償却期間

$$\boxed{} 年 \times \dfrac{}{} = \boxed{} 年 > \boxed{} 年 \qquad \therefore \boxed{} 年$$

(2) 償却限度額

$$\boxed{} 円 \times \dfrac{\boxed{} 月}{\boxed{} 年 \times \boxed{} 月} = \boxed{} 円$$

(3) 償却超過額

$$\boxed{} 円 - \boxed{} 円 = \boxed{} 円$$

役員の給与等

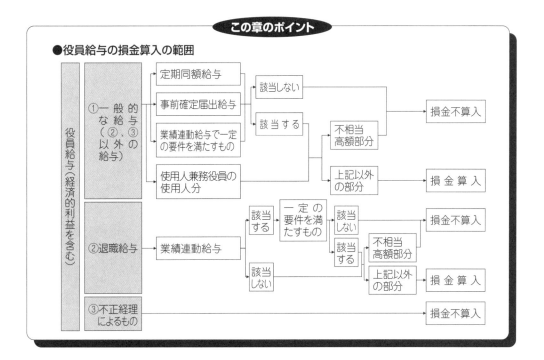

この章のポイント

●役員給与の損金算入の範囲

■第一節　役員等の範囲

　税法では、使用人と役員とを厳密に区別する必要があり、これに関する詳細な取扱いが定められています。そして税法は、役員と法人との関係は委任関係、使用人と法人との関係は雇用関係という民法上の考え方に立脚して法人が役員、使用人に支払う給与等の損金算入について異なった取扱いをしています。

　税法上の役員とは、会社法等における役員とは異なり、もっと範囲が広く、その人の法人の経営面における実質的支配力を尺度として役員かどうかを判定しますので注意を要します。

　このほか、税法は、役員でありながら使用人としての職務を兼務している人について、一定条件のもとにこれを「使用人兼務役員」と定め、他の役員と比べ、使用人に近い取扱いをすることにしています。しかし、単に「役員」というときは、この使用人兼務役員をも含めた総称ですから、この点も注意を要します。

　また、使用人であっても、役員と特殊の関係のある使用人（特殊関係使用人）については、一般の使用人と異なり、役員に準じて取り扱われます。

① 役　　　員

(1)　選任役員

　取締役、執行役、会計参与、監査役、理事、監事など法人の議決機関において選任されているもの及び清算人をいいます。

(2)　使用人以外の者で法人の経営に従事しているもの（みなし役員）

　職制上使用人としての地位のみを有する者以外の者で法人の経営に従事しているものをいいます。具体的には、次のような人が該当します。（法令7一、法基通9－2－1）

① 　取締役でない会長、副会長その他これらに準ずる者で表見的な役員と認められるもの

② 　合名会社、合資会社又は合同会社の業務執行社員

③ 　人格のない社団等における代表者又は管理人

④ 　法定役員ではないが、定款等において役員として定められた者

⑤ 　相談役、顧問その他これらに類する者でその法人内における地位、その行う職務等からみて他の役員と同様に実質的に法人の経営に従事していると認められるもの

　なお、「経営に従事している」とは、業務運営上の重要方針を決定するような枢機に参画していることをいうのであって、単なる一般事務に従事していることをいうのではありません。

(3)　同族会社のみなし役員

　(1)及び(2)に該当しない人でも、同族会社（186ページ①参照）の使用人で、次の①～③の要件のすべてを満たしており、その会社の経営に従事している人は、役員とみなされます。（法令7二）

①　**50％超基準**　その会社の株主グループに所有割合の最も大きなものから順位を付し、その第1順位から第3順位までの範囲で順次その所有割合を加算して、その合計がはじめて50％を超えることとなる場合に、その加算した範囲内の株主グループにその使用人が属していること

　　　（**説明**）　第1順位の株主グループの所有割合が50％を超える場合には第1順位の株主グループに、第1順位及び第2順位の株主グループ所有割合を合計して50％を超える場合には、第1順位及び第2順位の株主グループに、第1順位から第3順位までの株主グループの所有割合を合計して50％を超える場合には第1順位から第3順位までの株主グループに属している人がこの基準に該当します。したがって、第1順位の株主グループの所有割合が50％を超える場合の第2順位及び第3順位の株主グループに属する人、第1順位及び第2順位の所有割合の合計が50％を超える場合の第3順位の株主グループに属する人は、この基準に該当しないことになります。また、第3順位までの株主グループの所有割合を合計しても50％以下である場合には、この規定は適用さ

れません。

　なお、同順位の株主グループが2以上あるときは、同順位の他の株主グループも含めてそのすべてをその順位の株主グループとして取り扱います。例えば、A株主グループ及びB株主グループの所有割合がそれぞれ20%、C株主グループ及びD株主グループの所有割合がそれぞれ15%の場合には、A株主グループ及びB株主グループが第1順位の株主グループに該当しその所有割合は40%となり、C株主グループ及びD株主グループが第2順位の株主グループに該当しその所有割合は30%となります。（法基通9－2－8）

②　**10%超基準**　その使用人の属する株主グループの所有割合が10%を超えていること

③　**5%超基準**　その使用人（その配偶者及びこれらの者の所有割合が50%を超える他の会社を含みます。）の所有割合が5%を超えていること

上記の株主グループとは、その会社の1株主等（株主又は持分会社の社員その他法人の出資者）ならびにその株主等と同族関係にある個人及び法人（186ページ参照）をいい、「所有割合」とは、次のいずれかをいいます。（法令71②③）

○　持株割合　保有する株式の数又は出資の金額の合計額がその会社の発行済株式（出資）の総数（総額）（その会社自体が保有する自己株式（出資）を除きます。）のうちに占める割合

○　議決権割合　保有する一定の議決権の数がその会社のその議決権の総数（その議決権を行使することができない株主等の保有分を除きます。）のうちに占める割合

○　社員数割合　持分会社で、そのグループに属する社員（業務執行社員）の数がその会社の社員（業務執行社員）の総数のうちに占める割合

2　使用人兼務役員

　会社では、取締役が部長等の使用人の職務を兼ねる例が多くあります。このように使用人と役員との両面性をもつ人を使用人兼務役員と称し、税務上、一般の役員に対する給与とは異なった取扱いを認めています。

　税法に規定されている使用人兼務役員とは、役員のうち、部長、課長、支店長、工場長、営業所長、支配人、主任等、会社の機構上定められている使用人としての職制上の地位を有し、かつ、常時使用人としての職務に従事している人をいいます。ただし、小さな会社で職制上の地位が定められていない会社では、特にこれらの地位がなくてもその従事する職務内容が使用人と変わらない人を「使用人としての職制上の地位」を有するものとみなすことになっています。なお、取締役、理事などが、単に「総務担当」「営業担当」と担当部門名を付されているだけでは、「職制上の地位」を有するとは認められません。なお、次の役員は、たとえ使用人

としての職制上の地位を有し、その職務に常時従事していても、税法上、使用人兼務役員とは認められません。（法法34⑥、法令71①）

① 社長、理事長、代表取締役、代表執行役、代表理事、清算人

② 副社長、専務、常務その他これらに準ずる職制上の地位を有する役員

③ 合名会社、合資会社及び合同会社の業務執行社員

④ 指名委員会等設置会社の取締役及び監査等委員である取締役、会計参与、監査役、監事

⑤ ①～④のほか、同族会社の役員のうち**1**(3)の①～③の要件のすべてを満たしている者

〈使用人兼務役員の判定例〉

株主グループとその構成		所有割合	順位
Aグループ { A a （Aの妻） a' （Aの子） a" （a'の妻）	20% 5 3 2 } 30%		第1
Bグループ { B b （Bの子）	16 4 } 20		第2
Cグループ　C	20		第2

注1 A株主グループに属する株主A、a、a'、a"、B株主グループに属する株主B、b、C株主グループに属するCは、経営に従事し、すべて役員であるとします。

注2 アンダーライン部分の役員は使用人兼務役員として認められることを示します。

（説明）　第1順位のA株主グループと、第2順位のB株主グループ及びC株主グループ（同順位）の所有割合を合計すると70％となり、しかも、グループとしての所有割合もそれぞれ10％を超えているためA、B、Cの株主グループに属するすべての役員は、一応、使用人兼務が認められないことになります。しかし、個人単位（その配偶者及びこれらの者が支配する他の会社を含みます。）の所有割合が5％以下である役員は使用人兼務が認められるので、A株主グループに属するa'、a"（両者の所有割合を合計して5％）及びB株主グループに属するbは、（使用人としての職制上の地位を有することを前提として）使用人兼務役員となることができます。

　　なお、A株主グループに属するaは、夫であるAの所有割合を合計すると5％を超えることになるので、使用人兼務役員にはなれません。

─── 計算例 ───

（設　例）

(1) 甲社の発行済株式数　　　　　　　　20,000株

(2) 甲社の株主構成

　　A株主グループ　A株主　　　　　　3,000株

　　　　　　　　　　B〃（Aの子）　　2,000株

　　　　　　　　　　C〃（Aの子）　　1,000株

　　D株主グループ　D〃　　　　　　　2,000株

```
                E 〃（Dの子）            1,000株
                F 〃（Eの夫）              500株
    G株主グループ  G 〃                   1,500株
                H 〃（Gの親）              500株
    その他の株主（いずれも300株以下）      8,500株
```

（計　算）

1．株主グループごとの持株割合の算定

A株主グループ	A株主	3,000株		
	B 〃	2,000株	6,000株	$\dfrac{6,000株}{20,000株}=30\%$
	C 〃	1,000株		
D株主グループ	D 〃	2,000株		
	E 〃	1,000株	3,500株	$\dfrac{3,500株}{20,000株}=17.5\%$
	F 〃	500株		
G株主グループ	G 〃	1,500株		
	H 〃	500株	2,000株	$\dfrac{2,000株}{20,000株}=10\%$

合　計　57.5%

2．50％超基準による判定……A、D、Gの株主グループを合計してはじめて50％超となるので、A、D、Gの株主グループのいずれもが50％超基準による判定では不適格グループになる。

3．10％超基準による判定……G株主グループは10％を超えないので、不適格とならない。

4．5％超基準による判定……C株主は5％を超えないので、不適格とならない。

（E及びFは夫婦で合算すると7.5％となり、5％超基準でも不適格となる。）

5．結　論

上記3及び4により、G、H及びCの3人を除き、使用人兼務役員としては不適格となる。

③ 特殊関係使用人

　特殊関係使用人（役員と特殊の関係のある使用人）とは、次の①〜④に該当する使用人をいうこととされています。（法令72）

① 役員の親族

② 役員と事実上婚姻関係と同様の関係にある者

③ ①②以外の者で、役員から生計の支援を受けているもの

④　②③の者と生計を一にするこれらの者の親族

> **注**　上記③の「役員から生計の支援を受けているもの」とは、その役員から受ける金銭等を生活
> 費に充てている者をいいます。（法基通9－2－40）　ところで、同族会社の判定の基礎となる
> 同族関係者の範囲には、個人株主等から受ける金銭等によって「生計を維持しているもの」が
> 含まれています（法令4①四）が、これは、個人株主等から受ける金銭等を日常生活の資の主
> 要部分としている人をいいます。（法基通1－3－3）　したがって、「生計の支援を受けてい
> るもの」は、それよりやや広い概念であるといえます。

■第二節　役員給与の損金不算入

　役員給与（役員報酬、役員賞与、退職金等をいい、金銭によるもののほか、債務の免除等の
経済的利益を含みます。）については、法人のお手盛りを排除するため、以下のとおり、損金
算入に一定の制限が設けられています。

■1　役員給与の損金不算入

　役員に対して支給する給与のうち、退職給与で業績連動給与に該当しないもの及び使用人兼
務役員の使用人分給与を除き、次の(1)～(3)に該当しない給与は、損金の額に算入されません。（法
法34①、法令69）

(1)　定期同額給与

　その支給時期が1か月以下の一定期間ごとである給与（定期給与）で、当該事業年度の各支
給時期における支給額が同額（支給額から源泉所得税、地方税、社会保険料等を控除した金額
（手取額）が同額である場合を含みます。）であるものをいいますが、次の①～③の給与改定が
あった場合には、その改定後の各支給時期の支給額が同額であるときのその改定後の定期給与
も定期同額給与とされます。（法法34①一、法令69①②）

①　通常改定……当期開始日の属する会計期間（通常の事業年度の期間と同じです。）開始
　　の日から3か月（確定申告書の提出期限の延長の特例の指定を受けている場合には指定月
　　数に2を加えた月数）経過日まで（特別の事情があって3か月経過日後の一定の時期に改
　　定される場合には、その改定時期まで）にされた改定
②　臨時改定事由による改定……役員の職制上の地位の変更、職務内容の重大な変更等によ
　　りされた改定
③　業績悪化改定事由による改定……経営状況が著しく悪化したこと等によりされた減額改定
　　また、継続的に供与される経済的利益のうち毎月おおむね一定額であるものも定期同額給与
とされます。

⑵　事前確定届出給与

　⑴及び⑶のいずれにも該当しない給与で、所定の時期に、確定額の金銭、確定数の株式（出資を含みます。）や新株予約権、確定額の金銭債権に係る特定譲渡制限付株式（法法54①）や特定新株予約権（法法54の2①）を交付する旨の定めに基づいて支給する給与をいい、次に該当する場合には、その要件を満たしているものに限ります。（法法34①二、法令69③〜⑧）

　なお、①及び②（又は①及び③）の両方に該当する場合は、両方の要件を満たす必要があります。（法基通9−2−15の4）

①　その給与が同族会社でない法人が定期給与を支給しない役員に対して年棒等の形で金銭支給する給与以外の給与（株式又は新株予約権による給与で、将来の役務の提供に係る一定のものを除きます。）である場合……一定の届出期限までに、所轄税務署長に対して事前確定届出給与に関する届出をしていること

> **注**　事前確定給与の届出期限は、次のとおりになります。
> ①　株主総会等の支給決議の日（株主総会後の取締役会で個別支給額の決議をするような場合には、株主総会の役員選任の日、すなわち役員の職務執行開始の日）から1か月経過日又は当期開始日の属する会計期間開始の日から4か月（確定申告書の提出期限の延長の特例の指定を受けている場合には指定月数に3を加えた月数）経過日のいずれか早い日
> ②　新設法人が設立時に職務を開始する役員について届出をする場合には、その設立の日以後2か月経過日
> ③　⑴②の臨時改定事由により新たに事前確定給与の定めがされた場合には、その臨時改定事由が生じた日から1か月経過日又は①による届出期限（②に該当する場合は2か月経過日）とされる日のいずれか遅い日
> 　また、既にしている事前確定給与の届出（直前届出）の内容を次の事由により変更する場合には、それぞれ次の日がその変更届出期限とされます。
> ①　⑴②の臨時改定事由……その臨時改定事由が生じた日から1か月経過日
> ②　⑴③の業績悪化改定事由……その業績悪化改定事由により事前確定給与の変更に関する株主総会等の決議をした日から1か月経過日。ただし、その変更前の直前届出に係る給与の支給日でその決議をした日後最初に到来するものが当該1か月経過日前にある場合には、当該支給日の前日とされます。

②　株式を交付する場合……適格株式（上場株式又は当該法人又はその関係法人が発行した株式で上場株式と交換されるもの）であること

③　新株予約権を交付する場合……その新株予約権が適格新株予約権（当該法人又はその関係法人が発行した新株予約権でその行使により上場株式が交付されるもの）であること

⑶　業績連動給与

　利益の状況や株式の市場価格の状況を示す指標その他の企業グループの業績を示す指標を基礎として算定される額又は数の金銭又は株式若しくは新株予約権による給与及び特定譲渡制限

付株式又は特定新株予約権による給与で無償取得され又は消滅する株式又は新株予約権の数が役務の提供期間以外の事由により変動するものをいいます。（法法34⑤）

　このうち損金算入となる業績連動給与は、法人（同族会社にあっては同族会社以外の法人による完全支配関係があるものに限ります。）が、業務執行役員に対して支給する業績連動給与（金銭以外の資産が交付されるものは、適格株式又は適格新株予約権に限ります。）で、次の①から③の全ての要件を満たすものをいいます（業務執行役員の全てに対して支給する場合に限られます。）。（法法34①三、法令69⑨〜㉑）

①　算定方法が、利益の状況を示す指標等を基礎とした客観的なもので、次の要件を満たすこと

　　イ　確定額の金銭又は確定数の株式を限度とし、他の業務執行役員に対して支給する業績連動給与に係る算定方法と同様であること

　　ロ　期首から３か月以内に報酬委員会がその算定方法を決定しているなど適正な手続きを経ていること

　　ハ　その内容が上記ロの適正手続き終了の日以後遅滞なく、有価証券報告書等により開示されていること

②　次に掲げる給与の区分ごとにその要件を満たすこと

　　イ　ロに掲げる給与以外の給与　　それぞれ次に定める日までに交付され、又は交付される見込みであること

　　　㈠　金銭による給与

　　　　その金銭の額の算定の基礎とした利益の状況を示す指標等の数値が確定した後１か月以内

　　　㈡　株式又は新株予約権による給与

　　　　その株式又は新株予約権の数の算定を基礎とした業績連動指標の数値が確定した後２か月以内

　　ロ　特定新株予約権による給与で、無償で取得され、又は消滅する新株予約権の数が役務の提供期間以外の事由により変動するもの　　その特定新株予約権が業績連動給与の算定方法につき適正な手続の終了後１か月以内に交付されること

③　損金経理をしていること

２　過大役員給与の損金不算入

(1)　過大な役員報酬等

　役員給与の額が、次の実質基準額又は形式基準額を超えるときは、その超える部分の金額は、不相当に高額であるとして損金の額に算入しないこととされています。この場合、どちらの基

準額をも超える部分の金額があるときは、いずれか多い金額が不相当に高額な部分の金額となります。（法法34②、法令70一）

> **注** ❸の不正支給の給与は、上記の過大給与の判定の対象にはなりません。

A　実質基準額

個々の役員給与の額につき、①その役員の職務の内容、②法人の収益及び使用人に対する給与の支給の状況、③法人と同種の事業を営む法人で事業規模が類似するものの役員給与の支給の状況等に照らして、その役員の職務に対する対価として相当であると認められる適正額をいいます。

この実質基準を適用するに当たって、その役員が使用人兼務役員である場合には、その役員に対して支給されるいわゆる使用人分の給料、手当等を含めてその適正額を超えるかどうかを判定します。

B　形式基準額

定款の規定又は株主総会、社員総会その他これらに準ずるものの決議により役員給与として支給することができる限度額等を定めている場合におけるその支給限度額をいいます。

> **注** 形式基準を適用するに当たって、支給限度額が役員に対して支給すべき給与等の総額により定められている場合には、その算定の基礎となった各役員に対して支給した給与等の総額がその支給限度額を超えるかどうかを判定し、支給限度額が個々の役員ごとに定められている場合には、その個々の役員ごとに支給した給与等の額がその支給限度額を超えるかどうかで判定します。
> なお、形式基準額を超える部分の金額がない場合であっても、個々の役員について実質基準額を超える部分の金額があるときは、その超える部分の金額は、損金の額に算入されないことになります。支給限度額を定めていない場合や、支給限度額の定めの対象外となる役員については、当然、実質基準だけが適用されます。

〈使用人兼務役員の使用人分給与の除外〉

使用人兼務役員に対して支給する給与のうち使用人としての職務に対するものを含めないで支給限度額を定めているときは、その含めないところの支給限度額を形式基準額とします。つまり、使用人兼務役員に対して実際に支給した給与の額から使用人分の給与の額を控除し、その残額が基準額としての支給限度額を超えるかどうかを判定することになります。この場合の控除される使用人分の給与の額は、他の使用人に対する給料の支給の状況等に照らして適正と認められる金額でなければなりません。

> **注** 使用人の職務に対する対価として適正であるかどうかは、①その使用人兼務役員が実際に従事している使用人の職務とおおむね類似する職務に従事する使用人に対して支給した給与の額、②比準すべき使用人として適当な人がいないときは、その使用人兼務役員が役員となる直前に受けていた給与の額、その後のベースアップ等の状況、使用人のうち最上位にある人に対して支給した給与の額等を参考にして判断することとされています。（法基通9－2－23）

(2) 過大な役員退職給与

　役員に対して支給する退職給与は、原則として損金の額に算入されますが、①その役員の法人の業務に従事した期間、②その退職の事情、③法人と同種の事業を営む法人でその事業規模が類似するものの役員退職給与の支給の状況等に照らし、その退職した役員に対する退職給与として不相当に高額な部分の金額は、損金の額に算入されません。（法法34②、法令70二）

〈役員退職給与の損金算入時期〉

　損金算入の時期は、株主総会等で支給額が確定した日の属する事業年度です。ただし、退職給与を実際に支払った日の属する事業年度で損金経理をすることも認められます。（法基通9-2-28）

　このため、役員に対して支給する退職給与の額が株主総会の決議等により具体的に確定する前、取締役会で内定した金額を未払金に計上しても、その計上した金額を当期の損金の額に算入することはできません。

〈分掌変更等に伴う退職給与の取扱い〉

　役員の分掌が変更したことによって退職給与が支給されたとき、例えば常勤役員が非常勤になったり、分掌変更のため給与が半分以下になったというような場合は退職給与と認められますが、単なる改選など実質的に役員としての地位が変わっていない場合は、退職給与とは認められません。（法基通9-2-32）

　逆に、使用人が役員になった際に退職給与規程に基づいて勤続年数を打切り計算し退職給与を支給する場合には、使用人に支給する退職給与として損金の額に算入されます。（法基通9-2-36）

〈業績連動給与に該当するもの〉

　退職給与で業績連動給与に該当するものは、業績連動給与の損金算入要件を満たさなければ損金の額に算入されません。

(3) 使用人兼務役員の使用人分賞与

　使用人兼務役員の使用人としての職務に対する賞与で、他の使用人に対する賞与の支給時期と異なる時期に支給したものの額は、損金の額に算入されません。（法法34②、法令70三）

3　不正経理により支給された役員給与の損金不算入

　事実を隠したり、仮装して経理をすることにより役員に支給（例えば、売上除外等の簿外資金から支給）する給与の額は、それが■の適用を受けないものであったとしても、損金の額に算入されません。（法法34③）

■第三節　過大な使用人給与の損金不算入

　特殊関係使用人に対して支給する給与（債務の免除による利益その他の経済的利益を含みま

す。）の額のうち不相当に高額な部分の金額は、損金の額に算入されません。（法法36）

　なお、不相当に高額な部分の金額の判定は、給料・賞与については、役員給与の場合に準じ、①その使用人の業務の内容、②法人の収益及び他の使用人に対する給与の支給の状況、③法人と同種の事業を営む法人で事業規模が類似するものの使用人に対する給与の支給の状況等に照らして行い、また、退職手当等については、役員の退職給与の場合に準じ、①その使用人の法人の業務に従事した期間、②その退職の事情、③法人と同種の事業を営む法人でその事業規模が類似するものの使用人に対する退職給与の支給の状況等に照らして行います。（法令72の２）

■第四節　使用人賞与の損金算入時期

　使用人賞与は、原則として実際にその支払が行われた事業年度に損金算入が認められ、未払賞与については、その内容から実際に支払が行われたものと同じとみられるような状態にあるものに限って、例外的に損金算入が認められます。（法令72の３）

賞　　　与　　　の　　　区　　　分	損金算入時期
①　労働協約又は就業規則により定められている支給予定日が到来している未払賞与（使用人にその支給額が通知されているもので、その支給予定日又はその通知をした日を含む事業年度で損金経理をしているものに限ります。）	その支給予定日又は通知をした日のいずれか遅い日を含む事業年度
②　次の要件のすべてを満たす未払賞与 　イ　支給額を各人別に、同時期に支給を受けるすべての使用人に対して通知していること 　ロ　イの通知をした金額をその通知をしたすべての使用人に対し、その通知をした事業年度終了日の翌日から１か月以内に支払っていること 　ハ　その支給額について、イの通知をした事業年度で損金経理をしていること 　＊　イの支給額の通知には、支給日前に退職した使用人には賞与を支払わないことを前提とするような通知は該当せず、その場合、支給しなかった金額だけでなく、その賞与の総額について未払計上による損金算入は認められないことになります。（法基通９－２－43）	その支給額の通知をした日を含む事業年度
③　上記①②以外の賞与	その支払日を含む事業年度

■第五節　経済的利益

■1 経済的利益の具体例

　経済的利益とは、次のような実質的に役員等（役員及び特殊関係使用人をいいます。）に対

して給与を支給したのと同様の経済的効果をもたらすもの（株主に対するものとしての利益供与、病気・災害見舞等の純然たる贈与を除きます。）をいいます。（法基通9－2－9）

① 役員等に対して物品その他の資産を贈与した場合におけるその資産の時価

② 役員等に対して所有資産を低い価額で譲渡した場合におけるその資産の時価と譲渡価額との差額

③ 役員等から高い価額で資産を買い入れた場合におけるその資産の時価と買入価額との差額

④ 役員等に対して有する債権を放棄し又は免除した場合（貸倒れに該当する場合を除きます。）におけるその放棄し又は免除した債権の額

⑤ 役員等から債務を無償で引き受けた場合におけるその引き受けた債務の額

⑥ 役員等に対して居住用の土地又は家屋を無償又は低い価額で提供した場合における通常取得すべき賃貸料の額と実際に徴収した賃貸料の額との差額

⑦ 役員等に対して金銭を無償又は通常の利率よりも低い利率で貸し付けた場合における通常取得すべき利率により計算した利息の額と実際に徴収した利息の額との差額

⑧ 役員等に対して無償又は低い対価で⑥及び⑦以外の用役の提供をした場合における通常その用役の対価として収入すべき金額と実際に収入した対価の額との差額

⑨ 役員等に対して機密費、接待費、交際費、旅費等の名義で支給したもののうち、会社の業務のために使用したことが明らかでないもの

⑩ 役員等のための個人的費用を負担した場合におけるその費用

⑪ 役員等が社交団体の会員となるため又は会員となっているために要するその社交団体の入会金、経常会費等の費用でその役員の負担すべきものを会社が負担した場合におけるその負担した費用

⑫ 役員等を被保険者及び保険金受取人とする生命保険契約を締結してその保険料の額の全部又は一部を負担した場合におけるその負担した保険料

> **注** これらの経済的利益のうち、所得税が非課税となるものについては、法人が給与として経理していないかぎり、役員等に対する給与として取り扱われません。（法基通9－2－10）

2 給与等として譲渡制限付株式を交付した場合の費用の損金算入時期

会社が役員や従業員等に対して、役務提供の対価（給与等）として特定譲渡制限付株式（リストリクテッド・ストック）を交付した場合には、その役務提供に係る費用の額は、特定譲渡制限付株式の譲渡制限が解除されることが確定し、その役員や従業員等に対して給与等課税額が生じることが確定した日において役務の提供を受けたものとして、法人税法の規定が適用されます。（法法54①、34①）

　なお、その役員や従業員等において給与等課税額が生じないときには、損金の額に算入されません。（法法54②）

3 給与等としてストック・オプションを付与した場合の費用の損金算入時期

　会社が役員や従業員等に対して、役務提供の対価（給与等）として特定新株予約権（ストック・オプション）を発行した場合には、その役務提供に係る費用の額は、その特定新株予約権が行使され、その役員や従業員等に対して給与等課税事由が生じた日において役務の提供を受けたものとして、法人税法の規定が適用されます。（法法54の2①、34①）

　なお、その役員や従業員等において給与等課税事由が生じないとき（新株予約権の行使による株式の取得に係る経済的利益の非課税等の特例制度の適用を受ける場合（措法29の2））には、損金の額に算入されません。（法法54の2②）

演 習 問 題

問18　株式の保有状況が次のような会社において、使用人兼務役員となれる人はだれですか。

氏　　　　　名	役　　　　　職	代表者との関　　係	所 有 株 数
田　中　一　郎	社　　　　　長	本　　人	3,000株
田　中　花　子	監　査　役	妻	1,000株
田　中　三　郎	取締役営業部長	長　男	2,000株
山　本　太　郎	取締役経理部長	―	2,000株
そ　　の　　他	―	―	2,000株
計			10,000株

問19 次の資料に基づき、同族会社の判定、税法上の役員及び使用人兼務役員の判定をしなさい。

〈資　料〉

(1) 伊東産業株式会社は資本金２億円（発行済株式総数400,000株）の会社であり、同社の期末現在の株主及び役員の状況は次のとおりである。

株　主　名	持　株　数	備　　　　　　考
伊　東　安　雄	65,000株	代表取締役社長
留　次	27,000株	安雄の長男、取締役経理部長
春　子	14,000株	留次の妻
内　山　定　夫	58,000株	専務取締役
加　代	10,000株	定夫の妻
勝　久	23,000株	定夫の長男、総務部長（経営に従事している。）
大　谷　栄　一	30,000株	取締役副社長
武　夫	2,000株	栄一の三男、取締役企画部長
小　原　昌　広	16,000株	常務取締役工場長
千　紗	10,000株	昌広の妻
吉　田　康　高	28,000株	取締役営業部長
その他の株主	117,000株	いずれも1,000株以下の持株である。
合　　　計	400,000株	

(2) 伊東留次、大谷武夫、内山勝久、吉田康高は、常時使用人としての職務に従事している。

問20 期末資本金１億円の製造業を営む内国普通法人である当社の当期（自令和６年４月１日　至令和７年３月31日）における株主等の状況等は次のとおりである。これに基づいて当社の当期における同族会社の判定及び役員等の判定を行い、税法上の役員及び使用人兼務役員を解答欄に記号で列挙しなさい。

(1) 当期末における株主等の状況は次のとおりである。

株　主　等	持　株　数	備　　　　　　考
A	12,000株	代表取締役社長
B	4,000株	Aの妻、専務取締役
C	4,000株	Aの長男、取締役営業部長
D	4,000株	Aの知人、相談役（取締役ではない。経営に従事していない。）
E	10,000株	Dの長男、取締役総務担当
F	7,000株	Aの知人、非常勤取締役
G	8,000株	Aの知人、監査役
H	7,000株	Gの長男、取締役工場長
I	16,000株	非同族会社
上記以外	28,000株	上記の株主等と特殊関係はなく持株割合２％未満の個人株主であり、当社使用人等ではない。
合計	100,000株	

(2)　C及びHは当社の使用人としての職制上の地位を有し、常時使用人としての職務に従事
　　している。

(1)　株主順位
　①　第1順位　　|　　　　　　　　　　　　| ＝ |　　　| 株
　②　第2順位　　|　　　　　　　　　　　　| ＝ |　　　| 株
　③　第3順位　　|　　　　　　　　　　　　| ＝ |　　　| 株
　④　第4順位　　|　　　　　　　　　　　　| ＝ |　　　| 株

(2)　同族会社の判定

$$\frac{\boxed{}}{100,000株} = \boxed{} \% \quad >\cdot< \quad 50\%$$

いずれかを○で囲む

∴　同族会社で　ある・ない（いずれかを○で囲む）

(3)　税法上のみなし役員及び使用人兼務役員の判定（該当する箇所に○を付す）

	50％超基準	10％超基準	5％超基準	税法上の役員ないしみなし役員	左のうち使用人兼務役員
A					
B					
C					
D					
E					
F					
G					
H					

第九章 租税公課等

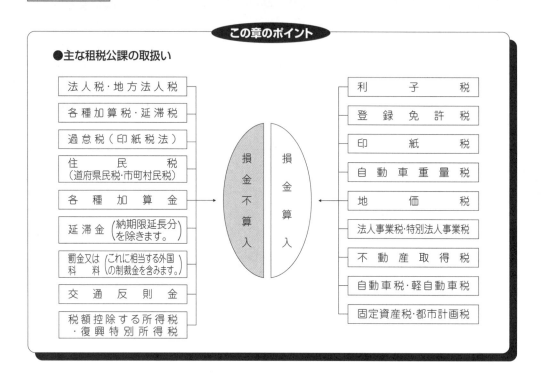

この章のポイント

●主な租税公課の取扱い

損金不算入
法人税・地方法人税
各種加算税・延滞税
過怠税（印紙税法）
住民税（道府県民税・市町村民税）
各種加算金
延滞金（納期限延長分を除きます。）
罰金又は科料（これに相当する外国の制裁金を含みます。）
交通反則金
税額控除する所得税・復興特別所得税

損金算入
利子税
登録免許税
印紙税
自動車重量税
地価税
法人事業税・特別法人事業税
不動産取得税
自動車税・軽自動車税
固定資産税・都市計画税

法人にとっては、税金もそれだけの理由と必要があって支出されるものですから費用として処理されますが、税法上は、税金などの種類によって損金になるものとならないものとがあります。

■第一節　損金にならない租税公課など

1 法人税等の損金不算入

　法人税・地方法人税、道府県民税及び市町村民税（以下「法人税等」といいます。）は、所得を基にして課税されるもので、第二節2で説明する利子税や特定の延滞金を除き、損金の額には算入されません。（法法38①、②二）

　法人の経理では、当期確定申告による納付予定額を、

　　　　　（借）　法人税等充当額　×××　　　　（貸）　納税充当金　×××

の処理をして納税充当金を負債に計上すると同時に、法人税等充当額を損益計算書の税引前当期利益から控除し、税引後の当期利益を表示するのが普通ですが、課税所得の計算に際しては当期利益を税引前の金額に戻さなければなりませんので、申告書別表四の加算欄で「損金経理をした納税充当金」として、当期利益に加算することになります。

さて、翌期になってこれらの未納税金を納付するときは、通常、

（借）　納税充当金　×××　　　　　（貸）　当座預金　×××

の処理をします。このかぎりでは、申告書で法人計上利益に加算する金額は発生しませんが、納税充当金が未納税額に不足した場合は、その不足部分は

（借）　租 税 公 課　×××　　　　　（貸）　当座預金　×××

の会計処理をして損金経理をすることが通常です。また、中間申告による納税額を、租税公課などの費用科目に含めて損金経理をすることもよく行われます。課税所得の計算に当たっては、申告書別表四でこれらの損金経理をした金額を「損金経理をした法人税及び地方法人税」、「損金経理をした道府県民税及び市町村民税」として当期利益に加算します。

② 不正行為等に係る費用等の損金不算入

(1) 不正行為に要する費用など

租税負担の減少を目的とした隠ぺい仮装行為に要する費用やその行為により生じた損失の額は、損金の額に算入されません。（法法55①②）

(2) 隠蔽仮装行為に基づき確定申告書を提出した場合の費用など

隠蔽仮装行為に基づき確定申告書を提出しており、又は確定申告書を提出していなかった場合には、これらの確定申告書に係る事業年度の原価の額（資産の取得に直接に要した一定の額を除きます。）、費用の額及び損失の額は、その法人が法人税法の規定により保存する帳簿書類によりその原価の額、費用の額又は損失の額の基因となる取引が行われたこと及びこれらの額が明らかである場合等の一定の場合に該当するその原価の額、費用の額又は損失の額を除き、損金の額に算入されません。（法法55③）

(3) 加算税など

次の税金は、いずれも本税を法定期限内に納めなかったこと、過少に申告したこと、あるいは期限内申告をしなかったことに対して課されるものであり、損金の額に算入されません。（法法55④）

① 国税の延滞税、過少申告加算税、無申告加算税、不納付加算税及び重加算税、印紙税の過怠税

② 地方税の延滞金、過少申告加算金、不申告加算金及び重加算金

これらの損金不算入の附帯税等を納税充当金の取崩しによって納付したときは、損金経理を

したわけではないので、法人の利益に加算する調整は要しないのですが、留保所得の計算上の都合から申告書別表四の加算欄で「損金経理をした附帯税」等として利益に加算する一方、減算欄で「納税充当金から支出した事業税等の金額」として利益から減算する処理を行います。

ただし、住民税、事業税の納期限の延長の場合の延滞金は、利子税と同じ性格をもっていますので、金融費用として損金の額に算入されます。

⑷　罰金など

罰金又は科料、過料、交通反則金、独占禁止法の規定による課徴金や延滞金（外国やその地方公共団体、国際機関が納付を命ずるこれらに類するものを含みます。）などは、もともと不法行為があったことに対して課されるのですから、これを損金として認めたのでは罰金としての意味がなくなってしまいます。（法法55⑤）

> **注**　罰金又は科料には、裁判手続（刑事訴訟手続）を経て外国やその地方公共団体により課される制裁金が含まれます。いわゆる司法取引により支払われたものもこれに該当します。（法基通9−5−13）

法人が役員や従業員に課された罰金等を代わって負担した場合、罰金等の対象の行為が業務上のことであれば法人の罰金等として処理することはできますが、損金になりませんし、個人的行為についての罰金等の負担であれば、その人に対する給与となります。特に役員に対するものである場合には定期同額給与等以外の給与として法人の損金にもなりません。（法基通9−5−12）

⑸　賄賂など

刑法第198条《贈賄》の賄賂又は不正競争防止法第18条第1項《外国公務員等に対する不正の利益の供与等の禁止》の金銭その他の利益に該当するものを供与した費用又は損失の額は、損金の額に算入されません。（法法55⑥）

③　法人税額から控除される所得税額

受取利子、配当などは、通常、支払を受ける時に所得税を源泉徴収され税引手取額で法人の収益に計上されます。つまり、結果的に源泉徴収税額は損金の額に算入されていることになるわけです。しかし、その源泉徴収された所得税は、法人税では、法人税の前払と考えて確定申告のときに税額控除（法人税額から控除）が受けられます。この税額控除の適用を受けようとする場合は、その所得税額は損金の額に算入されませんので、申告書別表四で法人計算による所得に加算しなければなりません。（法法40）

また、利子等の源泉所得税とあわせて徴収される復興特別所得税も損金不算入ですので、別表四で加算します。

> **注**　益金不算入とされる外国子会社（149ページ**注**参照）から受ける配当等に課される外国源泉税等の額は、損金の額に算入されません。（法法39の2）

■第二節　損金になる租税と損金算入時期

1　事業税等

　前事業年度分の利益に対する事業税及び特別法人事業税（以下「事業税等」といいます。）は、法人が費用に計上してもしなくても税務上は当期の損金になります。したがって、前期分の事業税等の納付の際に損金経理をせず、

　　　　　（借）　納税充当金　×××　　　　　（貸）現　　　金　×××

という経理処理をした場合は、申告書別表四で「納税充当金から支出した事業税等の金額」として所得から減算しなければなりません。

　当期分の利益に対する事業税等は、原則として当期の損金にすることはできないのですが、中間申告分の事業税等は、その中間申告書が提出された事業年度の損金の額に算入することができます。

　企業会計上は、当期分の利益に対する事業税等も、法人税と同じように当期の発生費用として処理するのが正しい方法ですが、確定申告により納付すべきこととなる当期分の未納事業税等は当期の損金になりません。（法基通9-5-2）

　したがって、確定申告によって納付予定の未納事業税等は、

　　　　　（借）　租税公課　　×××　　　　　（貸）　事業税等充当金　×××
　　　　　　　　　　　　　　　　　　　　　　　　　　（納 税 充 当 金）

の会計処理によって当期決算書に引当て計上するか、又は翌期に納付した時に、

　　　　　（借）　租税公課　　×××　　　　　（貸）　当座預金　　　　×××

の処理をして損金の額に算入するのかいずれかですが、前者の処理をしたときは、「損金経理をした事業税等充当金（納税充当金）」として、申告書別表四で所得に加算する必要があります。

2　利　子　税

　法人税の確定申告期限の延長が認められる期間の利子税は損金になります。同じように地方税の延滞金のうち、住民税、事業税等の納期限の延長の期間に係るものなど、利子税に相当するものも損金の額に算入することができます。（法基通9-5-1）

　したがって、これらの損金の額に算入される利子税や延滞金を、納税充当金を取り崩して次の仕訳によって納付しているときは、申告書別表四で「納税充当金から支出した事業税等の金額」として、法人計上利益から減算しなければなりません。

　　　　　（借）　納税充当金　×××　　　　　（貸）　当座預金　　　　×××

3 そ の 他

上記のほか固定資産税、自動車税、酒税などいろいろの税金がありますが、それぞれ納税申告書提出の時、賦課決定のあった時などに損金となりますし、未払金計上の処理が認められるものもあります。その詳細は次のとおりです。(法基通9－5－1)

(1) 申告納税方式による租税

納税者がその納付すべき税金の課税標準額及び税額を申告し、その申告した税額を納付する方式による租税（酒税、税込経理方式の場合の消費税等）については、納税申告書に記載された税額は、その納税申告書を提出した事業年度に、また、更正又は決定に係る税額は、その更正又は決定があった事業年度に、それぞれ損金の額に算入されます。

ただし、申告期限未到来の酒税等について納付すべき税額に相当する金額が収入金額又は期末棚卸高のうちに含まれている場合及び申告期限未到来の納税申告書に記載すべき消費税等（税込経理方式の場合）は、その金額を損金経理により未払金に計上することにより、その経理をした事業年度の損金の額に算入することも認められます。申告期限未到来の事業所税の額が製造原価、工事原価等に含まれている場合も、同様の処理が認められます。

(2) 賦課課税方式による租税

自治体などが納税通知書を納税者に交付することによって徴収する方式の租税（固定資産税・都市計画税、不動産取得税、自動車税（種別割）など）については、賦課決定のあった事業年度の損金の額に算入されます。ただし、納付すべき税額について、その納期の開始の日（納期が分割して定められているものについては、それぞれの納期の開始の日）又は実際に納付した日を含む事業年度において損金経理をして、その事業年度の損金の額に算入することも認められます。

(3) 特別徴収方式による租税

徴税について便宜を有する者にこれを徴収させ、かつ、その徴収すべき税金を納入させる方式の租税（軽油引取税、ゴルフ場利用税など）については、納入申告書に係る税額はその申告をした事業年度に、また、更正又は決定による不足税額はその更正又は決定があった事業年度に、それぞれ損金の額に算入されます。ただし、申告期限未到来のものについて、その納付すべき金額が収入金額の中に含まれている場合には、その金額は損金経理により未払金に計上することにより、その経理をした事業年度の損金の額に算入することも認められます。

演　習　問　題

問21　　C社の租税公課勘定には、次のような支出が含まれています。このまま決算書を作成したと仮定した場合、申告に際して会社計上利益はどのように調整を要しますか。

①　前期確定申告による法人税100万円、住民税18万円、事業税等10万円

②　①の法人税の確定申告期限の延長に係る利子税２万円

③　使用人の交通違反に対して課せられた罰金20万円のうち会社負担額５万円

④　前期分法人事業税等に係る過少申告加算金5,000円及び追徴事業税等100,000円

⑤　自動車税85,000円

⑥　商工会議所の会費55,000円

⑦　役員賞与に対する源泉所得税の会社立替額200,000円

⑧　当期分確定申告による未納事業税等の納税充当金計上額360万円

問22　　次の租税公課等に関する資料に基づいて、当社の当期（自令和６年４月１日　至令和７年３月31日）において税務調整すべき金額を計算しなさい。

〈資　料〉

税　　　目		期首現在未納税額	当期発生税額	当期中の納付税額	
				納税充当金取崩額	損　金　経　理
法人税	前期確定分	35,000,000円	―	34,000,000円	1,000,000円
	当期中間分	―	38,000,000円	―	38,000,000円
	延　滞　税	―	730,000円	―	730,000円
住民税	前期確定分	6,200,000円	―	6,000,000円	200,000円
	当期中間分	―	6,600,000円	―	6,600,000円
	延　滞　金	―	130,000円	―	130,000円
事業税等	前期確定分	15,000,000円	―	14,500,000円	500,000円
	当期中間分	―	16,000,000円	―	16,000,000円
	延　滞　金	―	260,000円	―	260,000円
その他	罰　　　金	―	28,000円	―	28,000円
	印　紙　税	―	100,000円	―	100,000円
	固定資産税	―	500,000円	―	500,000円

（注１）　当期末において損金経理により納税充当金に計上した金額は62,000,000円であり、前期末に損金経理により計上した金額54,500,000円は、上記のとおり取り崩して納付している。

（注２）　延滞税、延滞金は納付遅延により納付したものである。

（注３）　印紙税には、過怠税10,000円が含まれている。

（注４）　罰金は、役員の業務中以外の交通違反について課されたものである。

摘 要		金 額
加		円
算		
	小　　　　　　　計	
減		
算		
	小　　　　　　　計	

問23　当社の当期（自令和6年4月1日　至令和7年3月31日）における租税公課等に関する事項は次のとおりです。税務調整前の当社計上利益は2,400万円ですが、他に税務調整事項はないものとして当社の課税所得金額を計算しなさい。

(1)　納税充当金の増減状況

　　イ　期首現在額　　　　　　　　　　　　　　　　4,800,000円

　　ロ　期中取崩額　　法人税　　2,500,000円

　　　　　　　　　　　住民税　　　700,000円

　　　　　　　　　　　事業税等　　800,000円　　　4,000,000円

　　ハ　当期引当額　　　　　　　　　　　　　　　　6,500,000円

　　ニ　期末現在額　　　　　　　　　　　　　　　　7,300,000円

（注1）　納税充当金は期首、期末とも損金経理により計上した金額である。

（注2）　期中取崩額は前期分の法人税等を納付するため取り崩した金額であるが、その中には次の附帯税の額が含まれている。
　　　　　① 法人税の過少申告加算税　24,000円
　　　　　② 住民税の過少申告加算税　 5,000円

(2)　納税充当金を取り崩して納付したもののほか、租税公課勘定に次の税金等が含まれ、損金経理されている。

　　イ　前期分法人税の更正増加税額　　　　　　　　240,000円

　　ロ　前期分住民税の更正増加税額　　　　　　　　 50,000円

　　ハ　前期分事業税等の更正増加税額　　　　　　　 80,000円

　　ニ　ハに対する過少申告加算金　　　　　　　　　 8,000円

摘　　　　　　　　　　要		金　　額
当　　期　　利　　益		円
加算		
	小　　　　　　　計	
減算		
	小　　　　　　　計	
所　　得　　金　　額		

第十章 寄附金

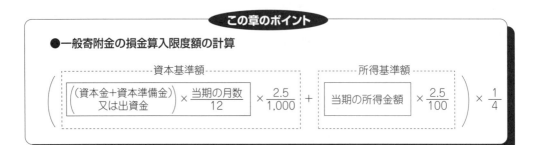

この章のポイント

●一般寄附金の損金算入限度額の計算

$$\left(\underbrace{\left(\begin{array}{c} (資本金+資本準備金) \\ 又は出資金 \end{array} \right) \times \frac{当期の月数}{12} \times \frac{2.5}{1,000}}_{資本基準額} + \underbrace{当期の所得金額 \times \frac{2.5}{100}}_{所得基準額} \right) \times \frac{1}{4}$$

■第一節　寄附金の損金不算入

　相手からお返しを期待せずに、一方的に金品を贈るのが寄附です。しかし、利益追求の企業体のすることですから、まったく無目的、不必要な支出ということはないでしょう。それで、寄附金も一応は法人の経費となりますが、税法は、企業の規模などに照らし、一定の限度額を超えた寄附を損金に認めず税金をかけることとしています。

> **注**　100％グループ内の法人間の寄附金については、支出法人において全額損金不算入とされ、受領法人において全額益金不算入となります。
>
> ＊　この場合の100％グループ内の法人とは、法人による完全支配関係（発行済株式等の全部を直接又は間接に保有する関係）のある法人をいいます。

1 損金算入限度額の計算

　普通法人、協同組合等及び人格のない社団等の寄附金の損金算入限度額は、次の算式（資本（出資）を有しない法人は、当期の所得金額の$\frac{1.25}{100}$のみ）により計算した金額です。（法法37①、法令73①）

　　損金算入限度額＝（①資本基準額＋②所得基準額）$\times \frac{1}{4}$

　　①　資本基準額＝$\left(\begin{array}{c} 期末の資本金の額及び資本準備金の額の合計額 \\ 又は出資金の額 \end{array} \right) \times \frac{当期の月数}{12} \times \frac{2.5}{1,000}$

　　②　所得基準額＝当期の所得金額$\times \frac{2.5}{100}$

　ここにいう所得金額は、寄附金を支出する前の所得金額であり、さらに、法人税額から控除する所得税額の損金不算入（法法40）、繰越欠損金の損金算入（法法57〜59）などの規定を適用しないで計算した金額です。

2 損金算入限度額の特例

次のような相手に対する寄附金は、特に広く公共の役にも立つことなので、1の原則からはずして特別に損金算入限度額を計算することになっています。（法法37③④、法令77の2）

(1) 指定寄附金等の損金算入

イ 国等に対する寄附金

国や都道府県・市町村に対する寄附金（その寄附でできた設備を専属的に利用するなど特別の受益があるものを除きます。）は、限度額計算からはずして、全額を損金の額に算入することができます。

> **注1** 国等に対する寄附金とは、国又は地方公共団体において採納されるものをいうのですが、国立又は公立の学校等の施設の建設又は拡張等の目的をもって設立された後援会等に対する寄附金であっても、その目的である施設が完成後遅滞なく国等に帰属することが明らかなものは、これに該当します。（法基通9－4－3）
>
> **注2** 日本中央競馬会等のように全額政府出資により設立された法人又は日本下水道事業団等のように地方公共団体の全額出資により設立された法人（公共企業体等）に対する寄附金は、国等に対する寄附金には該当しません。（法基通9－4－5）
>
> **注3** 災害救助法が適用される市町村の区域の被災者のために義援金等を募集する募金団体（日本赤十字社、新聞・放送等の報道機関等）に対して拠出した義援金等については、それが最終的に義援金配分委員会等に対して拠出されることが募金趣意書等で明らかにされているものであるときは、地方公共団体に対する寄附金に該当します。海外の災害に際して拠出した義援金等で、募金団体から最終的に日本赤十字社に対して拠出されることが募金趣意書等で明らかにされているものについては、特定公益増進法人である日本赤十字社に対する寄附金に該当します。（法基通9－4－6）

ロ 指定寄附金

公益法人等に対する寄附金（その法人の設立のためにされる寄附金を含みます。）で、広く一般に募集され、教育又は科学の振興、文化の向上、社会福祉への貢献その他公益の増進に寄与するための支出で緊急を要するものに充てられることが確実であるものとして財務大臣が指定したものも、全額損金の額に算入してもよいことになります。これを「指定寄附金」と呼んでいます。

(2) 特定公益増進法人等に対する寄附金の損金算入限度額

公共法人、公益法人等その他特別の法律により設立された法人のうち教育又は科学の振興、文化の向上、社会福祉への貢献その他公益の増進に著しく寄与する次の法人に対するその法人の主たる目的である業務に関連する寄附金は、一般寄附金と別枠で損金の額に算入されることになっています。ただし、その金額は無制限というわけではなく、特別損金算入限度額（1の損金算入限度額の算式中の「$\frac{1}{4}$」を「$\frac{1}{2}$」、算式中①の「$\frac{2.5}{1,000}$」を「$\frac{3.75}{1,000}$」、算式中②の

「$\frac{2.5}{100}$」を「$\frac{6.25}{100}$」(資本(出資)を有しない法人は当期の所得金額の$\frac{6.25}{100}$のみ)として計算した損金算入限度額)までは損金となりますが、それを超える部分は一般寄附金の合計額に算入されます。

①　独立行政法人

②　地方独立行政法人で一定の業務を主たる目的とするもの

③　自動車安全運転センター、日本司法支援センター、日本私立学校振興・共済事業団、日本赤十字社

④　公益社団法人・公益財団法人

⑤　学校法人又は準学校法人で学校や専修学校、特定の各種学校の設置を主たる目的とするもの

⑥　社会福祉法人

⑦　更生保護法人

⑧　特定非営利活動法人(NPO法人)のうち所轄庁(都道府県知事又は指定都市の長)の認定を受けた認定特定非営利活動法人及び特例認定非営利活動法人(措法66の11の3②)

> 注　特定公益信託の信託財産とするために支出した金銭の額は、寄附金の額とみなされます(特定公益信託のうちその目的が教育又は科学の振興、文化の向上、社会福祉への貢献その他公益の増進に著しく寄与するものとして主務大臣の認定を受けたものに係る支出額は、上記の特定公益増進法人に対する寄附金に含めます。)。(法法37⑥)

　なお、以上の寄附金の損金算入の特例の適用を受けるためには、申告書(別表十四(二))にその金額等の明細を記載して提出することはもちろんですが、特定公益増進法人に対する寄附金については、寄附を受ける法人からの証明書と、特定公益増進法人に該当することの主務官庁又は所轄庁の証明書の写しを必要に応じて入手し保存しておくことが条件となっています。

■第二節　寄附金の範囲など

　どういう名目によったにしても、実質的に金品を贈ったり経済的利益を与えたりするものは寄附金です。資産をただで譲渡したり、安く譲渡した場合、時価との差額のうち実質的に贈与をしたと認められる金額は寄附金となります。

　ただし、広告宣伝のための見本品とか、交際費、従業員のための福利厚生費などなんらかの見返りのある支出、あるいは原価性、経費性のある支出と混同しないように注意しなければなりません。独立していない従業員団体の福利厚生費等として支出する費用や、こわれた道路の修繕負担金など公課的なものは、寄附金に入れなくてもよいことになっています。また、個人が負担すべきものを法人が代わりに支払ったというものは、個人に対する給与です。

税務上の寄附金は、次のように現金主義で認識します。

(1)　未払寄附金

　未払寄附金は、実際にその支払が行われた事業年度で限度額計算の対象とします。したがって、当期は寄附金の限度額に余裕があるから、翌期に支払うべき寄附金を、

　　　　　寄　附　金　×××　／　未　払　金　×××

と仕訳して当期の費用にしておこうというのは、税務上は認められません。（法令78）その金額を別表四で未払寄附金否認額として加算する申告調整が必要です。

(2)　仮払寄附金

　(1)と逆に、当期は限度額を超えてしまったので、

　　　　　仮　払　金　×××　／　現　　　金　×××

と仕訳して支払ったときには仮払金にしておいて、翌期の費用にしようという場合も、税務上は認められず、支払った事業年度の寄附金となります。（法基通9－4－2の3）その金額を別表四で仮払寄附金認定損として減算し、損金算入限定超過額を加算する申告調整が必要です。

(3)　手形で支払った寄附金

　寄附金の支払のため手形の振出し又は裏書譲渡をしても、それは未払寄附金と同様に限度額計算の対象となりません。（法基通9－4－2の4）その寄附金は、その手形が期日に決済された時点で支出されたことになります。

(4)　被災した取引先の復旧支援など

イ　災害を受けた取引先に対してその復旧を支援することを目的として災害発生後相当の期間（災害を受けた取引先が通常の営業活動を再開するための復旧過程にある期間をいいます。）内に売掛金、未収請負金、貸付金その他これらに準ずる債権を免除した場合には、その免除したことによる損失の額は、寄附金には該当しません。

　　既に契約で定められたリース料、貸付利息、割賦販売の賦払金等で災害発生後に授受するものの免除を行うなど契約で定められた従前の取引条件を変更する場合及び災害発生後に新たに行う取引につき従前の取引条件を変更する場合も同様です。（法基通9－4－6の2）

ロ　災害を受けた取引先に対して低利又は無利息による融資をした場合に、その融資が取引先の復旧を支援することを目的として災害発生後相当の期間内に行われたものであるときは、その融資は正常な取引条件に従って行われたものとされます。（法基通9－4－6の3）

ハ　不特定又は多数の被災者を救援するために緊急に行う自社製品等の提供に要する費用は、寄附金には該当しません。（法基通9－4－6の4）

問24　次のような金額のうち、当期支出寄附金として損金算入限度計算の対象とすべきものはどれですか。

イ　子会社（当社の持株割合50％）に対して所有土地を時価の半額で売った場合の時価と売却価額との差額

ロ　使用人で組織している文化サークルに対して支出した寄附金

ハ　翌期に支払う寄附金を見越計上して未払金を計上した場合の未払寄附金

ニ　当期に支払った寄附金について仮払経理した金額

ホ　役員の子息の海外留学に際して役員に支払ったせんべつ

ヘ　神社の祭礼に際して支払った寄附金

問25　K株式会社の当期（自令和6年4月1日　至令和7年3月31日）における寄附金の損金不算入額を次の資料により、計算しなさい。

〈資　料〉

1．期末資本金の額　　　　　　　　　　85,000,000円

2．当期に支出した一般寄附金の額　　　 1,500,000円

3．申告書別表四の仮計・総額欄の金額　26,524,000円

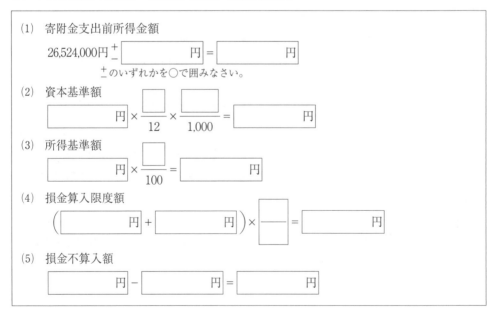

(1) 寄附金支出前所得金額

26,524,000円 $^+_-$ 　　　　　　　円 ＝ 　　　　　　　円

$^+_-$のいずれかを○で囲みなさい。

(2) 資本基準額

　　　　　円 × $\dfrac{\boxed{}}{12}$ × $\dfrac{\boxed{}}{1,000}$ ＝ 　　　　　円

(3) 所得基準額

　　　　　円 × $\dfrac{\boxed{}}{100}$ ＝ 　　　　　円

(4) 損金算入限度額

$\left(\boxed{}円 + \boxed{}円\right) × \dfrac{\boxed{}}{\boxed{}}$ ＝ 　　　　　円

(5) 損金不算入額

　　　　円 － 　　　　円 ＝ 　　　　円

問26　当社の当期（自令和6年4月1日　至令和7年3月31日）における寄附金の損金不算入額を次の資料に基づき計算しなさい。

〈資　料〉

(1)　当期中に支出した寄附金は次のとおりである。

　　①　指定寄附金　　　　　　　　　　　　　100,000円

　　②　特定公益増進法人に対する寄附金　　　200,000円

　　③　その他一般寄附金　　　　　　　　　　900,000円

(2)　期末現在の資本金の額は1億2,000万円である。

(3)　別表四「仮計」の金額は5,000万円である。

(1)　支出寄附金の額

　　①　指定寄附金　　　　　　　　　　□円

　　②　特定公益増進法人に対する寄附金　□円

　　③　一般寄附金　　□円

　　④　①＋②＋③＝　□円

(2)　損金算入限度額

　　①　一般寄附金の損金算入限度額

　　　(イ)　資本基準額

　　　(ロ)　所得基準額

　　　(ハ)　損金算入限度額

　　②　特定公益増進法人等に対する寄附金の損金算入限度額

　　　(イ)　資本基準額

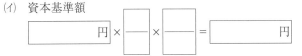

　　　(ロ)　所得基準額

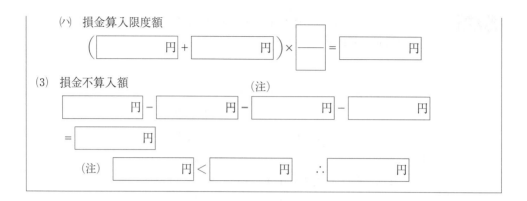

(ハ) 損金算入限度額

$$\left(\boxed{} \text{円} + \boxed{} \text{円} \right) \times \frac{}{\boxed{}} = \boxed{} \text{円}$$

(3) 損金不算入額

(注)

$$\boxed{} \text{円} - \boxed{} \text{円} - \boxed{} \text{円} - \boxed{} \text{円}$$

$$= \boxed{} \text{円}$$

(注) $\boxed{} \text{円} < \boxed{} \text{円} \quad \therefore \quad \boxed{} \text{円}$

問27　次の資料に基づき、寄附金の損金不算入額を計算しなさい。

〈資　料〉

(1)　当期は令和6年4月1日から令和7年3月31日までである。

(2)　当期における確定した決算に基づく当期利益金額は13,000,000円である。

(3)　期末資本金の額は28,000,000円である。

(4)　下記以外に税務調整すべき金額はない。

(5)　当期中における寄附金に関する資料は次のとおりである。

寄　附　先	使　　途	金　　額	経　理　方　法
T 国 立 大 学	体育館建設資金	1,200,000円	損　金　経　理
日 本 赤 十 字 社	経　常　経　費	500,000円	損　金　経　理
N 公 共 企 業 体	事　　業　　費	1,500,000円	仮　払　金　経　理
Y 商 工 会 議 所	経 費 補 充 金	300,000円	未　払　金　経　理
S 宗 教 法 人	賛　　助　　金	200,000円	未　払　金　経　理
J 　政　　　党	政　治　資　金	400,000円	損　金　経　理
町　　内　　会	集会場整備資金	200,000円	損　金　経　理
合　　　　　　計		4,300,000円	

(1)　支出寄附金の額

① 　指定寄附金等　　　　　　　(A) 　　　　　　 円

② 　特定公益増進法人に対する寄附金　(B) 　　　　 円

③ 　一般寄附金　 □ 円 + □ 円 + □ 円

　　　　　　　= (C) 　　　　 円

④ 　(A)＋(B)＋(C)＝(D) 　　　　 円

(2) 損金算入限度額
  ① 一般寄附金の損金算入限度額
    (イ) 資本基準額

$$\boxed{\qquad 円} \times \frac{\boxed{\ }}{12} \times \frac{\boxed{\ }}{1,000} = \boxed{\qquad 円}$$

    (ロ) 所得基準額

$$\left\{ \left(\boxed{\qquad 円} + \overset{未払寄附金否認額}{\boxed{\qquad 円}} - \overset{仮払寄附金認定損}{\boxed{\qquad 円}} \right) + \text{(D)}\boxed{\qquad 円} \right\}$$

$$\times \frac{\boxed{\ }}{100} = \boxed{\qquad 円}$$

    (ハ) 損金算入限度額

$$\left(\boxed{\qquad 円} + \boxed{\qquad 円} \right) \times \frac{\quad}{\quad} = \boxed{\qquad 円}$$

  ② 特定公益増進法人等に対する寄附金の損金算入限度額
    (イ) 資本基準額

$$\boxed{\qquad 円} \times \frac{\boxed{\ }}{12} \times \frac{\boxed{\ }}{1,000} = \boxed{\qquad 円}$$

    (ロ) 所得基準額

$$\left\{ \left(\boxed{\qquad 円} + \overset{未払寄附金否認額}{\boxed{\qquad 円}} - \overset{仮払寄附金認定損}{\boxed{\qquad 円}} \right) + \text{(D)}\boxed{\qquad 円} \right\}$$

$$\times \frac{\boxed{\ }}{100} = \boxed{\qquad 円}$$

    (ハ) 損金算入限度額

$$\left(\boxed{\qquad 円} + \boxed{\qquad 円} \right) \times \frac{\quad}{\quad} = \boxed{\qquad 円}$$

(3) 損金不算入額

$$\text{(D)}\boxed{\qquad 円} - \text{(A)}\boxed{\qquad 円}$$

$$- \left(\left\{ \begin{array}{l} \text{(B)}\boxed{\qquad 円} \\ \boxed{\qquad 円} \end{array} \right\} \text{いずれか少ない額} \quad \therefore \boxed{\qquad 円} \right)$$

$$- \boxed{\qquad 円} = \boxed{\qquad 円}$$

第十章 交際費等

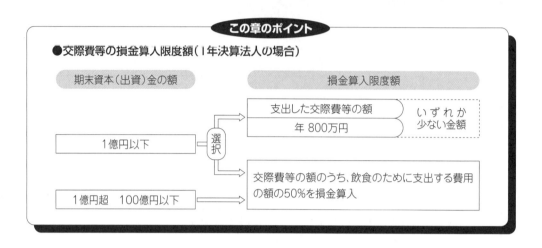

この章のポイント

●交際費等の損金算入限度額（1年決算法人の場合）

期末資本（出資）金の額		損金算入限度額

1億円以下 → 選択 → 支出した交際費等の額／年800万円 → いずれか少ない金額

1億円超 100億円以下 → 交際費等の額のうち、飲食のために支出する費用の額の50％を損金算入

■第一節　交際費等の損金不算入

　法人が支出する交際費等は、原則として損金の額に算入されません。

　ただし、資本（出資）金の額が100億円以下の法人については、飲食のために支出した費用の額の50％は損金の額に算入されます。

　なお、期末の資本（出資）金の額が1億円以下の法人（普通法人のうち、資本（出資）金の額が5億円以上の法人の100％子法人及び100％グループ内の複数の資本（出資）金の額が5億円以上の法人に発行済株式等の全部を保有されている法人を除きます。）については、定額控除限度額の800万円に達するまでの金額の損金算入と上記の飲食のために支出した費用の額の50％の損金算入との選択適用が認められています。

> **注** 飲食のために支出した費用には、専ら自社の役員や従業員、これらの親族の接待等のために支出する費用（社内飲食費）は含まれません。

定 額 控 除 限 度 額
$800万円 \times \dfrac{当期の月数}{12}$

　＊月数の端数は、1月に切り上げます。（措法61の4④）

> **注** 資本（出資）を有しない法人、公益法人等、人格のない社団等及び外国法人の期末資本（出資）の計算については、特例（措令37の4）が定められています。

■第二節　交際費等の範囲

　税法上、交際費等とは、交際費、接待費、機密費その他の費用で、得意先、仕入先その他事業に関係のある者等に対する接待、供応、慰安、贈答その他これらに類する行為のために支出するものをいう（措法61の4⑥）と規定されており、その範囲は、一般の交際費の概念よりも広いものとなっています。

1　交際費等に含まれる費用の例

　次のような費用は、原則として交際費等の金額に含まれるものとされています。（措通61の4(1)-15)

①　会社の何周年記念又は社屋新築記念における宴会費、交通費及び記念品代ならびに新船建造又は土木建築等における進水式、起工式、落成式等におけるこれらの費用（これらの費用が主として117ページ**3**(4)の福利厚生費に該当するものである場合の費用を除きます。）

　＊　進水式、起工式、落成式等の式典の祭事のために通常要する費用は、交際費等に該当しないこととされています。

②　下請工場、特約店、代理店等となるため、又はするための運動費等の費用

　＊　これらの取引関係を結ぶために相手方である事業者に対して金銭又は事業用資産を交付する場合のその費用は、交際費等に該当しないこととされています。

③　得意先、仕入先等社外の者の慶弔、禍福に際し支出する金品等の費用（**2**の⑥⑨に該当する費用等を除きます。）

④　得意先、仕入先その他事業に関係のある者（製造業者又は卸売業者と直接関係のないその製造業者の製品又はその卸売業者の扱う商品を取り扱う販売業者を含みます。)等を旅行、観劇等に招待する費用

⑤　製造業者又は卸売業者がその製品又は商品の卸売業者に対し、その卸売業者が小売業者等を旅行、観劇等に招待する費用の全部又は一部を負担した場合のその負担額

⑥　いわゆる総会屋等に対して支払った会費、賛助金、寄附金、広告料、購読料等の名目の金品（明らかに広告宣伝費等としての実態のあるものを除きます。）

⑦　高層ビルやマンション等の建設に当たり、周辺住民等を旅行、観劇等に招待したり、酒飲を提供した場合の費用（日照被害等のように損害賠償金の性格を有するものを除きます。）

⑧　スーパーマーケットや百貨店等が進出に当たり周辺商店等の同意を得るために支払った運動費等（営業補償金等の名目の費用を含みます。）

　＊　主として地方公共団体等に対する寄附金の性質を有するもの及び第七章第一節**2**の①の繰延資産の性質を有するものは、交際費等に該当しないこととされています。

⑨　得意先、仕入先等の従業員等に対して取引の謝礼等として支出する金品の費用（**2**の⑩に該当する費用を除きます。）

⑩　建設業者が工事の入札等に際して支出する談合金その他これに類する費用

⑪　得意先、仕入先等社外の者に対する接待、供応に要した費用で、寄附金、値引及び割戻し、広告宣伝費、福利厚生費、給与等に該当しないすべての費用

2 交際費等から除外される費用の例

次のような費用は、交際費等から除くこととされています。（措法61の4⑥⑧、措令37の5）

①　他の経費科目となるもの

　　イ　もっぱら従業員の慰安のために行われる運動会、演芸会、旅行等のために通常要する費用（福利厚生費）

　　ロ　カレンダー、手帳、せんす、うちわ、手拭いその他これらに類する物品を贈与するために通常要する費用（広告宣伝費）

　　ハ　会議に関連して、茶菓、弁当その他これらに類する飲食物を供与するために通常要する費用（会議費）

　　ニ　新聞、雑誌等の出版物又は放送番組を編集するために行われる座談会その他記事の収集のために、又は放送のために取材に通常要する費用（取材費）

②　飲食その他これに類する行為のために要する費用（もっぱら自社の役員や従業員、これらの親族の接待等のために支出するもの〈社内飲食費〉を除きます。）で、1人当たり10,000円以下のもの（その飲食等について一定の記載をした書類の保存が必要とされます。）

③　災害を受けた取引先の復旧を支援することを目的として売掛金、未収請負金、貸付金その他これらに準ずる債権を免除した場合におけるその免除したことによる損失（措通61の4(1)-10の2）

　　＊　既に契約で定められたリース料、貸付利息、割賦販売の賦払金等で災害発生後に授受するものの免除を行うなど契約で定められた従前の取引条件を変更する場合及び災害発生後に新たに行う取引につき従前の取引条件を変更する場合も同様とされます。

④　被災前の取引関係の維持、回復を目的としてその取引先に対して行った災害見舞金の支出又は事業用資産の供与もしくは役務の提供のために要した費用（措通61の4(1)-10の3）

　　＊　取引先は、その受領した災害見舞金及び事業用資産の価額に相当する金額を益金の額に算入しなければなりません。ただし、受領後ただちに福利厚生の一環として被災した従業員に供与する物品や、取得価額が10万円未満のもの、使用可能期間が1年未満であるものについてはその必要はありません。

⑤　不特定又は多数の被災者を救援するために緊急に行う自社製品等の提供に要する費用（措通61の4(1)-10の4）

⑥　自社の工場内において経常的に業務に従事する下請企業の従業員等に対して支給する事故見舞金品又は無事故表彰金品や、自社業務の特定部分の下請会社の従業員等（例えば検針員、集金人）の慰安会に通常要する費用の負担額、自社の従業員等と同等の事情にある専属下請先の従業員等又はその親族の慶弔、禍福に際し一定の基準に従って支給する金品の費用（措通61の4⑴−18）

⑦　現地案内等に要する費用……これは次のような費用をいいます。（措通61の4⑴−17）

　イ　不動産販売業を営む法人が、土地の販売に当たり一般の顧客を現地に案内する場合の交通費や食事、宿泊のために通常要する費用

　ロ　旅行あっせん業を営む法人が、団体旅行のあっせんをするに当たって、旅行先の決定等の必要上その団体の責任者等特定の者を事前にその旅行予定地に案内する場合の交通費や食事、宿泊のために通常要する費用（旅行先の旅館業者等がこれらの費用を負担した場合におけるその負担した金額を含みます。）

　ハ　新製品、季節商品等の展示会等に得意先を招待する場合の交通費や食事、宿泊のために通常要する費用

　ニ　自社製品又は取扱商品に関する商品知識の普及等のため得意先等にその製品又は商品の製造工場等を見学させる場合の交通費や食事、宿泊のために通常要する費用

⑧　商慣行によって交付する模型の費用……これは、建物、プラント、船舶等の建設請負等をした建設業者又は製造業者が、その発注者に対して商慣行として請負等の目的物の模型を交付するために通常要する費用をいいます。（措通61の4⑴−19）

⑨　自社又は特約店等に専属するセールスマン（その報酬につき外交員報酬として源泉徴収を受ける者に限ります。）のために支出する次の費用（措通61の4⑴−13）

　イ　セールスマンに対し、その取扱数量等に応じてあらかじめ定められているところにより交付する金品の費用

　ロ　セールスマンの慰安のために行われる運動会、演芸会、旅行等に通常要する費用

　ハ　セールスマン又はその親族等の慶弔、禍福に際し一定の基準に従って交付する金品の費用

　＊　イ又は⑩の報奨金品の交付に当たっては、外交員報酬として源泉徴収が必要です。（所得税法204①四）

⑩　特約店等の従業員等に対し、外交販売での自社製品等の取扱数量等に応じてあらかじめ明らかにされているところにより交付する金品の費用（措通61の4⑴−14）

⑪　情報の提供、取引の媒介等を業としていない者（取引先の従業員等は除きます。）に支出する特定の情報提供料等（措通61の4⑴−8）

3 交際費等と類似費用との区分

(1) 寄附金との区分

　法人の仕事に直接関係のない人に、金銭や物品を贈与したとき、それが寄附金か交際費かは実態によって判定されますが、金銭でした贈与は原則として寄附金になります。また、次のものも交際費ではなく寄附金になります。（措通61の4(1)-2）

① 社会事業団体、政治団体等に対する献金

② 神社のお祭りなどの寄贈金

(2) 売上割戻し等との区分

　得意先に対し売上高とか回収高その他の協力度合に応じて一定の計算基準で支出される金銭や商品は、交際費ではなく売上割戻しとして処理します。支出の計算基準が決まっておらず任意に割戻しされるものは交際費です。

　得意先に物品を渡したり、旅行、観劇等に招待すれば、その基準が売上割戻し計算と同じものでも、その費用は交際費になります。また、売上割戻しの金額を積み立てておいて、あとから積立額で旅行、観劇等に招待した場合は、招待した時の交際費ということになります。（不参加者に積立額の全部又は一部を支払った場合も交際費になります。）ただし、物品を交付する場合でも、その物品が、得意先で棚卸資産又は固定資産として販売又は使用されることが明らかな物品又は購入単価がおおむね3,000円以下の少額物品であり、かつ、交付基準が売上割戻しの算定基準と同一であるときは、その交付に要する費用は交際費にはなりません。

　なお、メーカーや問屋が得意先に対し景品付販売をする場合、その景品がおおむね3,000円以下の少額物品で、その種類や金額がはっきりわかっているものは、あえて交際費にはしないでもよいということになっています。（措通61の4(1)-3～61の4(1)-6）

(3) 広告宣伝費との区分

　広告宣伝費か交際費かのポイントは、おおむねそれが不特定多数の人を相手にして支出されたかどうかによります。なお、一般消費者とは最終消費者を意味します。

　次のようなものは、広告宣伝費になります。（措通61の4(1)-9）

① カレンダー、手帳、せんす、うちわ、手拭いなどを贈るための費用

② 工場見学者等に自社の製品を試飲試食させたり、常識で考えられる程度のお茶やお菓子を出してもてなす費用

③ 得意先等に配る見本品や試供品の費用（これも常識程度までです。）

④ 得意先、仕入先などを旅行、観劇などに招待した費用は交際費ですが、一般消費者に対し、抽選で賞品を交付したり、旅行、観劇に招待する費用は、だれにでも当たる可能性があるので広告宣伝費です。

⑤　取扱商品の継続的試用者又は消費動向調査に協力した一般消費者に対し謝礼として金品を交付するための費用

⑷　福利厚生費との区分

社内の行事に際して支出される金額等で次のようなものは、交際費等に含まれません。（措通61の4⑴-10）

①　創立記念日、国民の祝日、新社屋落成式などの会社行事に、従業員におおむね一律に配される祝いの折詰などの飲食費

＊同じ創立記念でもお客さんを招待してする宴会費や交通費、記念品代などは交際費になります。

②　従業員又は従業員であった人の親族等の慶弔、禍福に際し一定の基準に従って支給される見舞金、祝金等

⑸　給与等との区分

従業員に対して支給する次のようなものは、給与の性質を有するものとして交際費等に含まれません。（措通61の4⑴-12）

①　常時支給される昼食などの費用

②　自社の製品や商品などを原価以下で従業員に販売した場合の原価に達するまでの費用

③　機密費、接待費、旅費などの名義で支給したもののうち、会社の業務のために使用したことが明らかでないもの

⑹　会議費との区分

社内や、通常、会議を行う場所での会議に際し、昼食程度を超えない範囲で飲食物等を提供する費用は交際費とはされません。この場合の会議には、来客との商談や打合せなども含まれます。

特約店、販売店を旅行、観劇に招待し、同時に新製品の説明会、販売技術の研究会などを開催した場合は、会議に通常要する費用だけは交際費とされません。（措通61の4⑴-16）

４　そ　の　他

⑴　支出の方法と意義

交際費の支出は、法人から直接支払われたものであるか間接的に支払われたものであるかを問いません。したがって、同業者の団体が、みんなから組合費とか会費の名目で費用を集め、接待、供応、慰安、贈答等をすれば、費用を負担した法人の交際費ですし、同業者間の懇親会の会費の負担額も交際費です。（措通61の4⑴-23）

また、交際費の支出は、接待等の行為があった時に行われたと考えられますから、これらに要する費用を仮払金とか未払金で処理していても、税務上の交際費とすべきものであることに変わりありません。（措通61の4⑴-24）

(2) 相手方

　得意先、仕入先その他仕事に直接関係ある人に対するものはもちろんですが、間接的に利害関係のある人も、それから自社の役員、従業員、株主等に対して支出するものも交際費等に含まれます。（措通61の4(1)-22）

(3) 固定資産等の取得価額に含めた交際費等の調整

　固定資産等の取得のために支出した交際費等の額は、その固定資産等の取得価額に算入されます。そうしますと、固定資産等の取得価額に含まれ損金になっていない交際費等についても損金不算入額が算出され、いわば二重課税が生じます。そこで、固定資産等の取得価額に含まれている交際費等の額について損金不算入額が生じた場合には、その金額の範囲内で申告調整によりその固定資産等の取得価額を減額することが認められています。

　この場合に、固定資産等に含まれている交際費等について、いくらの損金不算入額が生じたかについては、交際費等の損金不算入額に当期において支出した交際費等の金額のうちに占める固定資産等に含まれている交際費等の金額の割合を乗じて計算することができます。（措通61の4(2)-7）

> **注** この取扱いの適用を受けた場合には、その申告調整で減額した金額については、翌期で決算調整をする必要があります。

■第三節　使途不明交際費

　交際費という名目で金銭を支出しても、その使いみちのわからないものや法人の仕事のために使ったことが明らかでないものは損金になりません。（法基通9-7-20）

> **参考** 使途秘匿金の追加課税
>
> 　法人が使途秘匿金を支出した場合には、その支出額は損金の額に算入されないばかりでなく、その支出額の40％の法人税が通常の法人税に加算して課税されます。（措法62①）
>
> 　使途秘匿金とは、法人の金銭の支出等のうち、相当の理由がなく、相手方の住所氏名及び支出の事由を帳簿書類に記載していないものをいいます。ただし、その支出が資産の譲受けその他の取引の対価の支払としてされたもの（支出額がその取引の対価として相当と認められるものに限ります。）であることが明らかなものは除かれます。（措法62②）

演 習 問 題

問28　次の資料に基づき、当社の当期（自令和6年4月1日　至令和7年3月31日）における交際費等の損金不算入額を定額控除限度額に達するまでの金額を損金の額に算入する方法によって計算しなさい。

〈資　料〉

(1)　期末資本金額　　　3,000万円

　　※　当社は資本（出資）金の額が5億円以上である法人の100％子法人及び100％グループ内の複数の資本（出資）金の額が5億円以上である法人に発行済株式等の全部を保有されている法人ではありません。

(2)　当期において損金経理により、交際費勘定に計上した金額の内訳は次のとおりである。

　　①　創立10周年記念事業における宴会費、交通費及び記念品代　　　　3,800,000円

　　②　得意先及び仕入先に対する慶弔費　　　　750,000円

　　③　得意先を旅行に招待した費用　　　　2,500,000円

　　④　その他の交際費（税務上の交際費に該当する。）　　　　2,285,000円

1．支出交際費等の額

　　□円＋□円＋□円＋□円

　　＝□円

2．定額控除限度額

3．損金算入限度額

　　□円と□円のうちいずれか少ない金額

　　∴□円

4．損金不算入額

問29　次の資料に基づき、当社の当期（自令和6年4月1日　至令和7年3月31日）において税務調整すべき金額を定額控除限度額に達するまでの金額を損金の額に算入する方法によって計算しなさい。

〈資　料〉

(1)　当期の期末資本金額は5,000万円である。

※　当社は資本（出資）金の額が5億円以上である法人の100％子法人及び100％グループ内の複数の資本（出資）金の額が5億円以上である法人に発行済株式等の全部を保有されている法人ではありません。

(2)　当期において諸経費勘定として損金経理をした金額の内訳は次のとおりである。

① 　得意先・仕入先の慶弔・禍福に際し支出した費用　　　　　　　　　　　140,000円

② 　得意先等に当社社名入りのカレンダーを贈与した費用　　　　　　　　　180,000円

③ 　会議に際し支出した茶菓・弁当の費用　　　　　　　　　　　　　　　　260,000円

④ 　従業員の親族の慶弔・禍福に際し社内規程に基づいて支給した金品
　　の費用　　　　　　　　　　　　　　　　　　　　　　　　　　　　　　220,000円

⑤ 　当社の製品を原価以下で使用人に販売したときの原価と販売価額と
　　の差額　　　　　　　　　　　　　　　　　　　　　　　　　　　　　　190,000円

⑥ 　常務取締役に対して9月と1月に支給した渡切交際費の額（精算は
　　不要となっている。）　　　　　　　　　　　　　　　　　　　　　　　280,000円

⑦ 　当社専属の外交員（所得税法第204条の適用を受ける者）の親族の
　　慶弔・禍福に際し一定の基準に従って交付した費用　　　　　　　　　　120,000円

⑧ 　新工場落成式に際し支出した費用の額

　　イ　当社従業員におおむね一律に社内で供与された飲食に要する費用　　400,000円

　　ロ　記念式典における宴会費及び来客に支出した記念品代　　　　　　　320,000円

　　　（注）　来客からの祝金500,000円を控除した金額である。

　　ハ　式典の祭事のために通常要する費用　　　　　　　　　　　　　　　150,000円

⑨ 　その他税務上交際費等に該当する金額　　　　　　　　　　　　　　8,090,000円

問30　　次の資料に基づき、当社の当期（自令和6年4月1日　至令和6年9月30日）において税務調整すべき金額を定額控除限度額に達するまでの金額を損金の額に算入する方法によって計算しなさい。

〈資　料〉

(1)　当社の期末資本金額は1億円である。

※　当社は資本（出資）金の額が5億円以上である法人の100％子法人及び100％グループ内の複数の資本（出資）金の額が5億円以上である法人に発行済株式等の全部を保有されている法人ではありません。

(2)　当期において損金経理により売上割戻し勘定に計上した金額は1,510,000円であり、その内訳は次のとおりである。

① 　売上高に比例して得意先に対して支出した金銭の額　　　　　　　　　700,000円

② 売上高に比例して得意先を観劇に招待した費用の額　　　　　　　210,000円

③ 売上高に比例して得意先に交付した物品に要した費用の額　　　　600,000円

　　（注）　この金額には1個当たり3,000円以下の物品の総額90,000円及び相手方において事業用資産として使用されるもの120,000円が含まれている。

(3) 当期において損金経理により接待交際費勘定に計上した金額は6,490,000円であり、その内訳は次のとおりである。

① 得意先である卸売業者が当社の製品を取り扱う小売業者を旅行に
招待したので、その費用の一部を当社が負担した金額　　　　　　280,000円

② 販売促進の目的で特定の地域の得意先である事業者に対して支出
した販売奨励金　　　　　　　　　　　　　　　　　　　　　　　200,000円

③ 景品引換券付販売により得意先に対し交付した景品（1個当たり
3,000円以下）の費用　　　　　　　　　　　　　　　　　　　　　 60,000円

④ 得意先等に対して中元・歳暮として贈答した物品に要した費用　 1,000,000円

　　（注）　このうち400,000円については、購入単価2,000円の物品に係るものである。

⑤ その他税務上交際費等に該当する金額　　　　　　　　　　　　4,950,000円

問31　次の資料に基づき当社の当期（自令和6年4月1日　至令和7年3月31日）において税務調整すべき金額を解答欄に従って計算しなさい。

〈資　料〉

(1) 当期において損金経理により計上した接待交際費勘定の内訳は次のとおりである。

① 得意先に対して景品（すべて購入単価3,000円超の物品である。）
を交付するために支出した金額　　　　　　　　　　　　　　　　370,000円

② 特約店の従業員全員を被保険者とする掛捨て生命保険の保険料　1,587,000円

③ 情報提供を業としていない個人に対する情報提供料（正当な取引
の対価と認められるものである。）　　　　　　　　　　　　　　　150,000円

④ 取引先の従業員に対して取引の謝礼として支出した金額　　　　250,000円

⑤ 得意先を旅行に招待し、併せて会議を行った際の費用（会議とし
ての実体を備えているとは認められない。）　　　　　　　　　　3,580,000円

⑥ 当社が所属する同業者団体が小売店を旅行に招待した際に当社が
負担した金額　　　　　　　　　　　　　　　　　　　　　　　3,890,000円

⑦ 新たに取引関係を結ぶためA社の役員に対して支出した金額　　300,000円

⑧ 前期において仮払金処理した得意先との飲食代の当期消却費（前
期において適正な申告調整がなされている。）　　　　　　　　　180,000円

(2) 当期中に得意先を接待したクラブから請求書が未着のため、何ら処理されていないもの

が350,000円ある。

(3)　当期中において倉庫用地として土地を取得しているが、土地購入に際して地主を料亭で接待した費用で、土地の取得価額に算入したものが460,000円ある。

(4)　当社の期末資本金額は4,000万円である。

　※　当社は資本（出資）金の額が5億円以上である法人の100％子法人及び100％グループ内の複数の資本（出資）金の額が5億円以上である法人に発行済株式等の全部を保有されている法人ではありません。

1．資料(1)から(3)までの金額のうち税務上当期の交際費等に該当するものには〇印を、該当しないものには×印を下記解答欄に記入しなさい。

(1)の①	(1)の②	(1)の③	(1)の④	(1)の⑤	(1)の⑥	(1)の⑦	(1)の⑧	(2)	(3)

2．交際費等の損金不算入額の計算
　(1)　支出交際費等の金額

　　　　　　　　　　　　　　　　　　　　　　＝ 　　　　　　　円

　(2)　定額控除限度額

　　　　　　　円 × ─────── ＝ 　　　　　　　円

　(3)　損金算入限度額

　　　　　　　円 と 　　　　　　　円 のうちいずれか少ない金額

　　　∴ 　　　　　　　円

　(4)　損金不算入額

　　　　　　　円 － 　　　　　　　円 ＝ 　　　　　　　円

3．土地取得価額減額

　　　　　　　円 × ───────── ＝ 　　　　　　　円

貸倒損失と貸倒引当金

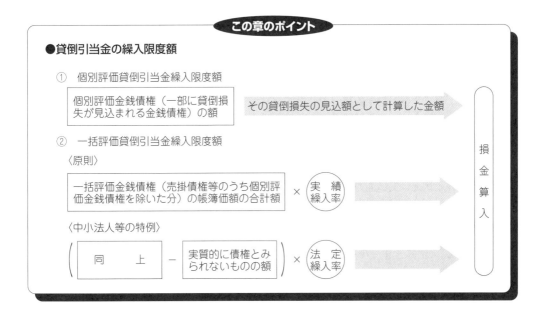

この章のポイント

●貸倒引当金の繰入限度額

① 個別評価貸倒引当金繰入限度額

| 個別評価金銭債権（一部に貸倒損失が見込まれる金銭債権）の額 | その貸倒損失の見込額として計算した金額 |

② 一括評価貸倒引当金繰入限度額

〈原則〉

一括評価金銭債権（売掛債権等のうち個別評価金銭債権を除いた分）の帳簿価額の合計額 × 実績繰入率

〈中小法人等の特例〉

（同　上 － 実質的に債権とみられないものの額）× 法定繰入率

損金算入

■第一節　貸倒損失

　貸倒れによる損失は、債権の滅失損を意味するものであり、所得の金額の計算上、損金の額に算入されることはいうまでもありませんが、実務上、貸倒れになったかどうかの事実認定については、かなりむずかしい面があるので、法人税基本通達においてその判定基準が明らかにされています。貸倒れに関しては、企業会計上は保守主義に基づく安全性を前提としているのに対し、税務上は一定の制限のもとにこれを認めることとしていることから、税務の貸倒れに対する取扱いが厳格すぎるという批判もあります。

1 金銭債権を切り捨てた場合

　金銭債権について次の事実が発生した場合には、その金銭債権の額のうちそれぞれ次の金額は、その事実の発生した事業年度において貸倒れとして損金の額に算入されます。（法基通9－6－1）

(1) 更生計画又は再生計画認可の決定があった場合……その決定により切り捨てられることとなった部分の金額

(2) 会社法の規定による特別清算に係る協定の認可があった場合……これらの決定により切り

捨てられることとなった部分の金額

(3)　法令による整理手続によらない関係者の協議決定で次のものにより切り捨てられることとなった部分の金額

①　債権者集会の協議決定で合理的な基準により負債整理を定めているもの

②　行政機関又は金融機関その他の第三者のあっせんによる当事者間の協議により締結された契約でその内容が①に準ずるもの

(4)　債務者の債務超過の状態が相当期間継続し、その金銭債権の弁済を受けることができないと認められる場合……その債務者に対し書面により明らかにされた債務免除額

②　回収不能の場合

　債務者の資産状況、支払能力等からみてその金銭債権の全額が回収できないことが明らかになった場合には、その明らかになった事業年度において貸倒れとして損金経理をすることができます。ただし、担保物があるときは、その担保物を処分した後でなければ貸倒れとすることはできません。（法基通9-6-2）

> 注1　保証債務は、現実にこれを履行した後でなければ貸倒れの対象とすることはできません。
> 注2　担保物の処分見込額以上の回収はできないことが明らかになった場合で、権利関係が複雑に入り組んでいるなどの事情からその処分に時間がかかるというときには、個別評価金銭債権に係る貸倒引当金の繰入れが認められています。（法令96①二、法基通11-2-8(1)）

③　取引停止後弁済がない場合など

　次の事実が発生した場合には、その売掛債権（売掛金、未収請負金などの債権をいい、貸付金などの債権を含みません。）について、その金額から備忘価額（最低1円）を控除した残額を貸倒れとして損金経理をすることができます。（法基通9-6-3）

①　債務者との取引を停止した時（最後の弁済期又は最後に弁済のあった時が取引を停止した時以後である場合には、これらのうち最も遅い時）以後1年以上経過した場合（担保物がある場合を除きます。）

　＊　①の取引の停止は、継続的な取引を行っていた債務者が資産状況、支払能力等が悪化したためその後の取引を停止するに至った場合をいいますから、例えば不動産取引のようにたまたま取引を行った債務者に対する売掛債権については、この取扱いは適用されません。

②　同一地域の債務者について有する売掛債権の総額が取立てのために要する旅費その他の費用に満たない場合で、支払を督促したにもかかわらず弁済がないとき

■第二節　貸倒引当金

　会社法は、金銭債権について取立て不能のおそれがあるときは、取り立てることができない見込額を差し引いておきなさいといっています（会社計算規則5④）が、商売に貸倒れはつきものとすれば、現在ある売掛金や貸付金などについては、あらかじめ貸倒れとなる金額を見込んで、前もって費用にしておくほうが確かな方法だといえます。そこで税法においても、貸倒引当金という、一種の評価性引当金を設けて、その繰入額を損金経理すれば、定められた繰入限度額に達するまでの金額は、損金の額に算入されることになっています。（法法52）

> **注**　貸倒引当金勘定の設定をした場合、貸倒引当金を貸借対照表の負債の部に計上する方法のほか、取立不能見込額として、売掛金などから差し引く形（控除方式）、あるいは貸借対照表には取立不能見込額控除後の債権残高を表示し、その控除額を注記する形（注記方式）をとってもよいのですが、貸倒引当金勘定への繰入れであることが、総勘定元帳と確定申告書でわかるようになっていなければなりません。（法基通11−2−1）

　貸倒引当金は、個別評価金銭債権に係る貸倒引当金と一括評価金銭債権に係る貸倒引当金とに区分され、そのそれぞれについて各別に繰入限度額が定められています。

　なお、貸倒引当金の対象となる金銭債権には、完全支配関係がある法人に対して有するものは含まれません。（法法52⑨）

> **注**　個別評価金銭債権に係る貸倒引当金の繰入限度額の計算と一括評価金銭債権に係る貸倒引当金の繰入限度額の計算は、それぞれ別に計算することとされていますので、例えば、個別評価金銭債権に係る貸倒引当金の繰入額に繰入限度超過額があり、他方、一括評価金銭債権に係る貸倒引当金の繰入額が繰入限度額に達していない場合であっても、前者の繰入限度超過額を一括評価金銭債権に係る貸倒引当金の繰入額とすることはできません。（法基通11−2−1の2）

1 適用対象

　適用法人は、銀行、保険会社その他これらに類する法人及び中小法人等に限定されています。（法法52①）

> **注**　中小法人等とは、中小法人（資本（出資）金の額が1億円以下の普通法人をいいます。ただし、資本（出資）金の額が5億円以上の法人の100%子法人及び100%グループ内の複数の資本（出資）金の額が5億円以上の法人に発行済株式等の全部を保有されている法人を除きます。）、公益法人等、協同組合等及び人格のない社団等をいいます。

2 個別評価金銭債権に係る貸倒引当金

(1) 個別評価金銭債権

　個別評価金銭債権に係る貸倒引当金の対象となる金銭債権（完全支配関係がある法人に対して有するものを除きます。）は、その債務者に会社更生法が適用されるなど一定の場合で、その一部につき貸倒れその他これに類する事由による損失が見込まれる金銭債権です。個別評価金銭債権の債務者に対する他の金銭債権がある場合には、その金銭債権も個別評価金銭債権に含まれます。つまり、その債務者に対して有する金銭債権の全額が個別評価の対象とされ、**3**の一括評価の対象から除外されるということです。（法法52①）

　上記の「貸倒れその他これに類する事由」とは、売掛金、貸付金その他これらに類する金銭債権の貸倒れのほか、保証金や前渡金等について返還請求を行った場合にその返還請求債権が回収不能になったときも含まれます。（法基通11－2－3）

> **注**　金銭債権について手形を受け取った場合には、その金銭債権（既存債権）と手形債権とが併存するとされていますので、そのような受取手形を裏書譲渡（割引）した場合には、その手形が決済されるまでの間、その既存債権が貸倒引当金の設定対象として取り扱われます。ただし、個別評価貸倒引当金繰入限度額の計算は、その債務者に対する金銭債権について個別的な回収不能見込額を算出するものですから、その対象は、その債務者が振り出し、又は引き受けた手形に係る既存債権に限られます。なお、この取扱いは、その裏書譲渡（割引）された受取手形の金額が財務諸表の注記等で確認できる場合に適用されます。（法基通11－2－4）

(2) 繰入限度額

　個別評価金銭債権に係る貸倒引当金の繰入限度額（個別評価貸倒引当金繰入限度額）は、債務者ごとに、次のＡ～Ｄによって計算した金額の合計額となります。（法令96①）

Ａ　金銭債権につきに長期棚上げがあった場合の繰入限度額

　金銭債権が次のような事実により弁済が猶予され、又は賦払により弁済されることとなった場合には、この金銭債権の額からその事実が生じた事業年度終了後5年以内に弁済されることになっている金額と担保権の実行その他により取立て等の見込みがあると認められる部分の金額を控除した残額が繰入限度額となります。

① 会社更生法等の規定による更生計画認可の決定

② 民事再生法の規定による再生計画認可の決定

③ 会社法の規定による特別清算に係る協定の認可の決定

④ 法令の規定による整理手続によらない関係者の協議決定で次のようなもの

　イ　債権者集会の協議決定で合理的な基準により債務者の負債整理を定めているもの

　ロ　行政機関、金融機関その他第三者のあっせんによる当該者間の協議により締結された契約でその内容が上記に準ずるもの

B　債務者の債務超過の状態が相当期間継続している場合等の繰入限度額

　金銭債権（Aに該当するものを除きます。）の債務者について債務超過の状態が相当期間継続していて事業の好転の見通しがないこと、災害、経済事情の急変等によって多大な損害が生じたことなどによって、この金銭債権の一部の金額について取立て等の見込みがないと認められる金額が繰入限度額となります。

> **注**　上記の「相当期間」は「おおむね１年以上」として、債務超過に至った事情と事業好転の見通しをみて、その判定をすることとされています。（法基通11−2−6）

C　形式基準による繰入限度額

　金銭債権（A、Bに該当するものを除きます。）の債務者について次のような事実が生じた場合には、金銭債権の額（債務者から受け入れた金額があるため実質的に債権とみられない部分の金額及び担保権の実行、金融機関等による保証債務の履行その他により取立て等の見込みがあると認められる部分の金額を控除した残額）の50％が繰入限度額となります。

① 　会社更生法等の規定による更生手続開始の申立て
② 　民事再生法の規定による再生手続開始の申立て
③ 　破産法の規定による破産手続開始の申立て
④ 　会社法の規定による特別清算開始の申立て
⑤ 　手形交換所による取引停止処分

〈実質的に債権とみられない部分〉

　上記Cの形式基準を適用する場合にその設定対象となる金銭債権の額から控除される「実質的に債権とみられない部分の金額」とは、例えば、次表の左欄の債権の金額のうち、右欄の債務等の金額に相当する金額が、これに該当します。（法基通11−2−9）

同一人に対する債権	同一人に対する債務等
売　掛　金、受　取　手　形	買掛金　（注2）
〃	買掛金支払に充てた裏書譲渡手形
売　　　　掛　　　　金	受入営業保証金
〃	借入金
完　成　工　事　未　収　金	未成工事前受金
貸　　　付　　　金	買掛金
従　業　員　貸　付　金	従業員預り金
受　取　融　通　手　形	見合計上の借入金
未　収　地　代　家　賃	受入敷金

> **注1**　この計算は債務者ごとに行いますので、同一人に対する債権を債務等が上回っても、他の債務者に対する債権からは控除しません。

> **注2**　「実質的に債権とみられない部分の金額」の範囲からは、支払手形の金額が除かれています。これは、個別評価貸倒引当金繰入限度額は、一括評価貸倒引当金繰入限度額が単なる計算上の損失見込額であるのと異なり、個々の債務者ごとの回収不能見込額を算出するものですが、支払手形は、債務者に対して振り出したとしても裏書等によりその後転々と流通し、期日が到

来すればその所持人に対して支払義務が生じ、その債務者に対する金銭債権と相殺できるようなものでないことによるものです。

　なお、中小法人等の法定繰入率による一括評価貸倒引当金繰入限度額の計算においては、支払手形も控除の対象になります。（措通57の9－1参照）

D　外国の公的債権に対する繰入限度額

　外国の政府、中央銀行又は地方公共団体に対する金銭債権のうち、長期にわたる債務の履行遅滞によりその経済的な価値が著しく減少し、その弁済を受けることが非常に困難であると認められる金銭債権がある場合には、その金銭債権の額（これらの者から受け入れた金額があるため実質的に債権とみられない部分の金額及び保証債務の履行その他により取立て等の見込みがあると認められる部分の金額を控除した残額）の50％が繰入限度額となります。

> **注1**　A、Cの担保権の実行により取立て等の見込みがあると認められる部分の金額とは、質権、抵当権、所有権留保、信用保険等によって担保されている部分の金額をいいます。（法基通11－2－5）
>
> 　なお、Cの形式基準による場合には、上記のほか、金融機関又は保証機関による保証債務の履行により取立て等の見込みがあると認められる部分の金額についても、同様に個別評価金銭債権の額から控除することとされています。ただし、金融機関又は保証機関以外の者が保証している場合は、その保証人からの取立見込額を控除する必要はありません。
>
> **注2**　上記のほかCの形式基準の適用に当たっては、次のような点に注意してください。
> 　イ　債務者から他の第三者の振り出した又は引き受けた手形を受け取っている場合には、その金額は取立て等の見込みがある部分の金額に該当します。（法基通11－2－10）
> 　ロ　期末までに債務者の振り出した手形が不渡りとなり、申告期限までに手形交換所による取引停止処分が生じた場合及び期末までに支払期日の到来した電子記録債権につき債務者から支払が行われず、申告期限までにその債務者について電子債権記録機関による取引停止処分が生じた場合には、当期において、その債務者について繰入れをすることができます。（法基通11－2－11）
> **注3**　個別評価金銭債権に係る貸倒引当金の繰入れを行う場合には、上記A～Dの繰入れ事由が生じていることを証明する書類等の保存が必要です。（法令96②）

③　一括評価金銭債権に係る貸倒引当金

(1)　一括評価金銭債権

　一括評価金銭債権に係る貸倒引当金の対象となる金銭債権（完全支配関係がある法人に対して有するものを除きます。）は、売掛金、貸付金その他これらに準ずる金銭債権（売掛債権等）のうち、個別評価金銭債権に該当するものを除いた金銭債権です。（法法52②）

イ　売掛債権等に含まれるもの

　上記の「その他これらに準ずる金銭債権」には、次のようなものが含まれます。（法基通11－2－16）

① 未収譲渡代金、未収加工料、未収請負金、未収手数料、未収保管料、貸付金の未収利子で、益金の額に算入されたもの

② 他人のために立替払をした場合の立替金（ロの④を除きます。）

③ 未収の損害賠償金で益金の額に算入されたもの

④ 保証債務を履行した場合の求償権

> **注1** 売掛金、貸付金等について受け取った先日付小切手を一括評価金銭債権に含めている場合は、その経理が認められます。（法基通11－2－16（注））
>
> **注2** 売掛金、貸付金等の既存債権の回収として受け取った手形を裏書譲渡（割引）した場合には、その既存債権は売掛債権等に該当するものとして取り扱われます。なお、この取扱いを受けるためには、裏書譲渡（割引）した受取手形の金額を財務諸表の注記等で確認できるようにしておかなければなりません。これに対し、裏書により取得した受取手形でその取得の原因が既存債権と関係のないものをさらに裏書譲渡（割引）した場合は、売掛債権等に含めることはできません。（法基通11－2－17）
>
> **注3** 売買があったものとされたリース取引に係るリース料のうち、期末において支払期日の到来していないリース料の額の合計額は売掛債権等に該当します。（法基通11－2－20）

ロ **売掛債権等に含まれないもの**

イに対して、次のようなものは、売掛債権等には含まれません。（法基通11－2－18）

① 預貯金及びその未収利子、公社債の未収利子、未収配当その他これらに類する債権

② 保証金、敷金（借地権、借家権等の取得等に関連して無利子又は低利率で提供した建設協力金等を含みます。）、預け金その他これらに類する債権

③ 手付金、前渡金等のように資産の取得の代価又は費用の支出に充てるものとして支出した金額

④ 前払給料、概算払旅費、前渡交際費等のように将来精算される費用の前払として一時的に仮払金、立替金等として経理されている金額

⑤ 金融機関における他店為替貸借の決済取引に伴う未決済為替貸勘定の金額

⑥ 証券会社又は証券金融会社に対し、借株の担保として差し入れた信用取引に係る株式の売却代金に相当する金額

⑦ 雇用保険法、労働施策の総合的な推進並びに労働者の雇用の安定及び職業生活の充実等に関する法律、障害者の雇用の促進等に関する法律等の法令の規定に基づき交付を受ける給付金等の未収金

⑧ 仕入割戻しの未収金

⑨ 保険会社における代理店貸勘定（外国代理店貸勘定を含みます。）の金額

⑩ 未決済デリバティブ取引に係る差金勘定等の金額

⑪ いわゆる特定目的会社（SPC）を用いて売掛債権等の証券化をした場合に保有すること

となるその特定目的会社の発行する証券等

(2) 繰入限度額

イ　実績繰入率による原則的な繰入限度額の計算

　一括評価金銭債権に係る貸倒引当金の繰入限度額（一括評価貸倒引当金繰入限度額）は、期末における一括評価金銭債権の帳簿価額の合計額に、過去３年間の貸倒損失を基礎として計算した実績繰入率を乗じて計算します。（法令96⑥）

> 繰入限度額＝期末一括評価金銭債権の帳簿価額の合計額×実績繰入率

　実績繰入率は、当期前３年以内に開始した各事業年度の実績に基づく次の算式で計算した割合です。

実績繰入率

$$= \frac{\left(\begin{array}{c}\text{当該各事業年度の売掛債}\\\text{権等の貸倒損失の合計額}\end{array} + \begin{array}{c}\text{個別評価貸倒}\\\text{引当金繰入額}\end{array} - \begin{array}{c}\text{個別評価貸倒}\\\text{引当金戻入額}\end{array}\right) \times \dfrac{12}{\text{当該各事業年度の合計月数}}}{\text{当該各事業年度末における一括評価金銭債権の帳簿価額の合計額÷当該各事業年度の数}}$$

＊１　実績繰入率の小数点以下４位未満の端数は切り上げます。

　２　当期前３年内に開始した事業年度に令和４年３月31日以前に開始した事業年度がある場合には、その事業年度の一括評価金銭債権には完全支配関係がある法人に対して有する金銭債権、その事業年度の貸倒れ又は個別評価貸倒引当金勘定の繰入の基因となった売掛債権等には完全支配関係がある法人に対して有する金銭債権をそれぞれ含め、令和４年４月１日以後に開始した事業年度については、完全支配関係がある法人に対するものを除きます。

　３　分子の個別評価貸倒引当金繰入額とは、当該各事業年度の損金の額に算入された金額のうち、それぞれ繰入限度額（売掛債権等分に限ります。）に達するまでの金額をいいます。

　４　分子の個別評価貸倒引当金戻入額とは、当該各事業年度の益金の額に算入された金額のうち、それぞれ直前事業年度の繰入限度額（当該各事業年度に貸倒損失が生じた売掛債権等又は当該各事業年度の個別評価貸倒引当金の対象となった売掛債権等分に限ります。）に達するまでの金額をいいます。

　５　設立事業年度の実績繰入率の計算は次のようになります。

$$\text{実績繰入率} = \frac{\left(\begin{array}{c}\text{当期売掛債権等の}\\\text{貸倒損失の合計額}\end{array} + \begin{array}{c}\text{当期個別評価貸}\\\text{倒引当金繰入額}\end{array}\right) \times \dfrac{12}{\text{当期の月数}}}{\text{期末一括評価金銭債権の帳簿価額の合計額}}$$

ロ　中小法人等の繰入限度額の計算の特例

　中小法人（適用除外事業者を除きます。）、公益法人等、協同組合等及び人格のない社団等では、イの実績繰入率による繰入限度額の計算と次の法定繰入率による繰入限度額の計算のいずれか有利な方を選択することができます。（措法57の９①）

> 繰入限度額＝$\left(\begin{array}{c}\text{一括評価金銭債権の}\\\text{帳簿価額の合計額}\end{array} - \begin{array}{c}\text{実質的に債権とみ}\\\text{られないものの額}\end{array}\right)$×法定繰入率

> **注** 「適用除外事業者」とは、その事業年度開始の日前3年以内に終了した各事業年度の所得の
> 金額の年平均額が15億円を超える法人をいいます。（措法42の4⑲八）

〈実質的に債権とみられないもの〉

上記の算式の「実質的に債権とみられないもの」とは、その債務者から受け入れた金額があるため実質的に債権とみられない部分の金銭債権をいい、これには、債権と債務とが相殺適状にあるものばかりでなく、債権と債務が見合っており、事実上相殺的な性格をもつものも含まれます。具体的には、次表の左欄の債権の金額のうち、右欄の債務等の金額に相当する金額などが該当します。（措令33の7②、措通57の9－1）

同一人に対する債権	同一人に対する債務等
売 掛 金、受 取 手 形	買掛金、支払手形
〃	買掛金支払に充てた裏書譲渡手形
売 掛 金	受入営業保証金
〃	借入金
完 成 工 事 未 収 金	未成工事前受金
貸 付 金	買掛金
従 業 員 貸 付 金	従業員預り金
受 取 融 通 手 形	見合計上の借入金、支払融通手形
未 収 地 代 家 賃	受入敷金

> **注** この計算は債務者ごとに行いますので、同一人に対する債権を債務等が上回っても、他の債務者に対する債権からは控除しません。

〈債権とみられないものの額の簡便計算〉

個々の相手先について「実質的に債権とみられないものの額」を抽出計算するのは大変手間がかかりますから、平成27年4月1日に現存する法人に限り、過去の実績に基づき実質的に債権とみられない部分の金額を計算してもよいことになっています。（措令33の7③）

なお、この簡便計算は、各事業年度で実額計算との選択適用とされています。

実質的に債権とみられないものの額＝期末一括評価金銭債権の額×控除割合

$$控除割合 = \frac{分母のうち実質的に債権とみられないものの額の合計額}{基準年度末の一括評価金銭債権の額の合計額} \left(\begin{array}{l} 小数点以下 \\ 3位未満の \\ 端数切捨て \end{array} \right)$$

＊ 基準年度：平成27年4月1日から平成29年3月31日までの間に開始した各事業年度

〈法定繰入率〉

法定繰入率は、主たる事業の区分により次のように定められています。（措令33の7④）

主 た る 事 業	法定繰入率
卸・小売 卸売・小売業（飲食店業、料理店業を含み、割賦販売小売業を除きます。）	$\frac{10}{1,000}$
製　　造 製造業（電気業、ガス業、熱供給業、水道業、修理業を含みます。）	$\frac{8}{1,000}$
金融・保険 金融・保険業	$\frac{3}{1,000}$
割賦小売 割賦販売小売業及び割賦購入あっせん業	$\frac{7}{1,000}$
その他 その他の事業	$\frac{6}{1,000}$

4 翌期の処理

当期に繰り入れた貸倒引当金勘定の金額は、翌期に全額取り崩して益金の額に算入することになっています。（法法52⑩）（貸倒れが発生すれば、貸倒損失を別途計上します。）

（前期分）　貸倒引当金　　　　　　600,000　／　貸倒引当金戻入益　600,000

（当期分）　貸倒引当金繰入損　800,000　／　貸倒引当金　　　　　800,000

ただし、確定申告書に添付する明細書に当期の戻入れと繰入れの額が明示されていれば、会社の経理の上ではその差額だけの処理をしてもよいことになっています。（法基通11－1－1）

上の例では次のとおりとなります。

（当期分）　貸倒引当金繰入損　200,000　／　貸倒引当金　　　　　200,000

なお、この差額繰入れ又は取崩しの特例は、他の引当金についても適用されます。

演 習 問 題

問32　次の資料により、卸売業を営む株式会社Ｇ商店の当期（自令和6年4月1日　至令和7年3月31日）における貸倒引当金の繰入限度超過額を解答欄に従って計算しなさい。

〈資　料〉

1. 期末資本金額　　　　　55,000,000円

　※　当社は資本（出資）金の額が5億円以上である法人の100％子法人及び100％グループ内の複数の資本（出資）金の額が5億円以上である法人に発行済株式等の全部を保有されている法人ではありません。

2. 当期前3期の所得金額の年平均額　　　15億円以下

3．期末における債権の内訳

※　当社との間に完全支配関係がある法人に対して有する金銭債権はありません。

(1)　受　取　手　形　　36,450,000円（この中には(2)の割引手形の金額は含まれていない。）

(2)　割　引　手　形　　89,200,000円（すべて売掛金の回収として取得した手形を割り引
　　　　　　　　　　　　　　　　　　　　いたもので、期末現在において支払期日未到来であ
　　　　　　　　　　　　　　　　　　　　り、その金額は個別注記表に表示されている。）

(3)　売　　掛　　金　　41,700,000円

(4)　貸　　付　　金　　　3,800,000円（仕入先に対する貸付金である。）

(5)　仮　　払　　金　　　　250,000円（従業員に対する給料の前払額である。）

4．実質的に債権とみられないものの額　　　　　　3,150,000円

5．当期末において繰り入れた貸倒引当金の額　　　2,520,000円

6．その他の資料

(1)　一部につき貸倒れが見込まれる債権はない。

(2)　繰入率は、法定繰入率を適用する。

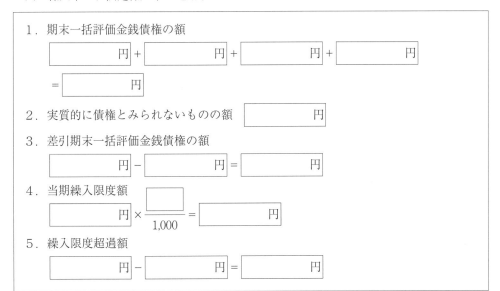

1．期末一括評価金銭債権の額

　　　　　　　　円＋　　　　　　　円＋　　　　　　　円＋　　　　　　　円

　　＝　　　　　　　　円

2．実質的に債権とみられないものの額　　　　　　　　円

3．差引期末一括評価金銭債権の額

　　　　　　　　円－　　　　　　　円＝　　　　　　　円

4．当期繰入限度額

　　　　　　　　円×　　　　　　／1,000　＝　　　　　　　円

5．繰入限度超過額

　　　　　　　　円－　　　　　　　円＝　　　　　　　円

問33 次の資料により、卸売業を営む期末資本金額7,000万円のⅠ社の当期（自令和6年4月1日　至令和7年3月31日）における一括評価貸倒引当金繰入限度額を法定繰入率により計算しなさい。

　　※　当社は資本（出資）金の額が5億円以上である法人の100％子法人及び100％グループ内の複数の資本（出資）金の額が5億円以上である法人に発行済株式等の全部を保有されている法人ではありません。

〈資　料〉

1．期末の金銭債権の内訳

　　※　当社との間に完全支配関係がある法人に対して有する金銭債権はありません。

　(1)　受 取 手 形　　29,600,000円（この中には(2)の割引手形は含まれていない。）

　(2)　割 引 手 形　　58,700,000円（売掛金の回収として取得した手形を割り引いたもので、期末現在において、支払期日未到来である。）

　(3)　売　掛　金　　40,800,000円（この中には、東京商店に対する売掛金2,500,000円と大阪商店に対する売掛金1,800,000円が含まれているが、東京商店に対して買掛金残高3,200,000円があり、大阪商店には買掛金残高600,000円がある。）

　(4)　貸　付　金　　3,000,000円（従業員に対する貸付金である。）

　(5)　前　払　金　　2,200,000円（商品購入のための前払金である。）

　(6)　仮　払　金　　1,200,000円（前払給料の合計額である。）

2．期末の金銭債権には、個別評価金銭債権に該当するものはない。

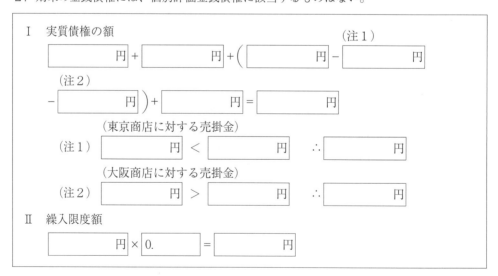

問34　次の資料により、卸売業を営むＴ株式会社の当期（自令和6年4月1日　至令和7年3月31日）における一括評価貸倒引当金繰入限度額を計算しなさい。なお、期末資本金額は1億円で、当期前3期の所得金額の年平均額は15億円以下である。

　※　当社は資本（出資）金の額が5億円以上である法人の100％子法人及び100％グループ内の複数の資本（出資）金の額が5億円以上である法人に発行済株式等の全部を保有されている法人ではありません。

〈資　料〉

1．期末の金銭債権（個別評価金銭債権に該当するものはない。）の内訳は、次のとおりである。

　※　当社との間に完全支配関係がある法人に対して有する金銭債権はありません。

　(1)　受　取　手　形　　　　　　　　　　　76,000,000円

　　　（注）　このほか既存債権に係る受取手形を割り引いた金額25,700,000円が個別注記表に表示されている。

　(2)　売　　掛　　金　　　　　　　　　　172,800,000円

　(3)　貸　　付　　金　　　　　　　　　　　9,950,000円

　(4)　貸付金の未収利子で益金の額に算入されたもの　　250,000円

　(5)　前　　渡　　金（備品購入に係る手付金である。）　15,120,000円

　(6)　仕入割戻しの未収金　　　　　　　　　1,400,000円

　(7)　公社債の未収利子　　　　　　　　　　　740,000円

2．実質的に債権とみられないもの

　(1)　原則法により計算した金額　　　　　　5,180,000円

　(2)　簡便法による控除割合　　　　　　　　　　0.020

3．最近における税務上の売掛債権等の帳簿価額等は、次のとおりである。

事　業　年　度	各事業年度末の売掛債権等の帳簿価額	各事業年度の売掛債権等の貸倒損失の額
令和5年4月1日〜令和6年3月31日	329,800,000円	3,244,777円
令和4年4月1日〜令和5年3月31日	342,160,000円	3,484,438円
令和3年4月1日〜令和4年3月31日	338,600,000円	2,803,881円
合　　　　　　計	1,010,560,000円	9,533,096円

(1) 期末一括評価金銭債権の額

　　　[　　　　　　]円 ＋ [　　　　　　]円 ＋ [　　　　　　]円 ＋ [　　　　　　]円

　　＋ [　　　　　　]円 ＝ [　　　　　　]円

(2) 実質的に債権とみられないものの額

　① 原則法　[　　　　　　]円

　② 簡便法　[　　　　　　]円 × 0.[　　　　] ＝ [　　　　　　]円

　③ 判　定
　　　①と②のうちいずれか $\left\{\begin{array}{l}多　い\\少ない\end{array}\right\}$ 額　　　　∴ [　　　　　　]円
　　　　いずれかを○で囲む

(3) 実績繰入率

$$\frac{\left([　　　]円 ＋ [　　　]円 ＋ [　　　]円\right) × \dfrac{[\ \ ]}{36}}{\left([　　　]円 ＋ [　　　]円 ＋ [　　　]円\right) ÷ [\ \ ]}$$

　　＝ 0.[　　　] ⟶ 0.[　　　]　　小数点以下4位未満切[　　]

(4) 法定繰入率　0.[　　　　]

(5) 繰入限度額

　① 実績繰入率による繰入限度額

　　　[　　　　　　]円 × 0.[　　　] ＝ [　　　　　　]円

　② 法定繰入率による繰入限度額

　　　$\left([　　　　]円 － [　　　　]円\right)$ × 0.[　　　] ＝ [　　　　　　]円

　③ 当期繰入限度額
　　　①と②のうちいずれか $\left\{\begin{array}{l}多　い\\少ない\end{array}\right\}$ 額　　　　∴ [　　　　　　]円
　　　　いずれかを○で囲む

－136－

問35 次の資料により、卸売業を営む期末資本金額１億円の当社（資本（出資）金の額が５億円以上である法人の100％子法人及び100％グループ内の複数の資本（出資）金の額が５億円以上である法人に発行済株式等の全部を保有されている法人ではありません。）の当期（自令和６年４月１日　至令和７年３月31日）における貸倒引当金の繰入限度額を計算しなさい。なお、当期前３期の所得金額の年平均額は15億円以下です。

〈資　料〉

(1) 当社の当期末における貸借対照表の資産の部に計上されている金銭債権の額は、次のとおりである。

※　当社との間に完全支配関係がある法人に対して有する金銭債権はありません。

種　類	金　額	備　考
売 掛 金	180,000,000円	このうち得意先Ａ社に対する売掛金が10,000,000円、Ｂ社に対する売掛金が30,000,000円ある。
受取手形	235,000,000円	① このうち得意先Ａ社に対する受取手形が20,000,000円あるが、Ａ社は令和７年１月31日に手形交換所の取引停止処分を受けている。 ② このほかに、売掛金の回収として取得した手形を割り引いた金額40,000,000円が個別注記表に表示されている。
貸 付 金	30,000,000円	すべて得意先Ｃ社に対するものである。 Ｃ社は債務超過の状態が相当期間継続し、その営む事業に好転の見通しがなく、この貸付金のうち15,000,000円が回収不能見込額である。
未収入金	4,450,000円	未収入金の内訳は次のとおりである。 ① 法令の規定に基づき交付を受ける給付金等の未収分　800,000円 ② 固定資産の売却代金の未収分　3,400,000円 ③ Ｄ株式会社からの配当金の未収分　250,000円
仮 払 金	750,000円	仮払金の内訳は次のとおりである。 ① 当社使用人の出張の際の概算払旅費（全額翌期対応）　150,000円 ② 当社使用人に対する貸付金　600,000円

(2) 当社の当期末における貸借対照表の負債の部には、Ｂ社からの買掛金32,000,000円が計上されている。

(3) 一括評価金銭債権に係る実績繰入率は、0.0098である。

(4) 基準年度実績による実質的に債権とみられないものの額の控除割合（簡便法による割合）は、0.083である。

1．個別評価貸倒引当金繰入限度額の計算

(1) ［　　　　　］社：［　　　　　　　　　　　　　　　　　　　　　］×$\dfrac{\boxed{}}{100}$

(2) ［　　　　　］社：［　　　　　　　　　　　　　　　　　　　　　］

(3) 繰入限度額　(1)＋(2)＝［　　　　　　　］円

2．一括評価貸倒引当金繰入限度額の計算

(1) 期末一括評価金銭債権の額

［　　　　　　　　　　　　　　　　　　　　　］＝［　　　　　　　］円

(2) 実質的に債権とみられないものの額

① 原則法

(イ) 債権の額　［　　　　　　　］円

(ロ) 債務の額　［　　　　　　　］円

(ハ) ［　　　　　］円　＜　［　　　　　］円　∴　［　　　　　］円

② 簡便法

［　　　　　］円　×　0.［　　　　　］　＝　［　　　　　］円

③ ［　　　　　］円　＜　［　　　　　］円　∴　［　　　　　］円

(3) 繰入限度額

① 実績繰入率による繰入限度額

［　　　　　］円×0.［　　　　　］　＝　［　　　　　］円

② 法定繰入率による繰入限度額

（［　　　　　］円－［　　　　　］円）×0.［　　　　　］　＝　［　　　　　］円

③ 判　定

①と②のうちいずれか $\left\{\begin{array}{l}\text{多　い}\\\text{少ない}\end{array}\right\}$ 額　　　∴　［　　　　　］円

いずれかを○で囲む

圧 縮 記 帳

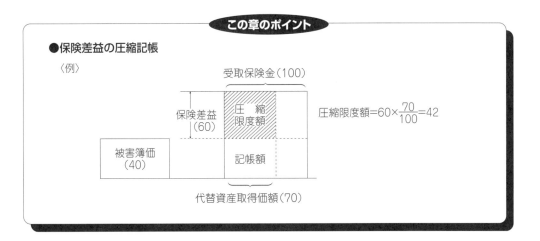

この章のポイント

●保険差益の圧縮記帳

〈例〉

受取保険金（100）

保険差益（60）

圧 縮 限度額

被害簿価（40）

記帳額

代替資産取得価額（70）

$$圧縮限度額＝60×\frac{70}{100}＝42$$

　国から補助金等をもらって機械設備を買うような場合、たしかに法人の純資産、つまり利益は増えたのですが、これに税金をかけると補助金等を交付した本来の意味がなくなります。

　また、建物が火災に遭って火災保険金を受け取る場合、保険金は建物の時価（再取得価額）を反映していますが、建物の帳簿価額は原始取得価額を基礎にして計算されますから、両者には大きな差が生じ、譲渡益に似た保険差益が発生します。

　　受取保険金－建物の帳簿価額＝保険差益

　この保険差益を課税の対象にしてしまうと、前と同じような建物は建てられなくなります。

　同じように固定資産を交換したり買い換えたりした場合、譲渡資産の帳簿価額と、交換（買換）取得資産の時価との差だけ法人の帳簿の上では確かに利益が出ますが、その実態は旧資産の評価換えにより利益を計上したようなもので、納税の裏づけとなる資金は増えていません。

　このような利益は、国庫補助金等による収入を除き、いわゆるキャピタル・ゲイン（資本利得）がその大部分を占めており貨幣価値の変動による名目利益なので、税金をかけると法人は旧資産と同種の資産を買い換えることができなくなり、税金が法人の実質資本を侵食するという考え方も出てきます。

　このため、税法もキャピタル・ゲインについても資産の譲渡によって実現したものは一応課税対象とするが、譲渡代金が同種資産の再取得に充てられたときは、見かけだけ増えた資産の増加（利益）分だけ再取得資産の帳簿価額を減らすこと（圧縮記帳）によって利益を相殺し、税金を少なくして法人の活動が継続してスムーズにいくようにしています。

　圧縮記帳は、キャピタル・ゲインに対する税金の免除ではなく、課税の繰延べであるといわ

れています。というのは、再取得資産が減価償却資産である場合は、圧縮後の低い取得価額を
もとに減価償却費を計算しますので、償却費が少なくなってそのぶん毎年納める税金が多くな
り、また、非償却資産の場合は、それを次に売ったときの譲渡原価が圧縮されたままなので売
却益が大きくなり、いずれにしても圧縮記帳によって相殺消却されたキャピタル・ゲインに対
する税金の取戻しが行われるからです。

■第一節　国庫補助金等により取得した資産の圧縮記帳

　国や地方公共団体から補助金又は給付金その他（国庫補助金等）の交付を受け、その目的に
適合した固定資産を取得したり改良した場合で、しかもその国庫補助金等の返還を要しないこ
とが期末までに確定しているときに限り、圧縮記帳をすることができます。
　圧縮記帳とは、資産の取得や改良に充てた国庫補助金等の額の範囲内で、損金経理、すなわ
ち法人経理で費用（圧縮損）として処理する方法をいいます。（法法42①）
〈仕訳例〉

補助金受入れ：　当 座 預 金　2,000,000　／　国庫補助金受贈益　2,000,000
資 産 購 入：　機　　　　械　3,000,000　／　当 座 預 金　3,000,000
圧 縮 記 帳：　固定資産圧縮損　2,000,000　／　機　　　　械　2,000,000

　また、直接減額方式である圧縮記帳に代わる経理方法として、当期の確定した決算において
積立金として積み立てる方法、すなわち当期の株主資本等変動計算書に記載し、貸借対照表に
反映させる方法（協同組合等が決算確定日までに剰余金処分計算書において積立金として積み
立てる方法を含みます。）も認められています。（法令80）

　　　　　　　　繰越利益剰余金　2,000,000　／　機械圧縮積立金　2,000,000

　この積立金方式の場合、圧縮損に相当する圧縮積立金積立額は損金経理されていないため、
申告調整（別表四において所得から減算）することにより損金の額に算入します。

　　＊　上記の機械圧縮積立金は機械勘定の評価勘定で、税法上の償却基礎となる機械の取得価額は
　　　3,000,000円－2,000,000円＝1,000,000円となります、経理上は、実際の取得価額3,000,000円を基礎とし
　　　て減価償却費を計算し、税務上の取得価額1,000,000円を基礎として計算した償却限度額を超える償却
　　　超過分だけ、そのつど機械圧縮積立金を取り崩して益金の額に算入することになります。
　　　　この場合、その取崩額に相当する償却超過額は損金の額に算入されます（差引き実質上の損金算入
　　　額は、圧縮後の取得価額1,000,000円を基礎として計算した償却限度額となるわけです。）。（法令54③、
　　　法基通10－1－3）
　　〈仕訳例〉　税法上の償却限度額が100,000円、法人が損金経理した償却費が300,000円の場合
　　　　　　　機械減価償却費　300,000　／　減価償却累計額　300,000
　　　　　　　機械圧縮積立金　200,000　／　繰越利益剰余金　200,000

この「圧縮積立金取崩額」は、申告調整（別表四において所得に加算）することにより益金の額に算入します。

翌期の会社経理上の償却基礎価額は2,700,000円ですが、税法上の定率法による償却基礎帳簿価額は、(3,000,000円－300,000円)－(2,000,000円－200,000円)＝900,000円となります。この差により発生する償却超過額分だけ翌期に圧縮積立金を取り崩します。

〈特別勘定の設定〉

固定資産の取得等に充てるための国庫補助金等の交付を受け、期末までにその返還を要しないことが確定していない場合には、その国庫補助金等の額の範囲内の金額を、当期の確定した決算において特別勘定を設ける方法（決算確定日までに剰余金の処分により積立金として積み立てる方法を含みます。）で経理することにより、損金の額に算入することができます。（法法43①、法令80）

この場合、固定資産の取得等をし、その後その国庫補助金等について返還を要しないことが確定した事業年度において、次の算式で計算した圧縮限度額の範囲内で圧縮記帳（直接減額方式又は積立金方式）をするとともに、特別勘定を取り崩して益金の額に算入します。（法法43②③、44①、法令81、82）

$$圧縮限度額＝返還不要が確定した日の固定資産の帳簿価額×\frac{返還不要となった国庫補助金等の額}{固定資産の取得等に要した金額}$$

■第二節　保険金等で取得した固定資産の圧縮記帳

建物などの固定資産が焼けたりして、受け取った保険金等で修理したり、同じ種類の代わりの資産を購入したような場合、次の算式で計算した圧縮限度額の範囲内で圧縮記帳（取得資産の帳簿価額を損金経理により減額）又は圧縮積立金の積立てをすることができます。経理方法については、国庫補助金等の場合と同様です。（法法47①、法令85、86）

(1) 保険差益の額の計算

$$\left(受取保険金等の額－滅失又は損壊による支出経費の額\right)_{改訂保険金等の額} A－滅失又は損壊をした固定資産の被害直前の帳簿価額（被害部分の金額）$$

(2) 圧縮限度額の計算

$$保険差益の額×\frac{代替資産の取得価額（Aの金額が限度）}{A}$$

「滅失又は損壊による支出経費の額」とは、建物の取りこわし費、焼跡整理のための費用、消防費用などの諸経費をいいます。ただし、類焼者に対する賠償金や見舞金はこれに含まれません。

「被害資産の被害部分の帳簿価額」は、償却超過額などの税務否認金がある資産は、これを

調整した税務上の帳簿価額によります。

〈特別勘定の設定〉

　保険金等の支払を受け代替資産を当期中に取得しなかった場合には、当期終了後２年以内に代替資産を取得することを条件に、その見込取得価額に基づいて上記により計算した圧縮限度額の範囲内の金額を、当期の確定した決算において特別勘定を設ける方法（決算確定日までに剰余金の処分により積立金として積み立てる方法を含みます。）で経理することにより、損金の額に算入することができます。（法法48①、法令86）

　この場合、代替資産の取得等をした事業年度において、圧縮記帳（直接減額方式又は積立金方式）をするとともに、特別勘定を取り崩して益金の額に算入します。（法法48②③、49①、法令90、91）

■第三節　交換取得資産の圧縮記帳

　固定資産の交換は、税法上は譲渡とみなされ、交換譲渡資産の簿価と交換取得資産の時価との差額は譲渡損益になります。

　しかし、交換当事者の双方が１年以上所有していた固定資産であること、同程度の価額であること（交換取得資産と交換譲渡資産を時価で比べて、その差額がどちらか高いほうの価額の20％以内）を条件に、次の算式による交換差益の金額の範囲内で、交換取得資産を圧縮記帳（損金経理により帳簿価額を減額）することができます。（法法50、法令92）

　交換の対象となる資産は、①土地（借地権、耕作権を含みます。）、②建物、③機械装置、④船舶及び⑤鉱業権です。また、この交換の特例は、①〜⑤の同一種類の資産の交換であり、交換後、交換取得資産を交換譲渡資産と同じ用途に供する場合に適用されます。

⑴　交換差金がなく資産を交換しただけの場合

　　交換差益＝取得資産の時価－（譲渡資産の帳簿価額＋譲渡経費）

⑵　交換差金を受け取った場合

$$交換差益＝取得資産の時価－\left(\begin{array}{c}譲渡資産の\\帳簿価額\end{array}＋\begin{array}{c}譲渡\\経費\end{array}\right)\times\dfrac{取得資産の時価}{取得資産の時価＋交換差金}$$

⑶　交換差金を支払った場合

　　交換差益＝取得資産の時価－（譲渡資産の帳簿価額＋譲渡経費＋交換差金）

演 習 問 題

問36　Ｉ工業株式会社は当期（自令和６年４月１日　至令和７年３月31日）首に国庫補助金4,000,000円の交付を受け、その交付の目的に適合した機械を、自己資金1,000,000円を加えて令和６年10月７日に5,000,000円で取得し、直ちに事業の用に供した。なお、この補助金は当期末までに返還を要しないことが確定した。よって圧縮限度額及び減価償却限度額（定額法選定、耐用年数４年、償却率0.250）を計算しなさい。

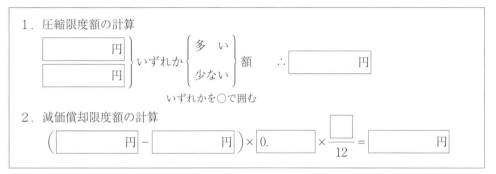

1．圧縮限度額の計算

|　　　　　　円|
|　　　　　　円|　いずれか　多　い／少ない　額　∴　|　　　　　　円|

いずれかを○で囲む

2．減価償却限度額の計算

$$\left(\boxed{\qquad 円} - \boxed{\qquad 円}\right) \times 0.\boxed{\qquad} \times \frac{\boxed{\quad}}{12} = \boxed{\qquad 円}$$

問37　Ｊ株式会社は、当期（自令和６年４月１日　至令和７年３月31日）中において火災により、建物を全焼した。この建物には、保険が付されていたので、保険会社から受け取った保険金で焼失前と同じ目的に使用する代替の建物を取得し、直ちに事業の用に供した。よって次の資料に基づき、取得した建物に係る圧縮限度額を計算しなさい。

〈資　料〉

1．焼失した建物の焼失直前の帳簿価額　　　　　7,250,000円
2．受取保険金の額　　　　　　　　　　　　　　77,250,000円
3．焼跡整理のための費用　　　　　　　　　　　2,250,000円
4．代替資産の取得価額　　　　　　　　　　　　72,000,000円

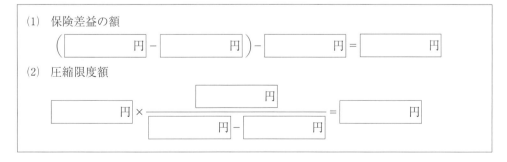

(1)　保険差益の額

$$\left(\boxed{\qquad 円} - \boxed{\qquad 円}\right) - \boxed{\qquad 円} = \boxed{\qquad 円}$$

(2)　圧縮限度額

$$\boxed{\qquad 円} \times \frac{\boxed{\qquad 円}}{\boxed{\qquad 円} - \boxed{\qquad 円}} = \boxed{\qquad 円}$$

問38　当社は、当期（自令和6年4月1日　至令和7年3月31日）中において倉庫が火災に遭い、倉庫及び保管中の商品が全焼した。これらの倉庫及び商品には、保険が付されており、受け取った保険金で倉庫を建設するとともに焼失した商品と同一種類の商品を購入した。よって、次の資料に基づき圧縮限度額を計算しなさい。

〈資　料〉

1．受取保険金の額

(1)　倉　　　庫　　　　　　　　　　　　　　　127,920,000円

(2)　商　　　品　　　　　　　　　　　　　　　42,640,000円

2．焼失した資産の焼失直前の帳簿価額

(1)　倉　　　庫　　　　　　　　　　　　　　　18,040,000円

(2)　商　　　品　　　　　　　　　　　　　　　39,720,000円

3．焼失した倉庫の取りこわし費用　　　　　　　　3,420,000円

4．焼跡整理のための費用

(1)　倉庫に係る金額　　　　　　　　　　　　　1,500,000円

(2)　商品に係る金額　　　　　　　　　　　　　　500,000円

5．けが人への見舞金　　　　　　　　　　　　　　800,000円

6．代替資産の取得価額

(1)　倉　　　庫　　　　　　　　　　　　　　　118,080,000円

(2)　商　　　品　　　　　　　　　　　　　　　40,050,000円

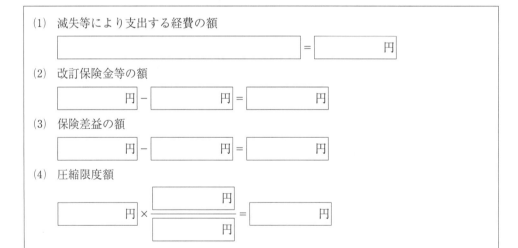

(1)　滅失等により支出する経費の額

　　　　　　　　　　　　　　　　　　　　　＝　　　　　　　円

(2)　改訂保険金等の額

　　　　　円　－　　　　　円　＝　　　　　円

(3)　保険差益の額

　　　　　円　－　　　　　円　＝　　　　　円

(4)　圧縮限度額

　　　　　円　×　──────　＝　　　　　円

問39　F株式会社は、N株式会社との間で、次の土地の交換をした。下記資料に基づき、F株式会社及びN株式会社について、それぞれその取得した土地の圧縮限度額を計算しなさい。

イ　F株式会社がN株式会社から取得した土地

　　時価　200,000,000円（N株式会社の帳簿価額　32,000,000円）

ロ　N株式会社がF株式会社から取得した土地

　　時価　160,000,000円（F株式会社の帳簿価額　40,000,000円）

〈資　料〉

1．F株式会社はこの取引に当たり、譲渡経費3,000,000円を支出し、また、N株式会社に対して交換差金40,000,000円を支払った。

2．N株式会社はこの取引に当たり、譲渡経費2,000,000円を支出し、また、F株式会社から交換差金40,000,000円を受け取った。

3．この交換は、圧縮記帳の要件をすべて満たしている。

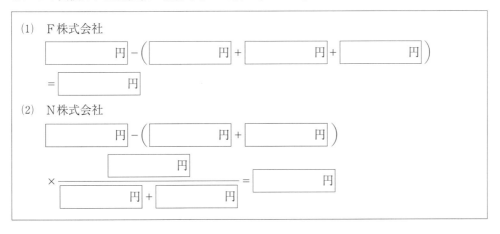

問40　甲株式会社は、当期（自令和6年4月1日　至令和7年3月31日）中に火災により建物を全焼している。この建物には、保険が付されていたので、保険会社から受け取った保険金で焼失前と用途を同じくする建物を令和6年11月1日に取得し、直ちに事業の用に供している。これに関する次の資料に基づき、取得した建物に係る圧縮限度額及び圧縮超過額並びに減価償却限度額及び償却超過額を計算しなさい。

なお、建物の耐用年数は24年（定額法の償却率0.042）である。

〈資　料〉

1．受け取った保険金の額　　　　　　　　27,100,000円

2．焼失した建物の焼失直前の帳簿価額　　10,000,000円

３．滅失経費として支出した金額の内訳

(1)　消防に要した費用　　　　　　　　　　　650,000円

(2)　建物の取壊しのために支出した費用　　1,000,000円

(3)　焼け跡整理のために支出した費用　　　　450,000円

(4)　新聞に謝罪広告を掲載した費用　　　　　300,000円

４．取得した建物の取得価額　　　　　　　20,000,000円

５．損金経理により計上した金額

(1)　建物に係る圧縮損　　　　　　　　　14,000,000円

(2)　建物に係る減価償却費　　　　　　　　　120,000円

１．滅失等により支出した経費の額

| 円 | ＋ | 円 | ＋ | 円 | ＝ | 円 |

２．改訂保険金等の額

| 円 | － | 円 | ＝ | 円 |

３．保険差益の額

| 円 | － | 円 | ＝ | 円 |

４．圧縮限度額

$$\boxed{円} \times \frac{\boxed{円}}{\boxed{円}} = \boxed{円}$$

５．圧縮超過額

| 円 | － | 円 | ＝ | 円 |

６．減価償却限度額

$$\left(\boxed{円} - \boxed{円} \right) \times 0.\boxed{} \times \frac{\boxed{}}{\boxed{}}$$

$$= \boxed{円}$$

７．償却超過額

$$\left(\boxed{円} + \boxed{円} \right) - \boxed{円} = \boxed{円}$$

受取配当等の益金不算入

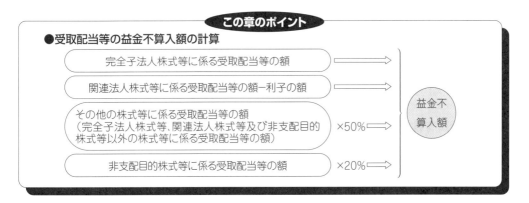

　株主に対する配当等は、法人税を差し引いた後の利益を分配するという形で支払われます。つまり、いったん課税済みのものです。これを受け取った法人で利益に入れると二重課税になるので、受け取った側では経理上は収益として計上していても、税務上は一定の申告手続を条件に益金不算入とすることになっています。この二重課税排除の考え方は、個人の所得税における配当控除（配当所得の10％～1.25％の税額控除）を設けた趣旨と共通するものです。

■第一節　配当等の金額

■1 益金不算入計算の対象となる金額 （法法23①）

① 剰余金の配当（資本剰余金を原資とするものを除きます。）、利益の配当又は剰余金の分配（外国法人や公益法人等、人格のない社団等から受けるものを除きます。）

> 注　①の配当等には、第三節の「みなし配当」が含まれます。
> 　なお、自己株式として取得されることを予定して取得した株式に係るみなし配当は除かれます。（法法23③、法令21）

② 投資信託及び投資法人に関する法律第137条に規定する金銭の分配

③ 資産流動化法の中間配当

④ 特定株式投資信託の収益の分配の額（措法67の6①）

　配当等の帰属の時期については、上記①は、株主総会など配当決議のあった日を含む事業年度に、上記②は、金銭の分配がその効力を生じる日を含む事業年度に、上記③は、中間配当に係る取締役の決定があった日を含む事業年度に、上記④は、分配金支払基準日を含む事業年度

に収益として確定したものとして計算するのが原則です。ただし、継続して実際に支払を受けた事業年度に確定したものとして経理してもさしつかえありません。（法基通2－1－27、2－1－28）

　役員などの名義で持っている名義株の配当についても同じく益金不算入の適用があります。（法基通3－1－1）

　なお、配当という用語が使われていても協同組合等の事業分量配当金は利益の配当ではないので、益金不算入の適用がありません。（法法60の2）

2 短期所有株式等の適用除外

　配当の支払に係る基準日等以前1か月以内に株式を買い、配当だけもらって同日後2か月以内に売ってしまったというような場合には、その短期所有株式等の配当は益金不算入の適用がありません。（法法23②）

　基準日等の前後で同一銘柄の株式等を売買している場合には、それらが平均的に譲渡されたものとして、次の算式により短期所有株式等の数を計算します。（法令20）

$$P = E \times \frac{C \times \dfrac{B}{A + B}}{C + D}$$

P……配当等の支払に係る基準日等以前1か月以内に取得した株式等のうち同日後2か月以内に譲渡したものの数（短期所有株式等の数）

A……基準日等から起算して1か月前の日現在の株式等の数

B……基準日等以前1か月以内に取得した株式等の数

C……基準日等現在の株式等の数

D……基準日等後2か月以内に取得した株式等の数

E……基準日等後2か月以内に譲渡した株式等の数

■第二節　益金不算入額の計算

1 益金不算入額の計算

　受取配当等の益金不算入額は、その配当等の基礎となる株式等を、(1)完全子法人株式等、(2)関連法人株式等、(3)その他の株式等（(1)、(2)及び(4)以外の株式等）と(4)非支配目的株式等（ここで株式等とは、株式又は出資をいいます。）に区分し、それぞれの益金不算入額を計算します。その合計額が当期の益金不算入額となります。（法法23①）

　なお、関連法人株式等、非支配目的株式等の判定については、完全支配関係がある法人の有

する株式又は出資の数又は金額を含めて判定します。（法法23④⑥）

(1)　完全子法人株式等

完全子法人株式等に係る受取配当等の額＝益金不算入額

　完全子法人株式等とは、その配当等の計算期間の初日からその計算期間の末日まで継続して、完全支配関係がある内国法人の株式等をいいます。（法法23⑤、法令22の2①）

　完全子法人株式等に係る受取配当等の額は、全額が益金不算入となります。

> **注**　配当等の計算期間とは、前回にされた配当等の基準日等の翌日からその受ける配当等に係る基準日等までの期間をいいます。（法令22の2②）

(2)　関連法人株式等

関連法人株式等に係る受取配当等の額 － 関連法人株式等に係る利子相当額 ＝ 益金不算入額

　関連法人株式等とは、法人が他の内国法人（公益法人等及び人格のない社団等を除きます。）の発行済株式等（当該他の内国法人が保有する自己株式等を除きます。）の3分の1超を配当等の計算期間の末日まで6か月以上継続して保有しているその株式等をいいます。（法法23④、法令22）ただし、上記(1)の完全子法人株式等に該当するものを除きます。

　関連法人株式等に係る受取配当等の額は、受取配当等の額から当該受取配当等に係る利子の額に相当する金額として計算した金額を控除した金額が益金不算入となります。（法法23①、法令19①②）

> **注**　外国子会社（発行済株式等の25％以上を配当等の支払義務が確定する日以前6か月以上引き続き保有している外国法人）から受ける配当等については、益金不算入とされますが、その金額の5％相当額を配当等に係る費用の額として控除した金額が益金不算入額となります。（法法23の2①、法令22の4）

(3)　その他の株式等

その他の株式等に係る受取配当等の額×50％＝益金不算入額

　その他の株式等とは、完全子法人株式等、関連法人株式等及び非支配目的株式等以外の株式等をいいます。（法法23①）

　その他の株式等に係る受取配当等の額は、50％が益金不算入となります。

(4)　非支配目的株式等

非支配目的株式等に係る受取配当等の額×20％＝益金不算入額

　非支配目的株式等とは、法人が他の内国法人（公益法人等及び人格のない社団等を除きます。）の発行済株式等（当該他の内国法人が保有する自己株式を除きます。）の5％以下を、配当等に係る基準日等において保有している場合におけるその株式をいいます。（法法23⑥、法令22の3①）

非支配目的株式等に係る受取配当等の額は、20%が益金不算入となります。

> **注** 特定株式投資信託（株式のみへの投資として、特定の株価指数に連動して運用される上場投
> 資信託（ETF）をいいますが、外国株価指数連動型特定株式投資信託は除かれます。）の収益
> の分配は非支配目的株式等に係る受取配当等と同様に取り扱われます。（措法67の6）

2 関連法人株式等の受取配当等の額から控除する利子の額の計算

関連法人株式等に係る受取配当等の額から控除する利子の額は、関連法人株式等に係る配当
等の額の4％相当額となります。（法法23①、法令19①）

ただし、当期の支払利子等の額の合計額の10％相当額が、関連法人株式等に係る配当等の額
の合計額の4％相当額以下の場合は、当期の支払利子等の額の合計額の10％相当額とする特例
が設けられています。（法令19②⑨）

イ　原則

控除する利子の額＝関連法人株式等に係る配当等の額×4％

ロ　特例

関連法人株式等に係る配当等の額の合計額×4％相当額≧当期の支払利子等の額の合計額×
10％相当額の場合

控除する利子の額＝当期の支払利子等の額の合計額×10％

> **注** 支払利子等の額には、負債の利子又は手形の割引料、社債の償還差損その他経済的な性質が
> 利子に準ずるものが含まれます。（法令19②③）

■第三節　みなし配当

一般的には剰余金の配当等とは呼ばれなくても、実質的には、配当等と同じ性格のものがあ
ります。税務上これをみなし配当と呼んで、これを受け入れた法人については、通常の配当等
と同様に益金不算入の取扱いが適用されることになっています。税法上、みなし配当金額とは、
株主（出資者）が、その株式（出資）の発行法人からその法人の次の事由により金銭その他の
資産の交付を受けた場合におけるその金銭の額及び金銭以外の資産の価額の合計額のうち、そ
の交付の基因となった株式（出資）に対応する発行法人の資本金等の額を超える部分の金額を
いいます。（法法24①、法令23）

交付を受けた金銭の額及びそ
の他の資産の価額の合計額 － 発行法人の資本金等の額のうちその交付の
基因となった株式等に対応する部分の金額 ＝みなし配当金額

① 税制非適格の合併又は分割型分割

② 資本の払戻し（資本剰余金の額の減少に伴う剰余金の配当のうち、分割型分割によるも

の以外のもの及び出資等の減少に伴う金銭の分配）又は解散による残余財産の分配

③　自己株式（出資）の取得（市場での買付け等又は一定の種類株式の取得でその対価として自社の株式・新株予約権のみを交付するものを除きます。）

④　出資の消却や払戻し、合名会社、合資会社又は合同会社からの退社や協同組合等からの脱退による持分の払戻しその他株式（出資）を発行法人が取得することなく消滅させること

⑤　組織変更（発行法人の株式（出資）以外の資産を交付したもの）

仕訳例

（設　例）

　当社は、相対取引によりA社に対して同社株式を1株当たり80,000円で1,000株譲渡しました。譲渡に際してA社から1株当たりのみなし配当金は20,000円であるとの通知を受け取りました。当社におけるA社株式の譲渡直前の1株当たりの帳簿価額は50,000円でした。

（仕　訳）　現　　　　　　金　80,000,000　｜　有　価　証　券　50,000,000
　　　　　　　　　　　　　　　　　　　　　｜　受　取　配　当　20,000,000
　　　　　　　　　　　　　　　　　　　　　｜　有価証券譲渡益　10,000,000

演 習 問 題

問41　次の資料に基づき、当期（自令和6年4月1日　至令和7年3月31日）における受取配当等の益金不算入額を計算しなさい。

※　当社には完全支配関係にある法人はありません。

〈資　料〉

1．当期中の受取配当等の内訳

（イ）　S商事株式会社から受け取った配当金の手取金額　　1,960,000円
　　（所得税20％源泉徴収後、当社の株式保有割合は50％で数年前から保有しており保有割合に異動はない。）

（ロ）　特定株式投資信託の収益分配金手取額　　170,000円（所得税15％源泉徴収後）

2．控除する利子相当額
　　当期中の支払利子等の額の合計額　　780,000円

(1) 受取配当等の額

① Ｓ商事株式会社

$$\boxed{} 円 \div \left(1 - \boxed{0.} \right) = \boxed{} 円$$

② 特定株式投資信託

$$\boxed{} 円 \div \left(1 - \boxed{0.} \right) = \boxed{} 円$$

(2) 控除する利子の額

① 原則

$$\boxed{} 円 \times \boxed{0.} = \boxed{} 円$$

② 特例

$$\boxed{} 円 \times \boxed{0.} = \boxed{} 円$$

③ 控除する利子の額

$$① \begin{Bmatrix} \geqq \\ < \end{Bmatrix} ② \quad \therefore \boxed{} 円$$

（いずれかを○で囲む）

(3) 益金不算入額

$$\left(\boxed{} 円 - \boxed{} 円 \right) + \boxed{} 円 \times \boxed{} \%$$

$$= \boxed{} 円$$

問42 次の資料に基づき、当社の当期（自令和６年４月１日　至令和７年３月31日）における受取配当等の益金不算入額を計算しなさい。

※　当社には完全支配関係にある法人はありません。

〈資　料〉

(1) 当期において受け取った配当等の額は次のとおりである。

銘　柄　等	区　　分	配当等の計算期間	受取配当等の額
Ａ　株　式	確定配当金	令和５年４月１日～令和６年３月31日	600,000円
Ｂ　株　式	確定配当金	令和５年10月１日～令和６年９月30日	360,000円
Ｃ　株　式	確定配当金	令和５年５月１日～令和６年４月30日	120,000円

（注）　当社のＡ株式の保有割合は50％、Ｂ株式の保有割合は33％、Ｃ株式の保有割合は３％であり、いずれも数年前から保有しており保有割合に異動はない。

(2) 受取配当等の額から控除すべき利子の額の計算に必要な資料は次のとおりである。

当期の支払利子等の合計額は、500,000円である。

(1) 受取配当等の額

① 関連法人株式等　　　　　　　　　　　　　　　　　　円

② その他の株式等（完全子法人株式等、関連法人株式等及び非支配目的株式等以外
の株式等）　　　　　　　　　　　　　　　円

③ 非支配目的株式等　　　　　　　　　　　　　　円

(2) 控除する利子の額

① 原則

　　　　　円 × 0.　　　　＝　　　　　円

② 特例

　　　　　円 × 0.　　　　＝　　　　　円

③ 控除する利子の額

① ≧／< ② ∴　　　　　円
（いずれかを○で囲む）

(3) 益金不算入額

(　　　円 － 　　　円) + 　　　円 × 　　%
+ 　　　円 × 　　% = 　　　円

問43　次の資料に基づき、当社の当期（自令和6年4月1日　至令和7年3月31日）における受取配当等の益金不算入額を計算しなさい。

〈資　料〉

区　分	受取配当等の額
A株式配当金	285,000円
B株式配当金	475,000円
C株式配当金	200,000円
D特定株式投資信託収益分配金	60,000円
E協同組合事業分量分配金	450,000円

（注１）C株式の配当計算期間は令和５年４月１日から令和６年３月31日（基準日等）までであるが、C株式の異動状況は次のとおりである。

① 配当等に係る基準日等から起算して１か月前の株式数　　　30,000株

② 配当等に係る基準日等以前１か月以内に取得した株式数　　10,000株

③ 配当等に係る基準日等現在の株式数　　　　　　　　　　　40,000株

④ 配当等に係る基準日等後２か月以内に取得した株式数　　　60,000株

⑤ 配当等に係る基準日等後２か月以内に譲渡した株式数　　　20,000株

（注２）A株式、B株式及びC株式は、いずれも関連法人株式等に該当する。

（注３）A株式及びB株式は数年前に取得したものであり、取得以来当期末まで所有株式数に異動はない。

（注４）控除する利子の額は38,000円である。

---

(1) 短期所有株式対応分

$$\boxed{}\text{株} \times \dfrac{40,000\text{株} \times \dfrac{10,000\text{株}}{30,000\text{株} + 10,000\text{株}}}{40,000\text{株} + 60,000\text{株}} = \boxed{}\text{株}$$

$$\dfrac{200,000\text{円}}{\boxed{}\text{株}} \times \boxed{}\text{株} = \boxed{}\text{円}$$

(2) 受取配当等の額

① 関連法人株式等

$$\boxed{}\text{円} + \boxed{}\text{円} + \left(\boxed{}\text{円} - \boxed{}\text{円}\right)$$

$$= \boxed{}\text{円}$$

② 非支配目的株式等　　　$\boxed{}$円

(3) 控除する利子の額　　　$\boxed{}$円

(4) 益金不算入額

$$\left(\boxed{}\text{円} - \boxed{}\text{円}\right) + \boxed{}\text{円} \times \boxed{}\%$$

$$= \boxed{}\text{円}$$

有価証券の譲渡損益・時価評価損益

税法では、有価証券を次のように区分し、それぞれについて異なる取扱いを定めています。

売買目的有価証券	① 専担者売買有価証券 　＊　トレーディング目的で取得した有価証券をいい、基本的には、特定の取引勘定を設け、かつ、トレーディング業務を日常的に遂行することができる人材から構成された独立の専門部署（関係会社を含みます。）により運用がされている場合がこれに該当します。（法基通2－3－26） ② 取得日に短期売買目的で取得したものであることを帳簿書類に記載（例えば「売買目的有価証券」などの勘定科目を使用）した有価証券 ③ 信託財産となる金銭の支出日にその信託財産として短期売買目的の有価証券を取得することを帳簿書類に記載した金銭信託に属する有価証券		
売買目的外有価証券	満期保有目的等有価証券	満期保有目的有価証券	償還期限の定めのある有価証券のうち、その償還期限まで保有する目的で取得し、かつ、取得日にその旨を帳簿書類に記載したもの
		企業支配株式等	特殊関係株主等（株主等とその同族関係者）が有する株式（出資）でその保有割合が20％以上のもの
	その他有価証券		上記以外の有価証券
	償還有価証券		売買目的外有価証券のうち、新株予約権付社債以外の償還期限・償還金額の定めのあるもの

■第一節　有価証券の譲渡損益

有価証券の譲渡損益の額は、銘柄ごとに、次により計算します。（法法61の2①）

なお、自己株式処分差損益は、資本等取引によるものとされ課税所得の計算に関係しません。

譲渡対価の額－譲渡原価の額＝譲渡損益の額

1 譲渡原価の計算

(1)　一単位当たりの帳簿価額

譲渡原価の額は、その有価証券について会社が選定した一単位当たりの帳簿価額の算出の方法により算出した金額にその譲渡をした有価証券の数を乗じて計算した金額です。（法法61の2①二）

譲渡原価の額＝一単位当たりの帳簿価額×譲渡数量

一単位当たりの帳簿価額の算出の方法には、次の2つの方法があります。（法令119の2①）

① 移動平均法

有価証券の銘柄ごとに、取得のつど次の算式で平均単価を改訂していき、期末帳簿価額は、期末にいちばん近い時の平均単価による方法です。

$$一単位当たりの帳簿価額＝\frac{直前の帳簿価額＋新規取得価額}{直前の数量＋新規取得数量}$$

② 総平均法

有価証券の銘柄ごとに、次の算式で計算した平均単価を一単位当たりの帳簿価額（期末帳簿価額）とする方法です。

$$一単位当たりの帳簿価額＝\frac{期首帳簿価額＋当期取得価額}{期首数量＋当期取得数量}$$

移動平均法又は総平均法の選定は、有価証券の区分ごとに、かつ、その種類ごとにする必要があり、新しい区分又は種類の有価証券を取得した場合には、確定申告書の提出期限（仮決算による中間申告書を提出する場合には、その提出期限）までに届出をすることとされています。なお、算出の方法を選定しなかった場合又は選定した方法により算出しなかった場合には、移動平均法（法定算出方法）によることになります。（法令119の５、119の７①）

(2) 取得価額

有価証券の一単位当たりの帳簿価額の算出の基礎となる取得価額の算出の方法は、概略、次のとおりです。（法令119）

取　得　の　区　分	取　得　価　額
購入による取得	購入の代価＋購入手数料その他購入のために要した費用 　＊　通信費、名義書換料は、取得価額に含めないことができます。（法基通２－３－５）
金銭の払込み等による取得	払込金額等＋取得のために要した費用
株式等無償交付による取得	ゼロ
第三者割当ての有利発行による取得	取得時の再取得価額（時価） 　＊　有利発行とは、払込金額とその決定日の株価との差額が当該株価のおおむね10％以上となる場合をいいます。（法基通２－３－７）
組織変更による取得	旧株式(出資)の帳簿価額＋交付を受けるために要した費用
取得請求権付株式の請求権の行使、取得条項付株式の取得事由の発生、全部取得条項付種類株式の取得決議、新株予約権付社債の新株予約権の行使、取得条項付新株予約権・新株予約権付社債の取得事由の発生に係る取得	旧有価証券の帳簿価額＋交付を受けるために要した費用 　＊　取得条項付株式、全部取得条項付種類株式の対価として株式とともに交付を受けた新株予約権は、ゼロ
その他(企業組織再編成を除きます。)による取得	取得時の再取得価額（時価）

2　有価証券の区分変更によるみなし譲渡

　有価証券の譲渡原価の計算の基礎となる一単位当たりの帳簿価額の計算は、有価証券の区分ごとに、かつ銘柄ごとに行うこととされますが、利益調整を防止する観点から区分変更を行う場合が限定されています。その態様は次表のとおりです。

　また、この区分変更については、区分を変更する有価証券を譲渡したものとみなして譲渡損益を計上すべきこととされています。ただし、次の表の②及び③イの企業支配株式等の区分変更については、帳簿価額により譲渡したものとすることにより、譲渡損益の計上（課税）を繰り延べることとされています。（法令119の11）

変更前の区分	変　更　事　由	譲渡価額	変更後の区分
①　売買目的有価証券	イ　企業支配株式等に該当することとなったこと	時　　価	満期保有目的等有価証券
	ロ　有価証券の短期売買業務の全部を廃止したこと	時　　価	満期保有目的等有価証券
			その他有価証券
②　満期保有目的等有価証券のうち企業支配株式等	企業支配株式等に該当しないこととなったこと	帳簿価額	売買目的有価証券
			その他有価証券
③　その他有価証券	イ　企業支配株式等に該当することとなったこと	帳簿価額	満期保有目的等有価証券
	ロ　新たに開始する有価証券の短期売買業務にその他有価証券を使用することとなったこと	時　　価	売買目的有価証券

■第二節　売買目的有価証券の時価評価損益

　売買目的有価証券の期末評価額は、時価法により評価した金額（時価評価金額）とされています。（法法61の3①一）

　時価法とは、期末の保有有価証券を銘柄別に区分し、同一銘柄の有価証券について、次表の有価証券の区分に応じ、それぞれ次表に定める価格にその有価証券の数を乗じて算出した金額を期末評価額とする方法をいいます。（法令119の13）

区　分	内　　容	価　　格
①取引所売買有価証券	その売買が主として金融商品取引所（外国の法令に基づき設立された金融商品取引所を含みます。）において行われている有価	金融商品取引所において公表された当期終了日における取引所売買有価証券の最終の売買価格（公表された同日における最終の売買価格がない場合には、同日における最終の気配

	証券をいいます。	相場の価格とし、そのいずれもない場合には、その終了日に最も近い日の最終の売買価格又は最終の気配相場の価格を基礎とした合理的な方法により計算した金額)
②店頭売買有価証券及び取扱有価証券	金融商品取引法第2条第8項第10号ハに規定する店頭売買有価証券及び同法第67条の18第4号に規定する取扱有価証券をいいます。	金融商品取引法第67条の19により公表された当期終了日における店頭売買有価証券又は取扱有価証券の最終の売買価格(公表された同日における最終の売買価格がない場合には、同日における最終の気配相場の価格とし、そのいずれもない場合には、その終了日に最も近い日の最終の売買価格又は最終の気配相場の価格を基礎とした合理的な方法により計算した金額)
③その他価格公表有価証券	①及び②の有価証券以外の有価証券のうち、価格公表者(有価証券の売買価格又は気配相場の価格を継続的に公表し、かつ、その公表する価格がその有価証券の売買価格の決定に重要な影響を与えている場合におけるその公表する者をいいます。)によって公表された売買価格又は気配相場の価格のあるものをいいます。	価格公表者によって公表された当期終了日におけるその他価格公表有価証券の最終の売買価格(公表された同日における最終の売買価格がない場合には、同日における最終の気配相場の価格とし、そのいずれもない場合には、その終了日に最も近い日の最終の売買価格又は最終の気配相場の価格を基礎とした合理的な方法により計算した金額)
④①～③以外の有価証券	株式又は出資を除きます。	その有価証券に類似する有価証券について公表(金融商品取引所、金融商品取引法第67条の19の規定又は価格公表者による公表に限ります。)された当期終了日の最終の売買価格又は利率その他の価格に影響を及ぼす指標に基づき合理的な方法により計算した金額
⑤①～④以外の有価証券		その有価証券の当期終了時における帳簿価額

> **注** 上記①～④の「合理的な方法により計算した金額」については、その方法を採用した理由その他算定の基礎とした事項を記載した書類を保存する必要があります。

　期末における売買目的有価証券の評価益又は評価損は、当期の益金の額又は損金の額に算入します。この評価益又は評価損として益金の額又は損金の額に算入した金額は、翌期の損金の額又は益金の額に算入する、すなわち洗替え処理を行うこととされています。(法法61の3②、法令119の15)

■第三節　償還有価証券の調整差損益

　期末に償還有価証券(新株予約権付社債以外の償還期限・償還金額の定めのある売買目的外

有価証券）を有する場合には、調整差益又は調整差損を益金の額又は損金の額に算入するとともに、その金額を帳簿価額に加算又は減算することとされています。この調整差損益は、銘柄別に次により計算します。（法令119の14、139の２）

(1) 当期末額面合計額＞前期末額面合計額のとき

　＊１　当期末又は前期末額面合計額とは、当期末又は前期末時点での償還金額の合計額をいいます。

　　２　当期末調整前帳簿価額とは、当期の調整差損益を加減算する前の帳簿価額をいいます。

（当期末額面合計額－当期末調整前帳簿価額）

$$\times \left(\frac{\text{当期末額面合計額} - \text{前期末額面合計額}}{\text{当期末額面合計額}} \times \frac{\text{取得後日}}{\text{数割合}} + \frac{\text{前期末額面合計額}}{\text{当期末額面合計額}} \times \frac{\text{当期日}}{\text{数割合}} \right)$$

　＊１　取得後日数割合＝$\dfrac{\text{当期の日数} \times 1/2}{\text{当期の日数} \times 1/2 + \text{翌期開始日から償還日まの日数}}$

　　２　当期日数割合＝$\dfrac{\text{当期の日数}}{\text{当期の日数} + \text{翌期開始日から償還日までの日数}}$

(2) 当期末額面合計額≦前期末額面合計額のとき

（当期末額面合計額－当期末調整前帳簿価額）×当期日数割合

　上記の「取得後日数割合」の計算で、「当期の日数×1/2」というのは、同一銘柄の有価証券を当期中に２回以上取得しているときに、そのすべてを期央に取得したものとみなす簡便な計算方法であり、当期中に同一銘柄の他の償還有価証券を取得せず、かつ前期末にも有していないときは、上記の取得後日数割合の算式中「当期の日数×1/2」は、「その償還有価証券の取得日から当期終了日までの日数」と読み替えて計算することもできます。つまり、その償還有価証券の当期中の取得が１回のみの場合には、実際の保有日数により調整差損益の計算ができるというわけです。

　なお、調整差損益の計算は、月数によることもできます。この場合には、月数は暦に従って計算し、１月未満の端数は１月とします。

〈金銭債務の償還差損益〉

　会社が社債の発行その他の事由により金銭債務の債務者となった場合において、その金銭債務に係る収入額が債務額を超え、又はその収入額が債務額に満たない場合には、次により計算した金額を益金の額又は損金の額に算入することとされます。（法令136の２①）

① 収入額が債務額を超える場合の各事業年度の益金算入額

（収入額＊－債務額）×$\dfrac{\text{当期の月数}}{\text{償還期間の月数}}$

② 収入額が債務額に満たない場合の各事業年度の損金算入額

（債務額－収入額＊）×$\dfrac{\text{当期の月数}}{\text{償還期間の月数}}$

　＊　収入額とは、社債のいわゆる発行価額その他金銭債務の債務者となったときに実際に入金した額をいいます。

問44 当社の所有するX社債は、償還期間の定めのある有価証券であり、その発行条件は次のとおりである。なお、当社は、払込金額98,000,000円（額面100,000,000円）をX社債の帳簿価額としているが、当期末におけるX社債の時価は98,100,000円である。また、X社債は、売買目的外有価証券である。この償還有価証券に関し、当期（自令和6年4月1日 至令和7年3月31日）において税務調整すべき金額を計算しなさい。（1円未満の端数が生じた場合には、切り捨てて計算しなさい。）

① 取 得 年 月 日　令和6年5月1日

② 償 還 期 間　自令和6年5月1日　至令和11年4月30日

③ 発 行 価 額　額面100円につき98円

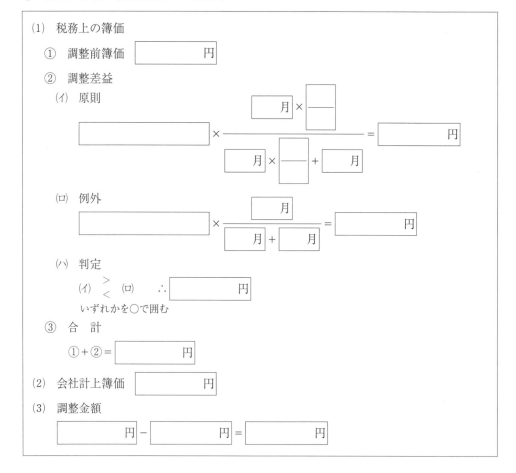

(1) 税務上の簿価

① 調整前簿価 ⬚円

② 調整差益

(イ) 原則

⬚ × (月 × —) / (月 × — + 月) = ⬚円

(ロ) 例外

⬚ × 月 / (月 + 月) = ⬚円

(ハ) 判定

(イ) > < (ロ) ∴ ⬚円

いずれかを○で囲む

③ 合 計

①+② = ⬚円

(2) 会社計上簿価 ⬚円

(3) 調整金額

⬚円 − ⬚円 = ⬚円

外貨建取引の換算

■第一節　外貨建取引の換算

⑴　外貨建取引の意義

　外貨建取引とは、外国通貨で支払が行われる次の取引をいいます。（法法61の8①）

① 　資産の販売及び購入

② 　役務の提供

③ 　金銭の貸付け及び借入れ

④ 　剰余金の配当

⑤ 　その他の取引

　したがって、債権債務の金額が外国通貨で表示されている取引であっても、その支払が円で行われるものは外貨建取引に該当しません。（法基通13の2－1－1）

⑵　外貨建取引の円換算

　外貨建取引を行った場合には、その外貨建取引の金額の円換算額は、その外貨建取引を行った時における外国為替の売買相場により換算された金額となります。（法法61の8①）

> **注**　外貨建取引及び発生時換算法の円換算（法基通13の2－1－2）
>
> 　　外貨建取引の円換算及び外貨建資産等の発生時換算法（162ページ参照）に基づく円換算は、取引日における電信売買相場の仲値によります。
>
> 　　ただし、継続適用を条件として、①売上その他の収益又は資産については、取引日の電信買相場、②仕入その他の費用（原価及び損失を含む。）又は負債については取引日の電信売相場によることができます。

⑶　先物外国為替契約等がある場合の円換算の特例

　先物外国為替契約等により外貨建取引によって取得し、又は発生する資産又は負債の円換算額を確定させ、その先物外国為替契約等の締結（予約）の日にその旨を帳簿書類に記載したときは、その予約レートにより円換算します。（法法61の8②）

■第二節　外貨建資産等の期末換算

⑴　外貨建資産等の意義

　外貨建資産等とは、次に掲げる資産及び負債をいいます。（法法61の9①）

① 　外貨建債権及び外貨建債務（外国通貨で支払を受けるべきこととされている金銭債権及

び外国通貨で支払を行うべきこととされている金銭債務をいいます。）

　②　外貨建有価証券（償還、払戻しその他これらに準ずるものが外国通貨で行われる有価証券をいいます。）

　③　外貨預金

　④　外国通貨

(2)　外貨建資産等の期末換算差益又は期末換算差損の益金又は損金算入

　　期末に有する外貨建資産等は、次の区分に応じそれぞれ次の方法により円換算することになります。（法法61の9①、法令122の4）

　　この場合、期末時換算法により換算した金額と帳簿価額との差額は、洗替方式により益金の額又は損金の額に算入することになります。（法法61の9②、法令122の8①）

外貨建資産等の区分			換算方法
外貨建債権債務	短期外貨建債権債務		発生時換算法又は期末時換算法（※）
	上記以外のもの		発生時換算法（※）又は期末時換算法
外貨建有価証券	売買目的有価証券		期末時換算法
	売買目的外有価証券	償還期限及び償還金額の定めのあるもの	発生時換算法（※）又は期末時換算法
		上記以外のもの	発生時換算法
外貨預金	短期外貨預金		発生時換算法又は期末時換算法（※）
	上記以外のもの		発生時換算法（※）又は期末時換算法
外国通貨			期末時換算法

＊　表中の※は、法定換算方法を示します。

> **注1**　発生時換算法及び期末時換算法とは、次に掲げる方法をいいます。
> 　1　発生時換算法
> 　　期末において有する外貨建資産等について、その外貨建資産等の取得又は発生の基因となった外貨建取引の金額の円換算に用いた外国為替の売買相場により換算した金額をもってその外貨建資産等の期末における円換算額とする方法をいいます。（法法61の9①一イ）
> 　2　期末時換算法
> 　　期末において有する外貨建資産等について、その期末における外国為替の売買相場により換算した金額をもってその外貨建資産等の期末における円換算額とする方法をいいます。（法法61の9①一ロ）
>
> **注2**　短期外貨建債権債務及び短期外貨預金とは、次に掲げるものをいいます。
> 　1　短期外貨建債権債務
> 　　受取又は支払の期限がその事業年度終了の日の翌日から1年を経過した日の前日までに到来するものをいいます。（法令122の4一）

2　短期外貨預金
　　満期日がその事業年度終了の日の翌日から１年を経過した日の前日までに到来するもの
　をいいます。（法令122の４五）

(3)　換算方法の選定・届出・変更

　期末の換算方法を選択できる外貨建資産等（①外貨建債権債務、②外貨建有価証券のうち売買目的外有価証券で償還期限及び償還金額の定めのあるもの、③外貨預金）の金額を円換算する方法は、外国通貨の種類ごとに、かつ、外貨建資産等の区分ごとに選定する必要があります。（法令122の４）

　２以上の事業所を有する場合は、事業所ごとに換算方法を選択することができます。（法令122の４）

　換算方法の届出は、期末換算方法を選定できる新たな外貨建資産等の取得をした場合には、その取得をした日の属する事業年度の確定申告書の提出期限（仮決算による中間申告を行う場合には、中間申告書の提出期限）までに、税務署長に対して書面により届け出なければなりません。（法令122の５）

　選定しなかった場合又は選定した方法により換算しなかった場合には、上記の(2)の法定換算方法により換算することになります。（法令122の７）

　選定した期末換算の方法を変更しようとするときは、その変更しようとする事業年度開始の日の前日までに、税務署長に、その旨、変更しようとする理由を記載した承認申請書を提出し、承認を受ける必要があります。（法令122の６）

(4)　為替予約差額の配分

　先物外国為替契約等により外貨建資産等の円換算額を確定させた場合には、その外貨建資産等を先物外国為替契約等の為替相場（予約レート）により円換算するとともに、為替予約差額（その円換算額と取引時の外国為替相場により換算した金額との差額）は、原則として、先物外国為替契約等の締結日の属する事業年度から外貨建資産等の決済日の属する事業年度までの各事業年度に配分し、益金の額又は損金の額に算入します。（法法61の８②、61の10①、法令122の９①）

　ただし、その外貨建資産等が短期外貨建資産等に該当する場合には、為替予約差額を一括計上することができます。（法法61の10③）

その他の損益

■第一節　資産の評価損益

　税法は企業間の課税の公平安定を目的とし、同時に原価主義に立つ企業経理の継続的適用を前提としていますので、特別の場合の他は、法人が勝手に資産の評価増減をしても、税務上はその増減がなかったものとして取り扱うことにしています。

(1)　評価益の益金不算入

　会社更生法等による更生計画認可の決定、民事再生法による再生計画認可の決定に伴う評価換え、保険会社の株式評価換えというような特別な場合を除いては、たとえ法人が資産の簿価を増額してもその増加部分は課税対象の所得とはなりませんし、また、その資産の簿価も増額がなかったものとして元のままに扱われます。（法法25①、法令24）

(2)　評価損の損金不算入

　法人が資産の評価換えをして帳簿価額を減額しても、減額分は損金として認められません。

　ただし、棚卸資産、有価証券、固定資産、繰延資産にそれぞれ次表のような物損等の事実が生じ、損金経理により帳簿価額を減額した場合、会社更生法等による更生計画認可の決定又は民事再生法による再生計画認可の決定に伴う評価換えをする必要が生じた場合などには、その資産の帳簿価額と時価との差額までは損金の額に算入することができます。（法法33、法令68、68の2）

> **注**　上記の時価は、その資産が使用収益されるものとして期末時点で譲渡される場合に通常付される価額（評価減の原因となる事実が生じた後の販売等可能価額）によります。（法基通9－1－3）

①	棚卸資産	○災害で著しく損傷したこと ○著しく陳腐化したこと（季節商品が売れ残ったり、新製品の発売などで売れにくくなったこと） ○破損、型崩れ、棚ざらし、品質変化などで通常の販売価格では売れないこと
②	有価証券	○上場有価証券で、その価額が簿価のほぼ50％以下になって当分回復する見込みがないこと ○非上場有価証券や企業支配株式で、発行会社の資産状態が非常に悪化したため価額が著しく低下したこと（整理、破産の状態になったり、1株当たりの純資産価額が取得時のほぼ50％以上下回った場合）
③	固定資産	○災害で著しく損傷したこと ○1年以上遊休状態にあること

	○本来の用途に使用できないため転用されたこと ○所在場所の状況が著しく変化したこと 　なお、使いすぎ、修理不十分などで著しく損耗していること、償却不足の取戻し、旧式化などを理由とする評価損は認められません。
④　繰延資産	○繰延資産となる費用の支出対象資産に上記の事実が生じたこと

■第二節　還付金の益金不算入

次の還付金の支払を受けるか未納の税金に充当される場合には、その金額は益金の額に算入されません。(法法26)(ただし、その還付金についての還付加算金は益金の額に算入されます。)

①　損金の額に算入されない租税公課の還付金……第九章第一節参照

②　所得税額の控除不足額の還付金……第二十一章第一節参照

③　欠損金の繰戻しによる法人税の還付金……第二十二章第七節(2)参照

■第三節　繰越欠損金

1 前10年以内の青色申告書を提出した事業年度の欠損金額の繰越控除

当期前10年以内に開始した事業年度で青色申告書を提出した事業年度において生じた欠損金額は、その発生年度の古いものから順次、この繰越控除を行う前の当期の所得金額を限度として、当期の損金の額に算入されます。(法法57①⑪、58①)

ただし、中小法人等以外の法人の繰越控除限度額は繰越控除前の所得金額の50％とされています。

＊　中小法人等とは、中小法人(資本(出資)金の額が1億円以下の普通法人をいいます。ただし、資本(出資)金の額が5億円以上の法人の100％子法人及び100％グループ内の複数の資本(出資)金の額が5億円以上の法人に発行済株式等の全部を保有されている法人を除きます。)、公益法人等、協同組合等及び人格のない社団等をいいます。(法法57⑪)

> 注1　更生手続開始の決定があったこと、再生手続開始の決定があったこと等の事実が生じた法人については、その決定等の日から更生計画認可の決定、再生計画認可の決定等の日以後7年を経過する日までの期間内の日の属する各事業年度については、控除限度額は当期の所得の金額とされています。ただし、金融商品取引所への上場があった場合又はその法人の事業の再生が図られた場合におけるその上場された日と再生が図られた日のうち最も早い日以後に終了する事業年度は対象外とされています。
> 注2　法人の設立(合併法人にあっては合併法人又は被合併法人のうちその設立が最も早いもの

の設立等）の日から同日以後７年を経過する日までの期間内の日の属する各事業年度について
は、控除限度額は当期の所得の金額とされています。ただし、金融商品取引所等に上場された
場合等におけるその上場された日等以後に終了する事業年度は対象外とされています。

　なお、対象となる法人から、資本（出資）金の額が５億円以上の法人の100％子法人及び100
％グループ内の複数の資本（出資）金の額が５億円以上の法人に発行済株式等の全部を保有さ
れている法人は除かれます。

> **注3**　欠損金の繰越期間は、平成20年４月１日から平成30年３月31日までの間に開始した事業年
> 度において生じた欠損金額については９年、平成30年４月１日以後に開始する事業年度におい
> て生じた欠損金額については、10年とされています。

　この繰越控除は、次の要件に該当している場合に限り適用されます。（法法57⑩、58①）

(1)　その欠損金額の発生事業年度について青色申告書である確定申告書を提出していること

(2)　その後において連続して確定申告書を提出していること

(3)　その欠損金の発生事業年度の帳簿書類を保存していること

> **注**　欠損金や含み損のある資産を有する法人が、特定の株主等によって発行済株式（出資）の総
> 数（総額）の50％超を直接又は間接に保有され、その保有された日から５年以内に、それまで
> の事業を廃止し、その事業規模を大幅に超える（売上げ等のおおむね５倍を超える）資金借入
> れ等を行うなど一定の事由に該当することとなった場合には、その事業年度の直前事業年度以
> 前に生じた欠損金額は、繰越控除の対象とされず、また、その事業年度から３年以内（その保
> 有された日から５年を限度）に生ずる特定資産の譲渡損失や評価損は、損金の額に算入されま
> せん。（法法57の２①、58②、60の３①）

2　前10年以内の青色申告書を提出しなかった事業年度の欠損金額の繰越控除

　当期前10年以内に開始した事業年度で青色申告書を提出しなかった事業年度において生じた
欠損金額のうち、棚卸資産、固定資産又は他者の有する固定資産を利用するために支出された
繰延資産について災害により生じた次の損失等に係るもの（災害損失金額）は、その発生年度
の古いものから順次、この繰越控除を行う前の当期の所得金額を限度として、当期の損金の額
に算入されます。（法法57①⑪、58①、法令116）

①　被害資産の帳簿価額を減額したことにより生じた損失（取壊し又は除去の費用その他の
付随費用を含みます。）

②　被災資産を事業の用に供することが困難となった場合に、その災害のやんだ日の翌日か
ら１年以内にその資産の原状回復のために支出する修繕費、土砂その他の障害物の除去費
用その他これらに類する費用

　ただし、中小法人等以外の法人の繰越控除限度額は繰越控除前の所得金額の50％とされてい
ます。

　　＊　中小法人等とは、中小法人（資本（出資）金の額が１億円以下の普通法人をいいます。ただし、資本（出資）金の額が５億円以上の法人の100％子法人及び100％グループ内の複数の資本（出資）金の額が５億円以上の法人に発行済株式等の全部を保有されている法人を除きます。）、公益法人等、協同組合等及び人格のない社団等をいいます。

> **注1**　中小法人等以外の法人で更生手続開始の決定があったこと、再生手続開始の決定があったこと等の事実が生じた場合、その決定等の日から更生計画認可の決定、再生計画認可の決定等の日以後７年を経過する日までの期間内の日の属する各事業年度については、控除限度額は当期の所得の金額とされています。ただし、金融商品取引所への上場があった場合又はその法人の事業の再生が図られた場合におけるその上場された日と再生が図られた日のうち最も早い日以後に終了する事業年度は対象外とされています。
>
> **注2**　中小法人等以外の法人の設立（合併法人にあっては合併法人又は被合併法人のうちその設立が最も早いものの設立等）の日から同日以後７年を経過する日までの期間内の日の属する各事業年度については、控除限度額は当期の所得の金額とされています。ただし、金融商品取引所等に上場された場合等におけるその上場された日等以後に終了する事業年度は対象外とされています。
> 　　なお、対象となる法人から、資本（出資）金の額が５億円以上の法人の100％子法人及び100％グループ内の複数の資本（出資）金の額が５億円以上の法人に発行済株式等の全部を保有されている法人は除かれます。
>
> **注3**　欠損金の繰越期間は、平成20年４月１日から平成30年３月31日までの間に開始した事業年度において生じた欠損金額については９年、平成30年４月１日以後に開始する事業年度において生じた欠損金額については、10年とされています。

　この繰越控除は、次の要件に該当している場合に限り適用されます。（法法57⑩、58③）

(1)　その欠損金額の発生事業年度の確定申告書、修正申告書又は更正請求書にその損失の額の計算に関する明細を記載した書類を添付していること

(2)　その事業年度後の各事業年度について連続して確定申告書を提出していること

(3)　その災害損失欠損金の発生事業年度の帳簿書類を保存していること

３　会社更生等による債務免除等があった場合の欠損金の損金算入

　会社更生法、民事再生法等の法的整理や一定の基準を満たす私的整理で債務免除等を受けた場合には、それぞれ次の金額までの、いわゆる期限切れ欠損金（繰越控除期間を経過した欠損金）が、**１**又は**２**の繰越欠損金に優先して当期の損金の額に算入されます。（法法59①②③、法令116の２～117の５、法基通12－３－１、12－３－４）

(1)　会社更生法による更生手続開始の決定があった場合……次の①〜③の合計額

　①　同法に規定する更生債権等について受けた債務免除額又は当該債権が出資された場合などに計上される債務消滅益の金額

　②　その法人の役員や株主又はかつてその法人の役員や株主であった者からの私財提供額

③　会社更生法等の評価換えによる資産の純評価益の金額

　　＊　評価益＜評価損の場合には、評価益から評価損を控除した金額とします。マイナスとなる場合はゼロとなります。

(2)　民事再生法による再生手続開始の決定があったことその他これに準ずる事実（破産法による破産手続開始の決定、私的整理に関するガイドラインに基づく資産整理等）が生じた場合……次の①〜③の合計額

①　民事再生法に規定する再生債権等又は破産法に規定する破産債権等について受けた債務免除額又は当該債権が出資された場合などに計上される債務消滅益の金額、又は私的整理に関するガイドラインに基づく再建計画による債務免除額等

②　その法人の役員や株主又はかつてその法人の役員や株主であった者からの私財提供額

③　民事再生法等の評価換えによる資産の評価損益の金額

　　＊　評価益＜評価損の場合には、評価損の超過額は、①②の金額から差し引かれる（相殺される）ことになります。

> **注**　③の資産の評価損益を計上しなかった場合には、**1**及び**2**を適用した上でさらに不足がある場合に、いわゆる期限切れ欠損金が当期の損金の額に算入されます。

■第四節　受　贈　益

(1)　完全支配関係がある法人からの受贈益の益金不算入

　完全支配関係のある他の法人から受けた受贈益は、益金の額に算入しないこととされています。（法法25の2①）

　対象となる受贈益は内国法人から内国法人に対する寄附に係るものに限られ、また、完全支配関係については、個人による完全支配関係は除かれます。

(2)　広告宣伝用資産等の受贈益

　法人が他から資産を無償で譲渡（贈与）されたり、低い価額で買ったりした場合、正常な価額との差は経済的利益になり受贈益として課税されます。この場合、贈与されたとして課税された金額は、受贈資産の取得価額に算入されます。

　ただし、次のような贈与者の広告宣伝用の資産を取得した場合には特例が認められ、一定額以内の受贈益には課税されないことになっています。（法基通4-2-1）

①　自動車で車体の大部分に指定色を塗り、贈与者の製品名、社名などを表示し、広告宣伝目的が明らかなもの

②　陳列棚、陳列ケース、冷蔵庫、容器等で贈与者の製品名、社名の広告宣伝目的が明らかなもの

③ 展示用モデルハウスのようにメーカーの製品見本であることが明らかなもの

課税される受贈益＝贈与側での取得価額×$\dfrac{2}{3}$－受取側の負担金額

無償でもらった場合は、贈与側での取得価額の3分の2が受贈益とされます。ただし、受贈益の額が30万円以下であるときは、少額なので課税の対象にはしないことになっています。逆算すれば、30万円×$\dfrac{3}{2}$＝45万円のものまでは、無償譲渡を受けても非課税ということです。

また、看板、ネオンサイン、どん帳のように、もっぱら広告宣伝用にだけ使われる資産は、もらっても経済的利益は生じないものとして取り扱われます。

以上の取扱いは、広告宣伝用の資産を購入するための金銭の交付を受けた場合についても同様です。

⑶ 未払給与の免除益

法人が未払給与（役員給与の損金不算入の規定により損金の額に算入されない給与に限ります。）につき取締役会等の決議に基づきその全部又は大部分の金額を支払わないこととした場合に、その支払わないことがいわゆる会社の整理、事業の再建及び業況不振のためのものであり、かつ、その支払われないこととなる金額がその支払を受ける金額に応じて計算されているなど一定の基準によって決定されたものであるときは、その支払わないこととなった金額（源泉徴収される所得税額があるときは、その額を控除した金額）については、債務免除益として益金の額に算入しなくてもよいことになっています。（法基通4－2－3）

> **注1** 支払わないこととした未払配当金については、この取扱いの適用はありません。
> **注2** 源泉徴収される所得税額とは、役員に対する賞与が1年以上未払の場合、その支払確定日から1年を経過した日にその支払があったものとみなして源泉所得税が課税される（所得税法183②）ことになっており、その税額をいいます。

問45 次の資料に基づき、当社の第17期（自令和6年4月1日　至令和7年3月31日）において控除できる欠損金額を計算しなさい。

当社の期末資本金額は5,000万円です。なお、当社は過去において欠損金の繰戻しによる還付の適用を受けていません。

* 当社は資本（出資）金の額が5億円以上である法人の100％子法人及び100％グループ内の複数の資本（出資）金の額が5億円以上の法人に発行済株式等の全部を保有されている法人ではありません。

〈資　料〉

期　　別	事業年度	青、白の別	繰越欠損金額控除前の 所得金額又は欠損金額
第9期	1年	白	△3,000,000円
第10期	〃	青	10,000,000円
第11期	〃	青	△12,000,000円
第12期	〃	青	△5,000,000円
第13期	〃	青	8,000,000円
第14期	〃	青	4,000,000円
第15期	〃	青	△2,000,000円
第16期	〃	青	500,000円
第17期	〃	青	6,000,000円

問46 T社は、取扱商品のメーカーK社よりメーカーK社の取得価額が120万円の自動車の低額譲渡を受けました。譲受け対価は40万円でしたが、T社のこの取引による仕訳を税務上適正と思われる方法で示しなさい。この自動車にはメーカーの名称と商品名が大きく表示されています。

別表四と五㈠の作成方法

■第一節　申告書別表四について

　別表四では、法人税の課税所得の計算を行うとともに、その所得の処分、すなわち、社外流出と社内留保の区分を行います。その構成は次のようになっており、いいかえれば、別表四は、課税所得の計算の集約表といえます。

⑴　「総額」欄

　法人税が課税される基礎となる所得金額を算出します。

⑵　「留保」欄

　所得金額のうち、社内に留保された金額を算出します。この金額は、ⓐ特定同族会社の留保金課税の計算をする基礎となりますし、ⓑ各項目のうち留保された金額を、別表五㈠に移記して、法人税法上の利益積立金額及び資本金等の額を計算する際の基礎となります。

　なお、「留保」欄に記載する主なものには、次のものがあります。

　①　決算上の利益から剰余金の処分により社外に流出する金額を控除した残額

　②　法人税、地方法人税、道府県民税及び市町村民税の各本税の納付額（これらの金額は、別表五㈠のⅠの利益積立金額の計算において、所得のうち留保した金額から別途、控除（△マイナス）することとされていますので、損金経理により納付した場合には、別表四の「留保」欄に記載します。）

　③　納税充当金の引当額

　④　引当金及び準備金の繰入（積立）限度超過額

　⑤　減価償却費の償却超過額

⑶　「社外流出」欄

　留保されずに社外に流出した金額を記載します。

　また、このほか受取配当等の益金不算入額、繰越欠損金の当期控除額、所得税額等及び欠損金の繰戻しによる還付金額等、収用換地等の場合の所得の特別控除額などのように、所得金額には含まれないが社内に留保されている金額のうち、留保所得を構成する特定のものを※印を付して記載します。

　なお、「社外流出」の各欄に記載する主なものには、次のものがあります。

　①　剰余金の配当その他社外に流出する金額

　②　損金の額に算入されない次のもの

㈠　加算税、延滞税等の附帯税の額（利子税は損金の額に算入されるので記載しません。）

　　㈡　罰金、科料及び過料

　　㈢　役員給与の損金不算入額

　　㈣　寄附金・交際費等の損金不算入額

　　㈤　法人税額から控除される所得税額・復興特別所得税額

■第二節　申告書別表五㈠について

(1)　別表五㈠のⅠ

　別表五㈠のⅠでは、別表四の所得のうち社内に留保している金額（利益積立金額）の内訳を示し、一定の事項については翌事業年度の課税所得に反映させていく作業が行われます。

　利益積立金額とは、各事業年度の所得のうち留保している金額の累計額をいいますが、具体的には、次の①の金額から②～④の金額を控除した金額となります。

　また、利益積立金額は、特定同族会社の留保金課税の計算等に用いられますので、その利益積立金額の異動を明確にしておく必要があります。

　①　次の金額のうち留保している金額の合計額

　　㈠　各事業年度の所得金額

　　㈡　受取配当等・還付金等の益金不算入額

　　㈢　繰越欠損金の損金算入額

　　㈣　租税特別措置法により留保金額に含めることとされている金額（収用等の場合の所得の特別控除額など）

　　※1　㈠の各事業年度の所得金額には、役員給与・寄附金・交際費等の損金不算入額が含まれますが、これらの金額は留保されていないので、㈠のうち留保している金額には含まれません。

　　　2　㈡～㈣の金額は、所得金額には含まれませんが、社内に留保されていますので、利益積立金額に含めることとされています。

　②　各事業年度の欠損金額

　③　未納の法人税、地方法人税、道府県民税及び市町村民税の額

　④　剰余金の配当（資本剰余金を原資とするものを除きます。）、利益の配当又は出資に係る剰余金の分配（みなし配当を除きます。）の額

　税金関係を含めた別表五㈠のⅠの記入要領を図示すると次ページのとおりです。

(2)　別表五㈠のⅡ

　別表五㈠のⅡには、税務上の資本金等の額を記載します。資本金等の額は、次の2つの金額の合計額をいいます。

　①　資本金の額又は出資金の額

② 前事業年度までの資本金の額又は出資金の額以外の資本金等の額の増減額及び当該事業年度の資本金の額又は出資金の額以外の資本金等の額の増減額の合計額

区　　　分		期首現在利益積立金額	当　期　の　増　減		差引翌期首現在利益積立金額
			減	増	
		①	②	③	④
納 税 充 当 金 未納法人税及び 未納地方法人税 未納道府県民税 未納市町村民税	① ～ ㉕ ㉖ ㉗ ㉙ ㉚	前期の差引翌期現在利益積立金額	別表四減算 期中取崩し △ 期中納付額 △	別表四加算 期末引当分 中間：中間分税額の 　　　当期発生額 確定：確定分税額の 　　　当期発生額	△ 当期末 未納額

【租税公課の申告調整】

　租税公課の中には、法人税等のように損金不算入とされるものと、事業税のように損金算入されるものとがありますが、これらの租税公課をどのような経理をして納付したかによって、別表四及び別表五㈠のⅠにおける処理の方法も変わってきます。租税公課の納付時の処理をまとめると次のようになります。

租税公課の区分 経理方法		損金経理による納付 （租税公課　××／現　金　××）		納税充当金の取崩しによる納付 （納税充当金　××／現　金　××）	
		別　表　四	別表五㈠のⅠ	別　表　四	別表五㈠のⅠ
損金不算入	法人税、地方法人税、道府県民税、市町村民税（すべて本税）	・加算（留保）	・未納法人税等（当期の「減②」△）	記載なし	・未納法人税等（当期の「減②」△） ・納税充当金（当期の「減②」）
	附帯税（加算税、延滞税等）、罰科金	・加算（流出）	記載なし	・加算（流出） ・減算（留保）	――― ・納税充当金（当期の「減②」）
損金算入	事業税等、利子税、納期限延長に係る延滞金	記載なし	記載なし	・減算（留保）	・納税充当金（当期の「減②」）

記入例 資本金3,000万円の株式会社○○商会（資本（出資）金の額が5億円以上である法人の100％子法人及び100％グループ内の複数の資本（出資）金の額が5億円以上の法人に発行済株式等の全部を保有されている法人ではありません。）の当期（自令和6年4月1日　至令和7年3月31日）における申告参考資料は次のとおりです。これにより、別表四及び別表五㈠を作成すれば176・177ページのとおりです。

※　地方法人税及び復興特別所得税に関しては考慮していません。

1．損益計算書及び株主資本等変動計算書の内容

（損益計算書）……抜粋

税引前当期利益	134,946,000円
法人税、住民税及び事業税等	45,820,200円
当期純利益	89,125,800円

（株主資本等変動計算書）……抜粋

		資本剰余金	利　益　剰　余　金		
	資　本　金	資本準備金	利益準備金	その他利益剰余金	
				別途積立金	繰越利益剰余金
前　期　末　残　高	30,000,000円	100,000円	6,200,000円	312,000,000円	92,872,980円
当期変動額　剰余金の配当			500,000円		△5,500,000円
当期変動額　別途積立金				30,000,000円	△30,000,000円
当期変動額　当期純利益					89,125,800円
当　期　末　残　高	30,000,000円	100,000円	6,700,000円	342,000,000円	146,498,780円

2．期首現在利益積立金額の内訳

利益準備金	6,200,000円
別途積立金	312,000,000円
器具備品償却超過額	100,000円
繰越損益金	92,872,980円
納税充当金	22,218,900円
未納法人税	△14,389,700円
未納道府県民税	△326,100円
未納市町村民税	△1,248,000円

３．主な租税公課に関する事項

税目等			期首現在未納税額	当期発生税額	期中納付税額		期末現在未納税額
					充当金取崩し	損金経理	
法人税	前期分確定		14,389,700円		14,389,700円		0円
	当期分	中間		14,522,900円		14,522,900円	0円
		確定		15,156,600円			15,156,600円
道府県民税	前期分確定		326,100円		326,100円		0円
	当期分	中間		328,700円		328,700円	0円
		確定		341,300円			341,300円
市町村民税	前期分確定		1,248,000円		1,248,000円		0円
	当期分	中間		1,258,900円		1,258,900円	0円
		確定		1,310,900円			1,310,900円
事業税等	前期分確定		6,255,100円		6,255,100円		0円
	当期分	中間		6,312,900円		6,312,900円	0円
		確定		6,588,000円			6,588,000円
源泉所得税				75,000円		75,000円	0円
交通反則金（業務遂行上のもの）				50,000円		50,000円	0円

４．その他申告調整項目

① 納税充当金繰入額　　　　　　　　　　23,396,800円

② 減価償却超過額（車両運搬具）　　　　　120,000円

③ 役員給与の損金不算入額　　　　　　　1,500,000円

④ 交際費等の損金不算入額　　　　　　　2,800,000円

⑤ 貸倒引当金繰入限度超過額　　　　　　2,150,000円

⑥ 減価償却超過額の当期認容額（器具備品）　50,000円

⑦ 受取配当等の益金不算入額　　　　　　　100,000円

⑧ 寄附金の損金不算入額　　　　　　　　2,157,138円

⑨ 法人税額から控除される所得税額　　　　75,000円

所得の金額の計算に関する明細書(簡易様式)

事業年度 6・4・1 ～ 7・3・31　法人名 **株式会社○○商会**

区分		総額①	処分 留保②	処分 社外流出③	
当期利益又は当期欠損の額	1	89,125,800 円	84,125,800 円	配当	5,000,000 円
				その他	
加算 損金経理をした法人税及び地方法人税(附帯税を除く。)	2	14,522,900	14,522,900		
損金経理をした道府県民税及び市町村民税	3	1,587,600	1,587,600		
損金経理をした納税充当金	4	23,396,800	23,396,800		
損金経理をした附帯税(利子税を除く。)、加算金、延滞金(延納分を除く。)及び過怠税	5			その他	
減価償却の償却超過額	6	120,000	120,000		
役員給与の損金不算入額	7	1,500,000		その他	1,500,000
交際費等の損金不算入額	8	2,800,000		その他	2,800,000
通算法人に係る加算額(別表四付表「5」)	9			外※	
貸倒引当金繰入限度超過額	10	2,150,000	2,150,000		
交通反則金		50,000		その他	50,000
小計	11	46,127,300	41,777,300	外※	4,350,000
減算 減価償却超過額の当期認容額	12	50,000	50,000		
納税充当金から支出した事業税等の金額	13	6,255,100	6,255,100		
受取配当等の益金不算入額(別表八(一)「5」)	14	100,000		※	100,000
外国子会社から受ける剰余金の配当等の益金不算入額(別表八(二)「26」)	15			※	
受贈益の益金不算入額	16			※	
適格現物分配に係る益金不算入額	17			※	
法人税等の中間納付額及び過誤納に係る還付金額	18				
所得税額等及び欠損金の繰戻しによる還付金額等	19			※	
通算法人に係る減算額(別表四付表「10」)	20			※	
	21				
小計	22	6,405,100	6,305,100	外※	100,000
仮計 (1)+(11)-(22)	23	128,848,000	119,598,000	外※	△100,000 9,350,000
対象純支払利子等の損金不算入額(別表十七(二の二)「29」又は「34」)	24			その他	
超過利子額の損金算入額(別表十七(二の三)「10」)	25	△		※	△
仮計 (23)から(25)までの計	26	128,848,000	119,598,000	外※	△100,000 9,350,000
寄附金の損金不算入額(別表十四(一)「24」又は「40」)	27	2,157,138		その他	2,157,138
法人税額から控除される所得税額(別表六(一)「6の③」)	29	75,000		その他	75,000
税額控除の対象となる外国法人税の額(別表六(二の二)「7」)	30			その他	
分配時調整外国税相当額及び外国関係会社等に係る控除対象所得税額等相当額(別表六(五の二)「5の②」)+(別表十七(三の六)「1」)	31			その他	
合計 (26)+(27)+(29)+(30)+(31)	34	131,080,138	119,598,000	外※	△100,000 11,582,138
中間申告における繰戻しによる還付に係る災害損失欠損金額の益金算入額	37			※	
非適格合併又は残余財産の全部分配等による移転資産等の譲渡利益額又は譲渡損失額	38			※	
(34)+(37)+(38)	39	131,080,138	119,598,000	外※	△100,000 11,582,138
更生欠損金又は民事再生等評価換えが行われる場合の再生等欠損金の損金算入額(別表七(三)「9」又は「21」)	40	△		※	△
通算対象欠損金額の損金算入額又は通算対象所得金額の益金算入額(別表七の二「5」又は「11」)	41			※	
差引計 (39)+(40)+(41)	43	131,080,138	119,598,000	外※	△100,000 11,582,138
欠損金等の当期控除額(別表七(一)「4の計」)+(別表七(四)「10」)	44	△		※	△
総計 (43)+(44)	45	131,080,138	119,598,000	外※	△100,000 11,582,138
残余財産の確定の日の属する事業年度に係る事業税及び特別法人事業税の損金算入額	51	△	△		
所得金額又は欠損金額	52	131,080,138	119,598,000	外※	△100,000 11,582,138

※この別表四及び五㈠は、令和6年1月31日現在のものです。別表は改正されることがありますので、ご注意ください。

利益積立金額及び資本金等の額の計算に関する明細書

| 事業年度 | 6 . 4 . 1 / 7 . 3 . 31 | 法人名 | 株式会社○○商会 |

別表五㈠

Ⅰ　利益積立金額の計算に関する明細書

区　　　分		期首現在利益積立金額 ①	当期の増減 減 ②	当期の増減 増 ③	差引翌期首現在利益積立金額 ①－②＋③ ④
利 益 準 備 金	1	6,200,000円	円	500,000円	6,700,000円
別 途 積 立 金	2	312,000,000		30,000,000	342,000,000
器 具 備 品 償 却 超 過 額	3	100,000	50,000		50,000
車 両 運 搬 具 償 却 超 過 額	4			120,000	120,000
貸 倒 引 当 金 繰 入 限 度 超 過 額	5			2,150,000	2,150,000
	6				
	7				
	8				
	9				
	10				
	11				
	12				
	13				
	14				
	15				
	16				
	17				
	18				
	19				
	20				
	21				
	22				
	23				
	24				
繰 越 損 益 金 （ 損 は 赤 ）	25	92,872,980	92,872,980	146,498,780	146,498,780
納 税 充 当 金	26	22,218,900	22,218,900	23,396,800	23,396,800
未納法人税等（退職年金等積立金に対するものを除く。）　未 納 法 人 税 及 び 未 納 地 方 法 人 税（ 附 帯 税 を 除 く 。）	27	△ 14,389,700	△ 28,912,600	中間 △14,522,900 確定 △15,156,600	△ 15,156,600
未 払 通 算 税 効 果 額（附帯税の額に係る部分の金額を除く。）	28			中間 確定	
未 納 道 府 県 民 税（均等割額を含む。）	29	△ 326,100	△ 654,800	中間 △ 328,700 確定 △ 341,300	△ 341,300
未 納 市 町 村 民 税（均等割額を含む。）	30	△ 1,248,000	△ 2,506,900	中間 △ 1,258,900 確定 △ 1,310,900	△ 1,310,900
差 引 合 計 額	31	417,428,080	83,067,580	169,746,280	504,106,780

Ⅱ　資本金等の額の計算に関する明細書

区　　　分		期首現在資本金等の額 ①	当期の増減 減 ②	当期の増減 増 ③	差引翌期首現在資本金等の額 ①－②＋③ ④
資 本 金 又 は 出 資 金	32	30,000,000円	円	円	30,000,000円
資 本 準 備 金	33	100,000			100,000
	34				
	35				
差 引 合 計 額	36	30,100,000			30,100,000

■第三節　税効果会計と申告調整

1 税効果会計とは

　税効果会計は、収益と原価・費用・損失の認識時点についての企業会計と法人税法との差異を調整することにより、法人税等（法人税、地方法人税、住民税及び事業税等）を控除する前の当期利益（税引前当期純利益）に合理的に対応させる会計処理の基準のことをいいます。すなわち、当期の所得金額について納付することとなる法人税等を、税引前当期純利益に対応させるため期間配分を行うのが税効果会計の処理です。

　具体的には、当期の所得に係る法人税等であっても、翌期以降の利益に対応するものであれば、その金額は当期の法人税等から控除し、翌期以降の法人税等に加算します。また、当期の所得に係る法人税等ではなく納税義務が発生していないものであっても、当期の利益に対応するものであれば、その金額は当期の法人税等に加算し、翌期以降、実際に納付するときの法人税等から控除します。

　つまり、通常の損益計算書では、実際に納付する法人税等が記載されますが、税効果会計を適用した場合には、当期の利益に対応する法人税等を記載するということです。

2 利益と所得の差異（一時差異と永久差異）

⑴　利益に係る法人税等と所得に係る法人税等

　税効果会計では、会計上の法人税等と法人税法上の法人税等の差異を期間配分していきますが、その差異は、会計上の利益と法人税法上の所得の差異から生じるものです。

⑵　利益と所得の差異

　会計上の利益と法人税法上の所得に差異が生じるのは、法人税申告書別表四で利益を調整して所得を算出するためであり、別表四の調整項目は、次のように区分されます。

①　留保項目（加算・留保／減算・留保）

　当期は損金不算入とされるが、その金額は別表五㈠のⅠに記載され、その後の事業年度において損金算入されるものです。また、当期は損金算入されるが、その金額は別表五㈠のⅠに記載され、その後の事業年度において損金不算入となるものです。

②　社外流出項目（加算・社外流出／減算・社外流出※）

　法人税法上、当期に損金不算入とされた場合には、その後の事業年度においても損金算入されることはなく、また、当期に益金不算入とされた場合には、その後の事業年度においても益金算入とはならないものです。

⑶　税効果会計における調整の対象

　税効果会計は、収益と原価・費用・損失の認識時点についての企業会計と法人税法との差異を調整するものです。つまり、一時的でいずれ解消されるものが対象になり、差異が解消されないもの（認識時点の差異ではない本質的な認識のズレ）は対象になりません。税効果会計では、前者を「一時差異」といい、後者を「永久差異」といいます。

　これらを法人税法と対応させると次のようになります。つまり、調整の対象となるのは、法人税法上の留保項目です。

①　一時差異 ⇨ 留保項目（加算・留保／減算・留保）

　ⅰ　将来減算一時差異 ⇨ 発生時に加算・留保とされる項目で、将来の法人税等を減少させる性質をもつものです。

　ⅱ　将来加算一時差異 ⇨ 発生時に減算・留保とされる項目で、将来の法人税等を増加させる性質をもつものです。

②　永久差異 ⇨ 社外流出項目（加算・社外流出／減算・社外流出※）

3　別表四で当期に加算・留保される項目の税効果会計

⑴　当期に加算・留保される項目（将来減算一時差異）の当期の調整

> 別表四で加算・留保される金額×法定実効税率＝法人税等調整額（繰延税金資産）
> 　＊　売上計上もれ、減価償却超過額、貸倒引当金繰入限度超過額、評価損否認額など

　法定実効税率とは、法人税、地方法人税、住民税及び事業税等の所得金額に対する負担割合であり、次の算式で計算します。

$$法定実効税率＝\frac{法人税率×（1＋地方法人税率＋住民税率）＋事業税等の率}{1＋事業税等の率}$$

　利益と所得の差異である金額に、実効税率を乗じることにより、会計上の法人税等と法人税法上の法人税等との差額が算出されます。

イ　会計処理

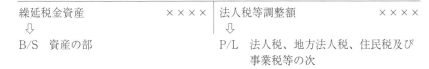

　上記の仕訳で調整する金額は、実際に納付する法人税等のうち、当期の利益に対応するものではなく前払しているものと考えます。

　そのため、法人税等調整額を法人税、地方法人税、住民税及び事業税等から控除し、その金額を繰延税金資産として資産に計上します。

ロ　税務処理

　繰延税金資産は、法人税法上の資産に該当するものではないため、資産の過大計上ということになりますので、別表四で減算・留保し、別表五(一)のⅠ③欄に△を付して記載します。また、法人税等調整額により税引後当期利益が多くなっていますので、調整前の金額に戻す意味でも減算することになります。

(2)　当期に加算・留保された項目が翌期以降減算されたときの調整

> 別表四で減算・留保される金額×法定実効税率＝法人税等調整額（繰延税金資産）

イ　会計処理

```
法人税等調整額        ××××  │ 繰延税金資産           ××××
  ⇩                          │   ⇩
P/L  法人税、地方法人税、住民税及び │ B/S  資産の部
     事業税等の次
```

　前払の法人税等のうち当期の利益に対応するものがある場合には、法人税等調整額を法人税、地方法人税、住民税及び事業税等に加算し、計上している繰延税金資産を減少させます。

ロ　税務処理

　法人税法上の資産に該当しないものの減少ですので、資産の過大計上の認容ということになり、別表四で加算・留保し、別表五(一)のⅠ②欄に△を付して記載します。また、法人税等調整額により税引後当期利益が少なくなっていますので、調整前の金額に戻す意味でも加算することになります。

　なお、「加算・留保」、「減算・留保」の両方の項目がある場合の損益計算書の法人税等調整額は、相殺後の金額を記載しますが、別表四での調整は、別表五(一)のⅠに繰延税金資産・繰延税金負債別に記入することからも、区別して記載します。

4 別表四で当期に減算・留保される項目の税効果会計

(1)　当期に減算・留保される項目（将来加算一時差異）の当期の調整

> 別表四で減算・留保される金額×法定実効税率＝法人税等調整額（繰延税金負債）
> 　＊　売上原価計上もれ、土地簿価一部損金算入、原価算入交際費など

イ　会計処理

```
法人税等調整額        ××××  │ 繰延税金負債           ××××
  ⇩                          │   ⇩
P/L  法人税、地方法人税、住民税及び │ B/S  負債の部
     事業税等の次
```

　上記の仕訳で調整する金額は、実際に納付する法人税等ではありませんが、当期の利益に対応するものですので、法人税等の支払を繰り延べているものと考えます。

　そのため、法人税等調整額を法人税、地方法人税、住民税及び事業税等に加算し、その金額を繰延税金負債として負債に計上します。

ロ　税務処理

　繰延税金負債は、法人税法上の負債に該当するものではないため、負債の過大計上ということになりますので、別表四で加算・留保し、別表五㈠のＩ③欄に記載します。また、法人税等調整額により税引後当期利益が少なくなっていますので、調整前の金額に戻す意味でも加算することになります。

〈圧縮積立金、特別償却準備金〉

　剰余金の処分による圧縮積立金、特別償却準備金は、当期の法人税等を減少させ、将来の法人税等を増加させるので、一時差異であり繰延税金負債が生じることになります。

　この場合、計上する圧縮積立金、特別償却準備金は、本来計上する金額からそれぞれに係る繰延税金負債を控除した後の金額によります。これは、損益計算書において繰延税金負債相当額が税引後当期利益の計算上控除されているため、そのぶん繰越利益剰余金となる当期純利益も減少しているからです。なお、別表四では、本来計上する金額を減算・留保すればよいことになります。

⑵　当期に減算・留保された項目が翌期以降加算されたときの調整

> 別表四で加算・留保される金額×法定実効税率＝法人税等調整額（繰延税金負債）

イ　会計処理

繰延税金負債	××××	法人税等調整額	××××
⇩		⇩	
B/S　負債の部		P/L　法人税、地方法人税、住民税及び	
		事業税等の次	

　繰り延べられた法人税等を実際に納付した場合には、法人税等調整額を法人税、地方法人税、住民税及び事業税から控除し、計上している繰延税金負債を減少させます。

ロ　税務処理

　法人税法上の負債に該当しないものの減少ですので、負債の過大計上の認容ということになり、別表四で減算・留保し、別表五㈠のＩ②欄に記載します。また、法人税等調整額により税引後当期利益が多くなっていますので、調整前の金額に戻す意味でも減算することになります。

税　　率

　法人税額は課税標準に所定の税率を乗じて算出します。しかし、この算出した税額がただち
に納付すべき税額になるとは限りません。所得税額等の税額控除があるときは、これらの控除
した残額が納付すべき法人税額となります。

(1)　各事業年度の所得に対する法人税の税率（法法66①～③、措法42の３の２①②）

法人の種類		所得金額の区分		税率
普通法人	中小法人*1	年800万円以下の所得金額		15%*2
		年800万円超の部分の所得金額		23.2%*6
	大法人*3	所　　得　　金　　額		23.2%
公益法人等	公益社団・財団法人、非営利型一般社団・財団法人*4	原　　　　則		非課税
		収益事業の所得	年800万円以下の金額	15%
			年800万円超の部分の金額	23.2%
	上記以外の公益法人等*5	原　　　　則		非課税
		収益事業の所得	年800万円以下の金額	15%
			年800万円超の部分の金額	19%
	協　同　組　合　等	年800万円以下の所得金額		15%
		年800万円超の部分の所得金額		19%*7
	人格のない社団等	原　　　　則		非課税
		収益事業の所得	年800万円以下の金額	15%
			年800万円超の部分の金額	23.2%
	公　共　法　人			非課税

＊１　中小法人とは、資本（出資）金の額が１億円以下のもの（資本（出資）金の額が５億円以上である法人の100％子法人及び100％グループ内の複数の資本（出資）金の額が５億円以上の法人に発行済株式等の全部を保有されている法人を除きます。）をいいます。

２　当期前３期の所得金額の年平均額が15億円を超える法人については、19％とされます。

３　大法人とは、上記以外のもの（保険相互会社を含みます。）をいいます。

４　非営利型に該当しない一般社団法人、一般財団法人は普通法人となります。

５　社会医療法人を含みます。

　　6　公益性の高い特定の医療法人（社会医療法人を除きます。）については、19％とされます。（措法67の２①）

　　7　大規模生協など特定の協同組合等の年10億円超の部分の所得金額については、22％とされます。（措法68①）

> **注1**　法人税（附帯税を除く。）の課税標準を計算する場合において、その額に1,000円未満の端数があるとき、又はその全額が1,000円未満であるときは、その端数金額又はその全額を切り捨てます。（通則法118①）
>
> **注2**　事業年度が１年に満たない場合（半年決算法人、設立事業年度等の場合）には、上記の「年800万円」は、次の算式で計算した金額となります。（法法66④⑫、措法42の３の２③④）
>
> $$800万円 \times \frac{当期の月数}{12}（1,000円未満の端数切捨て）　＊月数の１月未満の端数は、１月に切り上げます。$$

> **注3**　特定同族会社の留保所得に対しては、通常の法人税のほかに、特別の税率による法人税が課税されます。（第二十章第二節参照）
>
> **注4**　法人が使途秘匿金を支出した場合は、その支出額の40％の法人税が追加課税されます。（118ページ参照）

(2) 地方法人税の税率

地方法人税の税率は、課税標準法人税額の10.3％とされています。（地方法人税法10）

> **注1**　課税標準法人税額は、各事業年度の基準法人税額とされています。（地方法人税法9②）
>
> **注2**　基準法人税額とは、次の法人の区分により、法人税の税額の計算に関する法令の規定により計算した法人税の額をいいます。ただし、附帯税の額を除きます。（地方法人税法6①）
>
> ① 確定申告書を提出すべき内国法人
>
> 　各事業年度の所得に対する法人税額（所得税額控除、外国税額控除、仮装経理に基づく過大申告の場合の更正に伴う法人税額の控除の規定を適用しないで計算したもの）。なお、特定同族会社の特別税率の規定に基づく法人税の額も対象となります。
>
> ② 確定申告書を提出すべき外国法人
>
> 　イ　恒久的施設を有する外国法人
>
> 　　各事業年度の所得に対する法人税額（外国法人に係る所得税額控除、外国法人に係る外国税額控除の規定を適用しないで計算したもの）
>
> 　ロ　恒久的施設を有しない外国法人
>
> 　　各事業年度の所得に対する法人税額（外国法人に係る所得税額控除の規定を適用しないで計算したもの）
>
> ③ 退職年金等積立金確定申告書を提出すべき法人
>
> 　各事業年度の退職年金等積立金の額に対する法人税額

(3) 復興特別所得税の税率

法人に対して課される復興特別所得税の税率は、基準所得税額の2.1％とされています。（復興財源確保法27）

> **注1**　法人に対しては、平成25年1月1日から令和19年12月31日までの間に生ずる所得に対する所得税の基準所得税額について、通常の所得税のほかに、復興特別所得税が課税されます。（復興財源確保法9）
>
> **注2**　法人の基準所得税額は、利子等及び配当等などに課される所得税の額とされています。（復興財源確保法10）

(4) 清算所得に対する法人税の税率（法法旧99）

法人の種類	税　率	法人の種類	税　率
普　通　法　人	27.1％	協　同　組　合　等	20.5％

> **注**　平成22年9月30日以前に解散した法人に適用されます。

問47 次の資料に基づき、当社の当期（自令和6年4月1日 至令和7年3月31日）の納付すべき法人税額を計算しなさい。

〈資　料〉

(1) 期末資本金額　　　　　　　　　　　　　　　3,000万円

　＊　当社は資本（出資）金の額が5億円以上である法人の100％子法人及び100％グループ内の複数の資本（出資）金の額が5億円以上の法人に発行済株式等の全部を保有されている法人ではありません。
　　また、当期前3期の所得金額の年平均額は15億円以下です。

(2) 所得金額（別表四の52の「総額①」欄）　　　　50,979,553円

(3) 法人税額から控除される所得税額　　　　　　1,056,950円

(4) 中間申告の法人税額　　　　　　　　　　　　8,416,700円

---

(1) 課税標準である所得金額

　　□□□ 円 → □□□ 円　未満の端数切 $\left\{\begin{array}{l}\text{捨て}\\\text{上げ}\end{array}\right\}$　∴ □□□ 円

　　　　　　　　　　　　　　　　　　　いずれかを○で囲む

(2) 年800万円以下の所得金額に対する税額

　　□□□ 円 × $\dfrac{\boxed{}}{12}$ × □ ％ = □□□ 円

(3) 年800万円を超える所得金額に対する税額

　① □□□ 円 － □□□ 円 × $\dfrac{\boxed{}}{12}$ = □□□ 円

　② □□□ 円 × □ ％ = □□□ 円

(4) 納付すべき法人税額

　　(□□□ 円 ＋ □□□ 円) － □□□ 円

　　＝ □□□ 円 → □□□ 円　未満の端数切捨て　∴ □□□ 円

　　□□□ 円 － □□□ 円 = □□□ 円

問48 次の資料に基づき、当社の当期（自令和6年4月1日 至令和6年9月30日）の納付すべき法人税額を計算しなさい。

〈資　料〉

(1) 期末資本金額　　　　　　　　　　　　　　　50,000,000円

＊　当社は資本（出資）金の額が５億円以上である法人の100％子法人及び100％グループ内の複数の資本（出資）金の額が５億円以上の法人に発行済株式等の全部を保有されている法人ではありません。

(2)　確定した決算における当期利益の額　　　79,220,000円

(3)　損金の額に算入した納税充当金　　　　　25,000,000円

(4)　納税充当金から支出した前期分事業税等の額　4,300,000円

(5)　役員給与の損金不算入額　　　　　　　　2,900,000円

(6)　法人税額から控除される所得税額　　　　379,470円

(7)　受取配当等の益金不算入額　　　　　　　150,000円

Ⅰ　所得金額の計算

当　　期　　利　　益	円
加算又は減算	
所　　得　　金　　額	

Ⅱ　納付すべき法人税額の計算

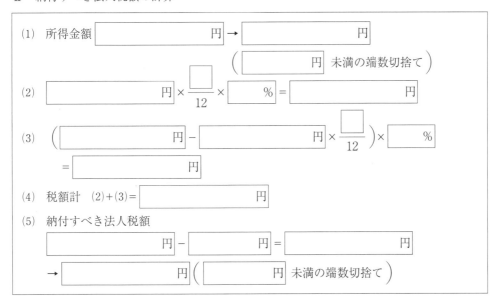

第二十章

同族会社と留保金課税

この章のポイント

●特定同族会社に対する法人税

各事業年度の所得に対する法人税　　　　留保金に対する特別の法人税

$$\boxed{\begin{array}{c}当期の\\所得金額\end{array} \times \begin{array}{c}通常の\\税率\end{array}} + \boxed{\overbrace{留保金額 - 留保控除額}^{課税留保金額} \times \begin{array}{c}特別\\税率\end{array}} = 当期の法人税額$$

■第一節　同族会社に対する特別な取扱い

　我が国では、多くの会社は個人的色彩が強く、また、株主が一部の人に限られている会社もたくさんあります。税法は、こういう会社を「同族会社」と規定し、それ以外の会社と区別して扱います。

1　同族会社の定義

　同族会社とは、会社の株主等（会社が自己株式（出資）を保有している場合のその会社を除きます。）の３人以下並びにこれらと特殊の関係のある個人・法人（同族関係者）が発行済株式又は出資の総数又は総額（会社が保有する自己株式（出資）を除きます。）の50％超を保有している場合その他一定の場合におけるその会社、すなわち３株主グループの所有割合（83ページ参照）の合計が50％を超える会社をいいます。同族会社は文字どおり会社ですから、医療法人や協同組合については、少数の出資者が出資金額の50％超を保有していても、同族会社には該当しません。（法法２十）

〈同族関係者の範囲〉

　特殊の関係のある個人及び法人（同族関係者）とは、次の個人・法人をいいます。（法令４①②）

①　株主等の親族（配偶者、６親等内の血族及び３親等内の姻族）……次ページの図参照

②　株主等と内縁関係にある者

③　個人株主等の使用人

④　①〜③以外の者で、個人株主等から受ける金銭等によって生計を維持しているもの

⑤　②〜④の者と生計を一にしているこれらの者の親族

⑥　株主等の１人（個人株主等の場合には①〜⑤の者を含みます。以下同じ。）で支配して

いる（所有割合が50％を超えることをいいます。）他の会社

⑦　株主等の1人と⑥の会社とで支配している他の会社

⑧　株主等の1人と⑥及び⑦の会社とで支配している他の会社

> **注**　同一の個人・法人と上記⑥〜⑧の特殊の関係のある2以上の会社が、判定会社の株主等である場合には、その2以上の会社は、相互に特殊の関係のある会社とみなされます。（法令4④）

　なお、同族会社に該当するかどうかの判定は、行為計算の否認の規定の適用に関しては、その行為計算のあった時点で行われますが、留保金課税については、期末の現況で判定されます。（法法67⑧、132②）

（親族の範囲の例示）

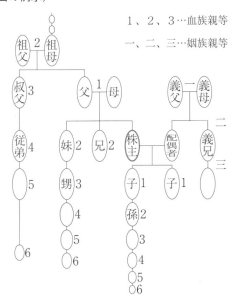

```
1、2、3…血族親等
一、二、三…姻族親等
```

② 同族会社の行為又は計算の否認

　会社内部の取決めや取引が自由勝手になりやすいので、形式的には適法であっても、それを認めると税金の負担を不当に減少させることになるというような場合は、会社の処理が認められず、正常な場合に考えられる処理があったものとして税額が計算されます。例えば、資産の高価買入れ、低額譲渡、過大給与、不良債権の肩代わりなどがそれに当たります。（法法132）

③ 留保金の特別課税

　個人が配当を受け取ると所得税がかかります。そこで、同族的な会社では、利益を会社に留保しておいても個人財産と変わらないというので配当をさける傾向があります。それでは配当を受け取り所得税が課税される側との課税の公平が保てないので、特に同族的な会社（特定同

族会社）に留保した一定額以上の利益に対しては、特別な法人税がかけられることになっています。（法法67）

■第二節　特定同族会社の特別税率（留保金課税）

　特定同族会社が利益を社内に留保したとき、その留保した金額が一定の控除金額を超える場合は、その超える部分（課税留保金額）に特別税率を乗じて計算した金額が、通常の法人税額に加算されます。（法法67①）

　上記の「特定同族会社」とは、株主等の１人とその同族関係者の所有割合が50％を超えている会社（被支配会社）で、被支配会社であることについての判定の基礎となった株主等のうちに被支配会社でない法人がある場合には、その法人を除外して判定しても被支配会社となるものをいいます。（法法67②）

　つまり、被支配会社に該当しない法人株主をグループから除いた１株主グループの所有割合が50％を超える会社が、留保金課税の対象となります。ただし、資本（出資）金の額が１億円以下の中小会社（資本（出資）金の額が５億円以上の法人の100％子会社及び100％グループ内の複数の資本（出資）金の額が５億円以上の法人に発行済株式の全部を保有されている会社を除きます。）は、その対象から除かれます。

　〈例〉

事例	区　　分	総　　数	株式等とその同族関係者	
			甲（株主等が被支配会社でない法人）	乙（その他）
I	発 行 済 株 式	1,000	650	350
	議　　決　　権	750	400	350
II	発 行 済 株 式	1,000	600	400
	議　　決　　権	750	350	400

　この事例の会社では、株主等とその同族関係者が甲（株主等が被支配会社でない法人）と乙（その他）の２者であって、発行済株式1,000のうち議決権のない株式250はすべて甲が所有しています。事例のⅠでは、判定基礎株主等から甲を除きますと、乙はその持株割合、議決権割合ともに50％を超えないため、この会社は特定同族会社になりません。しかし、事例のⅡでは、判定基礎株主等から甲を除くと、乙の議決権割合が50％を超えるため、この会社は特定同族会社になります。

　　課税留保金額＝留保金額－留保控除額

課 税 留 保 金 額	特別税率
年3,000万円以下の金額	10%
年3,000万円を超え年1億円以下の部分の金額	15%
年1億円を超える部分の金額	20%

＊　半年決算の特定同族会社の場合は、左欄の年3,000万円は1,500万円と、年1億円は5,000万円となります。

(1)　留保金額

留保金額は、次の算式で計算した金額です。（法法67③④、法令139の10、140）

留保金額＝当期の所得金額＋(A)−(B)

(A)は次の金額の合計額です。

a	受取配当等の益金不算入額
b	還付所得税額等及び欠損金の繰戻しによる還付金額
c	繰越欠損金の当期控除額
d	租税特別措置法により留保金額に含めることとされている金額（収用等の場合の特別控除額など）

(B)は次の金額の合計額です。

a	剰余金の配当、利益の配当又は金銭の分配（当期終了後、決算確定日までに支払決議がされるもの）
b	社外流出したもののうち損金不算入となった金額（寄附金の損金算入限度超過額、法人税額から控除される所得税額・復興特別所得税額、交際費等、役員給与、延滞税・加算税などの損金不算入額）
c	当期の法人税額及び地方法人税額（使途秘匿金重課税額がある場合はその金額を含み、各種の税額控除の適用がある場合はそれらの控除後の金額）
d	当期の住民税額（試験研究費控除及び所得税額控除を適用しないで計算した法人税額の10.4%）

(2)　留保控除額

留保控除額は、次の①〜③の金額のうち最も多い金額です。（法法67⑤）

① 所得基準額……当期の所得等の金額＊×40%

　＊　当期の所得等の金額＝当期の所得金額＋(1)の(A)の金額

② 定額基準額……年2,000万円　（半年決算の会社の場合は1,000万円）

③ 積立金基準額……資本金×25%−期末利益積立金額　（当期の所得等に係る部分の金額＊を除きます。）

　＊　③の期末利益積立金額は、過去の事業年度の所得のうち留保している金額の合計額（通常は期首現在利益積立金額と同額）であり、前期分法人税及び法人住民税として納めるべき金額は含まれませんし、当期中に配当を行った金額、前期以前の償却超過額や引当金の繰入限度超過額などの当期認容額も、積立金基準額の計算には関係ありません。（法基通16−1−6）

問49 M株式会社の株主構成は次のとおりです。M社は同族会社に該当しますか。

（株　主）	（持株数）
A ………………………………………	200株
Aの同族関係者 …………………	50株
B ………………………………………	170株
Bの同族関係者 …………………	30株
C ………………………………………	80株
Cの同族関係者 …………………	20株
D ………………………………………	70株
E ………………………………………	50株
小株主（互いに同族関係なし）………	330株
合　計	1,000株

問50 S株式会社の当期（自令和6年4月1日　至令和7年3月31日）末における下記の資料により、同族会社の判定・留保金課税の適用法人の判定・株主E及び株主Gについて使用人兼務役員の判定を行いなさい。

〈資　料〉

1．当期末における株主等の状況は次のとおりである。

株　主　名	役職名等	備　　考	持　株　数
A	代表取締役社長	———	4,000株
B	常務取締役	A　の　妻	2,000株
C	取締役副社長	A　の　長　男	1,000株
D	専務取締役	A　の　知　人	3,500株
E	取締役営業部長	D　の　長　男	2,000株
F	———	非　同　族　会　社	3,000株
G	取締役工場長	A　の　知　人	1,000株
H	取締役経理担当	G　の　妻	1,000株
I	監　査　役	A　の　知　人	1,000株
その他少数株主	———	（注）	11,500株
合　　　　　計			30,000株

（注）　AからIまでの株主と特殊関係はなく、持株数は500株未満の個人株主である。

2．株主E及び株主Gは、使用人としての職制上の地位を有し、常時使用人としての職務に従事している。

3．期末資本金額は1億2千万円である。

1．株主グループ別持株数（□□□□内に加算する株式数を記入する。）

第1順位の株主グループ _____ ＝ □□□株

第2順位の株主グループ _____ ＝ □□□株

第3順位の株主グループ _____ ＝ □□□株

第4順位の株主グループ _____ ＝ □□□株

2．同族会社の判定

$$\boxed{}株+\boxed{}株+\boxed{}株=\boxed{}株\begin{Bmatrix}>\\<\end{Bmatrix}\boxed{}株\times\frac{\boxed{}}{100}$$

（第1順位）（第2順位）（第3順位）

いずれかを○で囲む

＝ □□□株

∴ 同族会社に該当 {する / しない}

いずれかを○で囲む

3．留保金課税の適用法人の判定

（第□順位）

$$\boxed{}株\begin{Bmatrix}>\\<\end{Bmatrix}\boxed{}株\times\frac{\boxed{}}{100}=\boxed{}株$$

いずれかを○で囲む

∴ 留保金課税の適用 {あり / なし}

いずれかを○で囲む

4．使用人兼務役員の判定

株主名	50％超基準（注1）	10％超基準（注1）	5％超基準（注1）	判定（注2）
E				
G				

（注1）各基準を満たす場合は「〇」、満たさない場合は「×」、判定をする必要がない場合は「──」を記入すること。

（注2）使用人兼務役員に該当する場合は「〇」、該当しない場合は「×」を記入すること。

第二章 所得税額の控除

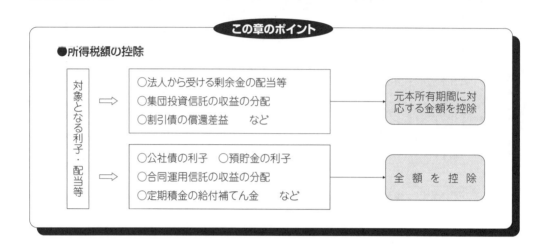

この章のポイント

●所得税額の控除

対象となる利子・配当等

⇒

○法人から受ける剰余金の配当等
○集団投資信託の収益の分配
○割引債の償還差益　　など

→

元本所有期間に対応する金額を控除

⇒

○公社債の利子　○預貯金の利子
○合同運用信託の収益の分配
○定期積金の給付補てん金　　など

→

全　額　を　控　除

■第一節　所得税額控除と課税所得の計算

　法人が利子・配当等を受け取る場合は、利子等に対しては15％の税率による所得税及び0.315％の税率による復興特別所得税の源泉徴収、配当等に対しては次の税率による所得税及び復興特別所得税の源泉徴収が行われます。（所得税法213②、措法9の3、復興財源確保法28）

　①　非上場株式等の配当等　所得税20％、復興特別所得税0.42％

　②　上場株式等の配当等　　所得税15％、復興特別所得税0.315％

　差し引かれた所得税額・復興特別所得税額は、算出された法人税額から控除されます。（法法68①、復興財源確保法49）

　なお、当期の法人税額から控除しきれなかった所得税額及び復興特別所得税額のその控除不足額は、還付されます。（法法78①、復興財源確保法56）

　法人は、源泉徴収されたあとの手取額を利子・配当等の収入金額として利益に計上しているのがふつうですが、この場合は、結果的に源泉徴収税額を損金の額に算入していることになります。しかし、法人税額から控除を受ける源泉所得税及び復興特別所得税額は、損金の額に算入することはできません。したがって、それらの金額は、申告書別表四で法人の利益に加算する申告調整をしなければなりません。（法法40、復興財源確保法63）

　なお、法人税額から控除されなかった所得税額は、そのまま損金の額に算入されます。

```
┌─── 計算例 ───
│
│  ○受取利子  100   ○源泉所得税額  15
│
│  ○その他の会社の利益  500
│
│     受取利子の仕訳：  当座預金   85 ／ 営業外収益   100
│                        営業外費用  15 ／
│            又は       当座預金   85 ／ 営業外収益    85
```

	〈税額控除をする場合〉	〈しない場合〉
その他の利益	500	500
営業外収益	＋ 85	＋ 85
法人の利益	585	585
損金の額に算入した源泉所得税額	＋ 15	—
課税所得	600	585
税額（×23.2％）	139.2	135.72
所得税額控除	－ 15	—
当期分法人税額	124.2	135.72

＊　復興特別所得税に関しては考慮していません。

■第二節　控除税額の計算

1 控除の対象となる所得税額

　法人が源泉徴収された所得税額の全額が、常に法人税額からの控除の対象になるわけではありません。すなわち、源泉徴収された所得税額のうち、剰余金の配当等、集団投資信託（合同運用信託、公社債投資信託及び公社債等運用投資信託を除きます。）の収益の分配及び割引債の償還差益などに対する所得税額については、元本であるその株式等や集団投資信託の受益権を所有していた期間に対応する所得税額のみが控除の対象になるものとされています。

　したがって、これら以外の公社債の利子、預貯金の利子、合同運用信託・公社債投資信託等の収益の分配及び金融（類似）商品の収益に対する所得税額については、その全額が控除の対象になります。また、配当等のうち「みなし配当」に対する所得税については、預貯金利子と同様、元本の所有期間のあん分をせず、その全額が控除されます。（法令140の2①）

> **注**　事業年度終了の時の未収利子又は未収配当等を確定した決算において収益計上し、その利子の利払期がその事業年度の終了の日までに到来している場合やその配当等がその支払のために通常要する期間内に支払を受けることが見込まれる場合には、未収利子又は未収配当等に対する所得税額が控除できます。（法基通16−2−2）

所有期間あん分計算の対象となる配当等	全額控除対象となる利子・配当等
・法人から受ける剰余金（利益）・基金利息の配当（中間配当を含む）又は剰余金の分配（これらのうち、みなし配当であるものを除く） ・集団投資信託（合同運用信託、公社債投資信託及び公社債等運用投資信託を除く）の収益の分配 ・割引債の償還差益（措令26の11①）	・公社債の利子 ・預貯金の利子 ・合同運用信託及び日々決算を行う証券投資信託（中国ファンド、MMFなどの公社債投資信託）の収益の分配（法基通16－2－8） ・みなし配当

2 元本所有期間に対応する所得税額の計算

株式等や集団投資信託の受益権に係る所得税額のうち元本の所有期間に対応する金額の計算方法には次の２つの方法があり、事業年度ごとにどちらかの方法を選択することができます。

> **注** 所有期間あん分計算を経て算出される控除対象の所得税額が当期の所得金額の計算上、損金不算入となります。

(1) 個別法

例えば同じ銘柄の株式に係る配当でも、株式の所有期間が異なれば、その期間の異なるものごとに次の算式で計算します。（法令140の2②）

$$\text{元本所有期間に対応する所得税の額（控除額）} = \text{配当等に対する所得税額} \times \underbrace{\frac{\text{分母の期間のうちその元本の所有期間の月数}}{\text{配当等の計算期間の月数}}}_{\text{元本所有期間割合}}$$

＊1 月数の1月未満の端数は、1月に切り上げます。

2 元本所有期間割合に小数点以下3位未満の端数がある場合には、その端数を切り上げます。

〈例〉

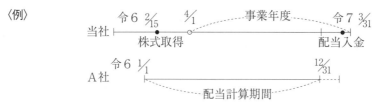

★ A社の事業年度を1／1～12／31として、2／15にその株式を取得し、そのまま所有し続けているとすると、元本所有期間割合は $\frac{11}{12}$ （分子の1月未満の端数は切上げ）となります。

なお、中間配当については、その支払法人の事業年度開始日からその中間配当の基準日までの期間をその計算期間とし、中間配当後の確定決算に基づく剰余金の配当については、中間配当の基準日の翌日から支払法人の事業年度終了日までの期間をその計算期間として、控除所得税額を計算します。

(2) 銘柄別簡便法

(1)の方法では、同じ銘柄の株式でも取得、譲渡の日が異なれば、元本所有期間が変わってくるので、それぞれ区分して計算しなければなりません。このため、株式等と集団投資信託の受益権に区分し、さらに配当等の計算期間が1年を超えるものと1年以下のものとに区分して、その区分された元本をその銘柄ごとに次の算式で計算する簡便法が認められています。（法令140の2③）

$$\begin{matrix}\text{元本所有期間に対応す} \\ \text{る所得税の額（控除額）}\end{matrix} = \begin{matrix}\text{その銘柄の配当等} \\ \text{に対する所得税額}\end{matrix} \times \text{元本所有期間割合}$$

$$\begin{matrix}\text{元本所有期間} \\ \text{割合}\end{matrix} = \frac{\text{配当計算期間開始時の所有元本数A} + (\text{B} - \text{A}) \times \dfrac{1}{2}\left(\begin{matrix}\text{計算期間が1年} & \dfrac{1}{12} \\ \text{を超えるものは}\end{matrix}\right)}{\text{配当計算期間終了時の所有元本数B}}$$

* 1 A≧Bのときは、全額が控除対象となります。
 2 元本所有期間割合に小数点以下3位未満の端数がある場合には、その端数を切り上げます。

なお、「個別法」によるか「銘柄別簡便法」によるかは、配当等の元本を、①株式等、②集団投資信託の受益権とに区分し、さらにその計算期間が1年以下のものと1年を超えるものとに区分して、それぞれの区分ごとに選択することができますが、「銘柄別簡便法」を選択した区分に属する元本については、そのすべての銘柄につきこの方法によらなければなりません。

演 習 問 題

問51　当社の当期（自令和6年4月1日　至令和7年3月31日）における受取配当等の状況は次のとおりであり、差引収入金額をもって雑収入に計上している。当期の所得金額の計算上損金不算入とされ、かつ、当期の法人税額から控除される所得税額を計算しなさい。

銘柄等	区　分	配当等の額	源泉所得税額	差引収入金額	配当等の計算期間	備考
甲株式	剰余金の配当	650,000円	130,000円	520,000円	令和5年6月1日～ 令和6年5月31日	注1
乙受益権	収益分配金	112,000円	16,800円	95,200円	令和5年8月1日～ 令和6年7月31日	注2
丙銀行預金	預金の利子	82,000円	12,300円	69,700円	────	─

（注1）　甲株式は、その全部である12,000株を令和5年10月5日に取得し、その後の取得及び売却はない。

（注2）　乙受益権は、令和2年12月1日にそのすべてを取得したユニット型の株式投資信託である。

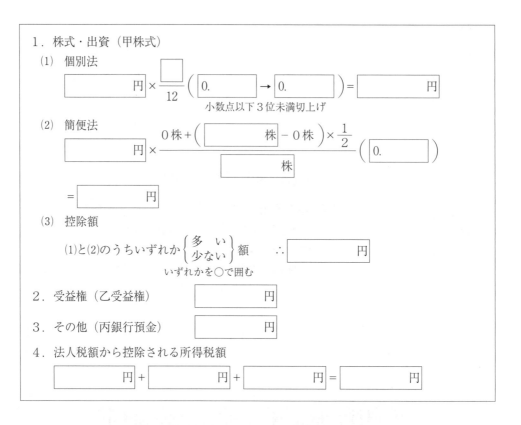

1．株式・出資（甲株式）
　(1)　個別法
　　　　　□円 × □/12 (0.□ → 0.□) = □円
　　　　　　　　　　　小数点以下3位未満切上げ

　(2)　簡便法
　　　　　□円 × (0株 + (□株 − 0株) × 1/2) / □株 (0.□)
　　　　　= □円

　(3)　控除額
　　　　　(1)と(2)のうちいずれか { 多　い / 少ない } 額　∴ □円
　　　　　　　　　　　　　　　　いずれかを○で囲む

2．受益権（乙受益権）　　　□円

3．その他（丙銀行預金）　　□円

4．法人税額から控除される所得税額
　　　　　□円 ＋ □円 ＋ □円 ＝ □円

問52　次の資料に基づき、当社の当期（自令和6年4月1日　至令和7年3月31日）の所得金額の計算上損金不算入とされ、かつ、当期の法人税額から控除される所得税額を計算しなさい。

〈資　料〉

当期において受け取った配当等の額は次のとおりであり、源泉所得税額控除後の差引手取額を当期の収益に計上している。

銘柄等	区　分	配当等の計算期間	受取配当等の額	源泉所得税額	差引手取額	(注)
A　株　式	期末配当金	令5.4.1〜令6.3.31	520,000円	104,000円	416,000円	1
B　株　式	期末配当金	令5.10.1〜令6.9.30	340,000円	51,000円	289,000円	2
C　株　式	期末配当金	令6.1.1〜令6.12.31	175,000円	35,000円	140,000円	1
D　社　債	社債利子	令5.7.1〜令6.6.30	360,000円	54,000円	306,000円	3
銀行預金	預金利子	－	300,000円	45,000円	255,000円	－

（注1）　A株式及びC株式は、いずれも数年前から所有している。（非上場株式）

（注2）　B株式は1,700株を令和6年1月11日に取得し、その後の取得及び売却はない。

（注3）　D社債は、期末現在8,000,000円を保有しており、その内訳は、令和4年4月20日に5,000,000円を、令和6年2月15日に3,000,000円を取得したものである。

1　株式

（1）　A株式・C株式　[　　　　　　円] ＋ [　　　　　円] ＝ [　　　　　　円]

（2）　B株式

①　個別法

[　　　　　円] × $\dfrac{[\quad]}{12}$ (0.[　　　　]) ＝ [　　　　　円]

小数点以下 [　　] 位未満切 [　　]

②　簡便法

[　　　　　円] × $\dfrac{0株 + \left([\quad\quad株] - 0株\right) \times \frac{1}{2}}{[\quad\quad株]}$ (0.[　　　])

＝ [　　　　　円]

③　控除額

①と②のうちいずれか $\left\{\begin{array}{l}多　い\\少ない\end{array}\right\}$ 額　∴ [　　　　　円]

いずれかを〇で囲む

（3）　株式合計　(1)＋(2)＝ [　　　　　円]

2　公社債　[　　　　　円]

3　その他　[　　　　円]

4　合　計　1 ＋ 2 ＋ 3 ＝ [　　　　　円]

問53 次の資料に基づき、当社の当期（自令和6年4月1日　至令和7年3月31日）の所得金額の計算上損金不算入とされ、かつ、当期の法人税額から控除される所得税額を計算しなさい。

〈資　料〉

当期において収受した配当等の額は次のとおりであり、税引後の手取額を当期の収益に計上している。

区　　分	銘　柄　等	受取配当等の額	源泉所得税額	配当等の計算期間
剰余金の配当	A 株 式（中 間）	150,000円	30,000円	$\begin{cases} 令6.1.1 \sim \\ 令6.6.30 \end{cases}$
剰余金の配当	A 株 式（確 定）	285,000円	57,000円	$\begin{cases} 令6.7.1 \sim \\ 令6.12.31 \end{cases}$
収益分配金	B 株式投資信託	70,000円	10,500円	$\begin{cases} 令5.10.1 \sim \\ 令6.9.30 \end{cases}$
収益分配金	C 公社債投資信託	75,000円	11,250円	$\begin{cases} 令5.4.1 \sim \\ 令6.3.31 \end{cases}$
剰余金の分配	D　　出　　資	700,000円	140,000円	$\begin{cases} 令5.6.1 \sim \\ 令6.5.31 \end{cases}$
預 金 利 子	E 銀 行 ほ か	165,000円	24,750円	——

(注)　A株式の取得状況等は以下のとおりであり、譲渡原価はすべて適正に処理されている。

日　　　付	取　　　得	譲　　　渡	所有株式数
令和5年7月12日	80,000株		80,000株
令和6年6月13日		40,000株	40,000株
令和6年6月21日	20,000株		60,000株
令和6年7月19日		30,000株	30,000株
令和6年8月2日	65,000株		95,000株

なお、上記株式等のうちA株式以外はすべて数年前に取得したものであり、取得以来当期末まで所有株式数等に異動はない。

(1)　株式・出資
　①　個別法
　　(イ)　A株式（中間）

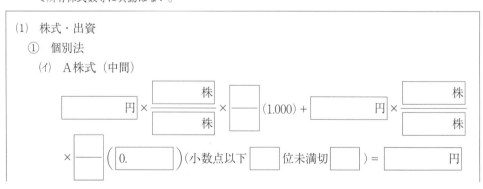

- 198 -

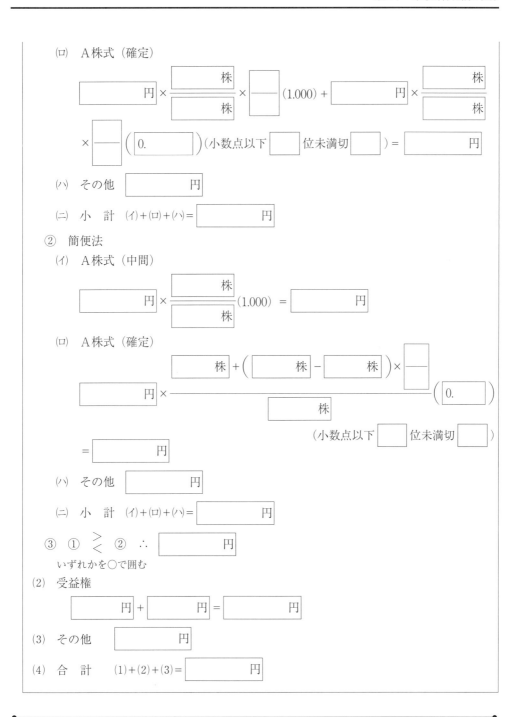

㈣　その他　［　　　　　円］

㈡　小　計　(イ)+(ロ)+(ハ)=［　　　　　円］

② 簡便法

　㈠　A株式（中間）

　㈣　その他　［　　　　　円］

　㈡　小　計　(イ)+(ロ)+(ハ)=［　　　　　円］

③ ① ⋛ ② ∴ ［　　　　　円］
　いずれかを○で囲む

(2) 受益権

　　［　　　円］+［　　　円］=［　　　　円］

(3) その他　［　　　　円］

(4) 合　計　(1)+(2)+(3)=［　　　　円］

申告と納税

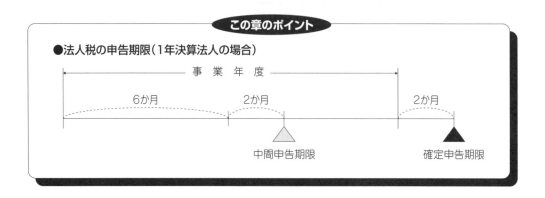

この章のポイント

●法人税の申告期限（1年決算法人の場合）

事 業 年 度

6か月　　　2か月　　　2か月

中間申告期限　　　確定申告期限

■第一節　確定申告

　事業年度が終了すると終了日の翌日から２か月以内に、確定した決算に基づいて確定申告書を作成し、貸借対照表、損益計算書その他の書類を添付して税務署長に提出します。（法法74）

　この申告期限に遅れると余分な税金がかかってきたりしますので、必ず２か月以内に申告しなければなりませんが、災害などで決算が遅れたというような特別の場合は、提出期限の延長を申し出ることもできます。（法法75）

　なお、定款等の定めにより、又はその法人に特別の事情があることにより、各事業年度終了の日の翌日から２か月以内にその事業年度の決算についての定時総会が招集されない常況にあると認められる法人については、確定申告書の提出期限は、申請により、事業年度終了日の翌日から３か月以内に延長されます。（法法75の２①）

　また、会計監査人を置いている場合で、かつ、定款等の定めにより事業年度終了日の翌日から３か月以内に決算についての定時総会が招集されない常況にあると認められる法人については、確定申告書の提出期限は、申請により、事業年度終了日の翌日から６か月以内に延長されます。（法法75の２①一）

　さらに、特別の事情があることにより各事業年度終了の日の翌日から３か月以内にその事業年度の決算についての定時総会が招集されない常況にあることその他やむを得ない事情があると認められる法人については、税務署長が指定する月数の期間延長がされます。（法法75の２①二）

> **注1**　適用額明細書の添付
> 　法人税申告書を提出する法人が、その申告において、租税特別措置法の規定（税額又は所得

の金額を減少させる規定等によるものに限ります。）の適用を受けようとする場合には、その適用条文及び適用額（税額控除額、特別償却限度額、準備金や積立金の額等）等を記載した適用額明細書を法人税申告書に添付しなければならないこととされています。（租特透明化法３①）

　この適用額明細書の添付をしなかった場合には、原則として、適用を受けようとする租税特別措置法の規定は適用されないこととされています。（租特透明化法３②③）

注2　大法人の電子申告の義務化

　特定法人（期首の資本（出資）金の額が１億円を超える法人、保険業法による相互会社、投資法人及び特定目的法人）は、令和２年４月１日以後開始する事業年度から、確定申告書等及び申告書に添付すべきものとされている書類の全て（財務諸表や勘定科目内訳明細書も含まれます。）を電子情報処理組織（e-Tax）により提出しなければならないこととされています。（法法75の４）

　なお、電子申告義務化対象法人が、書面で申告書等を提出した場合、その申告書等は無効なものとして取り扱われることとなり、無申告加算税の対象となります。

■第二節　中間申告

　１事業年度ごとに１回申告するのが原則ですが、事業年度が６か月を超える場合は、期首から６か月の期間について一度中間の申告をすることになっています。申告書の提出期限は、その６か月の期間経過後２か月以内です。この中間申告には次の２つの方法があります。（法法71、72）

⑴　予定申告……中間仮決算の手数をはぶき、前期の実績に基づいて当期６か月分の予定納税額を計算します。

$$予定申告税額（前期分の法人税額の６月換算額）＝前期分の法人税額×\frac{6}{前期の月数}$$

　１年決算の法人なら前年の半分を納めることになります。この金額が10万円以下の場合や、前期が赤字のためこの金額がゼロのときは、申告書を提出する必要はありません。

⑵　仮決算による中間申告……当期の営業成績が悪く、前期の実績に基づいて予定申告をした場合、当期分として過納になるという場合は、手数でも中間の仮決算を行い、当期６か月間の実績数値に基づいて申告納税をすることもできます。この場合には、仮決算の決算書類を添付しなければなりません。なお、予定申告税額が10万円以下やゼロである場合又は仮決算による中間申告税額が予定申告税額を超える場合には、仮決算による中間申告書の提出はできないこととされています。

　また、中間申告の必要のある法人が期限までに予定申告書も仮決算による中間申告書も提出しなかった場合は、⑴の予定申告書を提出したものとみなされます。（法法73）

■第三節　期限後申告

　法定申告期限が過ぎても、税務署から決定があるまでは、一応、自主的な申告書の提出が認められます。これを期限後申告といいますが、延滞税や無申告加算税がかかることになります。（通則法18）

■第四節　修 正 申 告

　申告した税額に不足額があったり、欠損金額の申告が多過ぎたり、還付金額が多過ぎるというような場合は、修正申告書を提出して正当な額に修正することができます。この場合は、無申告加算税（期限後申告の場合）や過少申告加算税（期限内申告の場合）がかかることがあります。（通則法19）

■第五節　納付と利子税

　申告書の提出期限までに、申告書で計算された税金（税額控除後）を納めなければなりません。確定申告のときは、中間申告で納めた分があれば、それを差し引いて納付します。（法法76、77）

　また、第一節で述べた災害の場合や、定款等の定めにより、又は特別の事情があることにより、決算が確定しない場合の確定申告書の提出期限の延長の特例の適用を受けた場合は、事業年度終了日の翌日以後2か月を経過した日から延長後の提出期限までの期間については、年7.3％の利子税がかかります。

　ただし、利子税特例基準割合が年7.3％に満たない場合は、利子税特例基準割合となります。（法法75⑦、75の2⑧、措法93①②）

> **注** 利子税特例基準割合とは、平均貸付割合（各年の前々年の9月から前年の8月までの各月において銀行が新たに行った短期貸付けの平均利率の合計を12で除して計算した割合として各年の前年の11月30日までに財務大臣が告示する割合）に、年0.5％の割合を加算した割合をいいます。

■第六節　延 滞 税

　法定納期限までに納税しなかった税額又は期限後申告や修正申告、更正決定により納付することとなる税額については、法定納期限の翌日から完納日までの期間に応じ、年14.6％（**注1**）の延滞税がかかります。ただし、法定納期限の翌日から2か月以内は年7.3％（**注2**）です。（通則

法60、措法94①)

　なお、法定申告期限や期限後申告書提出の日から１年経過後に修正申告や更正があった場合は、偽りその他不正行為により課税を免れていたときを除き、その１年の経過する日の翌日から修正申告や更正の日までの期間は、延滞税の計算期間から除かれます。(通則法61①)

　また、期限内申告又は期限後申告をした後に減額更正がされ、その後さらに修正申告又は増額更正があった場合におけるその修正申告等による納税額（期限内申告等の税額に達するまでの部分に限ります。）については、次の①及び②の期間を控除して延滞税が計算されます。ただし、偽りその他不正の行為によって課税を免れた法人による修正申告又はそのような法人に対して更正がされた場合は、①の期間に限られます。(通則法61②)

①　期限内申告等による納付税額の納付日（その日が法定納期限前である場合には、その法定納期限）の翌日から減額更正の日までの期間

②　減額更正の日（減額更正が更正の請求に基づくものである場合には、減額更正の日の翌日から起算して１年を経過する日）の翌日から修正申告又は増額更正の日までの期間

> **注１**　延滞税特例基準割合（**注３**）が年7.3％に満たない場合は、延滞税特例基準割合に7.3％を加算した割合となります。(措法94①)
>
> **注２**　延滞税特例基準割合が年7.3％に満たない場合は、延滞税特例基準割合に１％を加算した割合となります（加算した割合が年7.3％を超える場合には、年7.3％の割合）。(措法94①)
>
> **注３**　延滞税特例基準割合とは、平均貸付割合に年１％を加算した割合をいいます。(措法94①)

■第七節　還　　付

(1)　税額控除不足額、中間納付額の還付

　控除されるべき所得税額や外国税額が法人税額を上回った場合又は中間申告による納付額が確定申告税額より多かった場合は、過納分を返してもらえます。(法法78①、79①)

(2)　欠損金の繰戻しによる還付

イ　青色欠損金の繰戻しによる還付

　青色申告法人は、欠損金をその発生事業年度（欠損事業年度）開始日前１年以内に開始したいずれかの事業年度に繰り戻して、その事業年度（還付所得事業年度）分の法人税額の還付を受けることができます。(法法80①)

> **注**　イの繰戻しによる還付は、中小法人、公益法人等、協同組合等及び人格のない社団等を除き、平成４年４月１日から令和８年３月31日の間に終了する各事業年度に生じた欠損金額については適用が停止されています。(措法66の12①)
>
> ＊　中小法人とは、資本（出資）金の額が１億円以下の普通法人をいいます。ただし、資本（出資）

金の額が5億円以上の法人の100％子法人及び100％グループ内の複数の資本（出資）金の額が
5億円以上の法人に発行済株式等の全部を保有されている法人を除きます。

$$還付される法人税額＝\frac{還付所得事業年度の法人税額（所得税額等控除前）}{}×\frac{繰戻欠損金額}{還付所得事業年度の所得金額}$$

〈例〉

前年 4.1	（還付年度）	4.1		翌年 3.31
	前　期		当　期	

所　得　500万円　　　　　欠　損　100万円

法人税　110万円　　　　　還付金　$110×\frac{100}{500}$ ＝22万円

　　　　　この例で当期の欠損金額が前期所得と同じ500万円であれば、前期の

税額110万円は全額戻ってくることになります。

ロ　解散等の場合の繰戻しの特例

　解散、事業の全部の譲渡、更生手続の開始、再生手続開始の決定等の事実が生じた場合には、
その事実が生じた日前1年以内に終了したいずれかの事業年度又は同日を含む事業年度の欠損
金額について、その事業年度開始の日前1年以内に開始したいずれかの事業年度（還付所得事
業年度）分の法人税額の還付を受けることができます。（法法80④、法令156①）

注　ロの繰戻しによる還付は、中小法人、公益法人等、協同組合等及び人格のない社団等以外の
法人についても適用されます。

ハ　災害損失欠損金の繰戻しの特例

　災害のあった日から同日以後1年以内に終了する各事業年度又は同日から6か月以内に終了
する仮決算中間事業年度において生じた災害損失欠損金額がある場合には、その災害損失欠損
事業年度又は仮決算中間事業年度（欠損事業年度）開始の日前1年（青色申告である場合には、
前2年）以内に開始したいずれかの事業年度（還付所得事業年度）分の法人税額の還付を受け
ることができます。（法法80⑤）

注1　ハの繰戻しによる還付は、中小法人、公益法人等、協同組合等及び人格のない社団等以外
の法人についても適用されます。
注2　青色申告法人でない法人（白色申告法人）についても認められます。
注3　災害損失欠損金額とは、該当する事業年度の欠損金額のうち、災害により棚卸資産、固定
資産又は他の者の有する固定資産を利用するために支出された繰延資産について生じた損失の
額をいいます。（法法80⑤、法令156③④）

■第八節　加　算　税

　法人税を申告しなかったり、少なく申告したような場合は、本税のほかに罰則として加算税が課されます。

(1)　過少申告加算税

　期限内申告について、税務調査によって、修正申告や更正があった場合、修正申告による納付税額又は更正による納付税額の10％（納付税額が期限内申告税額又は50万円のいずれか多い金額を超える部分については15％）の過少申告加算税が課されます。（通則法65①②）

　ただし、修正申告が、調査の通知（①調査を行う旨、②調査対象税目、③調査期間の通知）以後で、更正があることを予知してされたものでない場合には、その修正申告による納付税額の５％（納付税額が期限内申告税額又は50万円のいずれか多い金額を超える部分に対しては10％）の過少申告加算税が課されます。（通則法65①②）

　なお、修正申告が調査による更正を予知してされたものでない場合で、調査の通知がある前に行われたものであるときは、過少申告加算税を課さないこととされています。（通則法65⑥）

> **注**　帳簿の提出がない場合等の加算税の加重措置として、次のいずれかに該当する場合には、過少申告加算税が10％又は５％加算されます。（通則法65④）
> ①　10％加算
> 　　イ　当該職員に帳簿の提示・提出をしなかった場合
> 　　ロ　売上の２分の１以上の不記載の場合
> ②　５％加算
> 　　売上の３分の１以上の不記載の場合

(2)　無申告加算税

　無申告について、税務調査によって、期限後申告や決定があった場合又は期限後申告や決定があった後に修正申告や更正があった場合には、その期限後申告若しくは修正申告又は更正若しくは決定による納付税額の15％（その税額の50万円を超える部分に対しては20％、300万円を超える部分に対しては30％）の無申告加算税が課されます。（通則法66①②③）

　ただし、期限後申告、修正申告が、調査の通知以後で、更正があることを予知してされたものでない場合には、その期限後申告又は修正申告による納付税額の10％（納付税額が50万円を超える部分に対しては15％、300万円を超える部分に対しては25％）の無申告加算税が課されます。（通則法66①②③）

　なお、期限後申告又は決定があった後の修正申告が調査による更正又は決定があることを予知してされたものでない場合で、調査の通知がある前に行われたものであるときは、納付税額の５％の無申告加算税が課されます。（通則法66⑧）

> **注1** 帳簿の提出がない場合等の加算税の加重措置として、次のいずれかに該当する場合には、無申告加算税が10％又は５％加算されます。（通則法66⑤）
> ① 10％加算
>   イ 当該職員に帳簿の提示・提出をしなかった場合
>   ロ 売上の２分の１以上の不記載の場合
> ② ５％加算
>   売上の３分の１以上の不記載の場合
> **注2** 一定期間に繰り返し行われる無申告行為に対する無申告加算税等の加重措置として、次のいずれかに該当する場合は、無申告加算税が10％加算されます。（通則法66⑥）
> ① 過去５年以内に無申告加算税（更正・決定の予知によるものに限ります。）又は重加算税が課されたことがある場合
> ② 前年又は前々年に無申告加算税若しくは無申告加算税に代わる重加算税が課されたことがあり、又は課されるべきと認める場合

(3) 重加算税

① 過少申告加算税に代わる重加算税……(1)の場合で税額計算の基礎になる事実を隠したり、仮装した場合は、35％（通則法68①）

② 無申告加算税に代わる重加算税……(2)の場合で税額計算の基礎になる事実を隠したり、仮装した場合は、40％（通則法68②）

> **注** 一定期間に繰り返し行われる無申告行為に対する重加算税の加重措置として、次のいずれかに該当する場合は、重加算税が10％加算されます。（通則法68④）
> ① 過去５年以内に無申告加算税（更正・決定の予知によるものに限ります。）又は重加算税が課されたことがある場合
> ② 前年又は前々年に無申告加算税若しくは無申告加算税に代わる重加算税が課されたことがあり、又は課されるべきと認める場合

■第九節　更正の請求

修正申告は税額を増加させるものですが、逆に、法人の計算した税額に法令の適用誤りや計算ちがいがあって、税金を納め過ぎたときは法定申告期限から５年以内、また、純損失等の金額が過少であるときは法定申告期限から10年以内に限って更正の請求をすることができます。（通則法23①）

> **注** 純損失等の金額が過少である場合の更正の請求のできる期間は、平成24年４月１日から平成30年３月31日までの間に法定申告期限の到来した法人税については９年、平成30年４月１日以後に法定申告期限の到来する法人税については10年とされています。

グループ法人税制

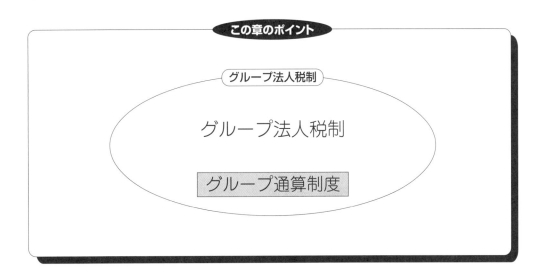

この章のポイント

グループ法人税制

グループ法人税制

グループ通算制度

　グループ法人税制は、企業グループの一体的運営が進展している状況を踏まえ、実態に即した課税を実現するという観点から設けられました。

　グループ法人税制の対象法人は完全支配関係のある法人であり、大法人か中小法人かを問いません。また、強制適用とされています。

　グループ法人を対象とした税制としては選択適用のグループ通算制度があります。このグループ通算制度は、グループ内の各法人が課税所得及び法人税額の計算並びに申告をそれぞれ行いつつ、企業グループの一体性に着目し、課税所得金額及び法人税額の計算上、企業グループをあたかも一つの法人であるかのように捉え、損益通算等の調整を行うこととされています。

■第一節　適用対象

　グループ法人税制は、100％グループ内の法人間の取引等に適用される税制です。この場合の100％グループ内の法人とは、完全支配関係（原則として、発行済株式等の全部を直接又は間接に保有する関係）のある法人をいいます。

　次の2つの資本関係が完全支配関係となります。（法法2十二の七の六）

①　一の者が法人の発行済株式等の全部を直接若しくは間接的に保有する関係（当事者間の完全支配関係）

②　一の者との間に当事者間の完全支配関係がある法人相互間の関係（当事者間の完全支配関係がある法人相互の関係）

なお、一の者には個人や外国法人も含まれます。したがって、同一の個人（同族関係者を含む。）によって発行済株式等の全部を保有されている内国法人、同一の外国法人の100%子会社である内国法人も適用対象となります。

　当事者間の完全支配関係を図で表すと次のようになります。

【ケース１】直接完全支配関係

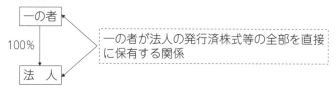

【ケース２】みなし直接完全支配関係（その１）

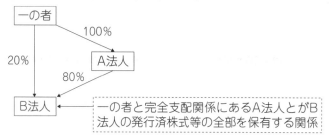

【ケース３】みなし直接完全支配関係（その２）

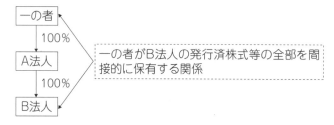

【ケース４】完全支配関係がある法人相互の関係

（注）　すべてグループ法人税制の対象となります。

■第二節　100％グループ内の法人間の資産の譲渡損益の調整

　100％グループ内の法人間で譲渡損益調整資産を譲渡した場合には、譲渡の時点においてその譲渡損益調整資産に係る譲渡損益を繰り延べ、譲受法人において譲渡等の事由が生じたとき又は譲渡法人と譲受法人との間で完全支配関係を有しなくなったとき等にその繰り延べた譲渡損益の全部又は一部が取り戻されます。

（対象取引）

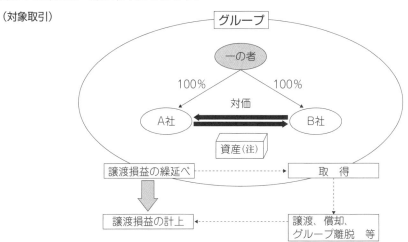

（注）　棚卸資産等は対象外

1 適 用 対 象

　内国法人(普通法人又は協同組合に限ります。)との間に完全支配関係のある他の内国法人(普通法人又は協同組合に限ります。) との取引が対象になります。（法法61の11①)

　グループ内の普通法人又は協同組合等以外の内国法人や外国法人が取引の一方である場合には適用されません。

2 譲渡損益調整資産

　譲渡損益調整資産とは、固定資産、土地（土地の上に存する権利を含み、固定資産に該当するものを除きます。)、有価証券、金銭債権及び繰延資産をいいます。（法法61の11①、法令122の12①)

　ただし、①売買目的有価証券、②譲受法人において売買目的有価証券とされる有価証券、③譲渡直前の帳簿価額が1,000万円に満たない資産は除かれます。

　棚卸資産のように通常、短期間でグループ外に売買されることが予定されるものや少額の資産については譲渡損益の調整対象から除外されています。

3 譲渡損益の繰り延べ

譲渡損益の繰り延べは、譲渡利益金額に相当する金額を損金の額に算入し、譲渡損失額に相当する金額を益金の額に算入する申告調整により行います。（法法61の11①）

4 譲渡損益の戻入

譲渡損益調整資産につき、次に掲げる場合に該当することとなったときには、繰り延べた譲渡利益額に相当する金額を益金の額に算入し、譲渡損失額に相当する金額を損金の額に算入する申告調整を行うことにより繰り延べた譲渡損益を計上します。（法法61の11②、法令122の12④）

① 譲渡損益調整資産につき譲受法人において、譲渡、償却、評価換え、貸倒れ、除却その他これに類する事由が生じた場合

② その内国法人とその譲受法人との間に完全支配関係を有しないこととなった場合

③ グループ通算制度を開始するに当たり、譲受法人が時価評価適用対象となる場合

5 譲渡法人及び譲受法人の通知義務

譲渡損益調整資産を譲渡した法人や譲り受けた法人は税情報を通知しなければならないこととされています。（法令122の12⑰～⑲）

(1) 譲渡法人の通知義務

① 譲渡した資産が譲渡損益調整資産であること

② 譲渡損益調整資産が減価償却資産又は繰延資産に該当し、簡便法の適用を受けようとする場合　その旨

(2) 譲受法人の通知義務

① 譲渡損益調整資産が譲受法人において売買目的有価証券に該当する場合　その旨

② 譲渡損益調整資産が減価償却資産又は繰延資産に該当し、譲渡法人から簡便法の適用を受けようとする旨の通知を受けた場合　簡便法適用資産に係る耐用年数又はその資産の支出の効果の及ぶ期間

③ 譲渡損益計上時期が生じた場合　その旨及び生じた日

───── 計算例 ─────

（設　例）　A社が帳簿価額2,000万円の土地を完全支配関係にあるB社に10,000万円で譲渡した場合

A社との間に完全支配関係のあるB社に対する土地（譲渡調整資産）の譲渡であるため、譲渡益が繰り延べられることになります。

〈会計処理〉

○譲渡人A社

現金　10,000万円	土地　　　　　2,000万円
	土地売却益　8,000万円

○譲受人B社

土地　10,000万円	現金　10,000万円

〈税務処理〉

○譲渡人A社の処理

（申告調整）

譲渡損益調整勘定繰入損　8,000万円	譲渡損益調整勘定（土地）　8,000万円

〈別表四の記載〉

区　　分	総　額	処　分	
		留　保	社外流出
	①	②	③
減算　譲渡損益調整勘定繰入額	8,000万円	8,000万円	

〈別表五(一)の記載〉

区　　分	期首現在利益積立金額	当期の増減		差引翌期首現在利益積立金額 ①－②＋③
		減	増	
	①	②	③	④
譲渡損益調整勘定（土地）			△8,000万円	△8,000万円

○譲受人B社の処理

調整なし

■第三節　100％グループ内の法人間の寄附

　100％グループ内の内国法人間の寄附については支出法人において寄附金の額の全額が損金不算入とされるとともに、受領法人において受贈益の全額が益金不算入とされます。（法法25の2①、37②）

1　適用対象

　法人による完全支配関係のある内国法人間の寄附金及び受贈益が対象となります。したがって、個人（同族関係者を含む。）による完全支配関係のあるものは除かれます。（法法37②）

2　親法人における子法人の株式等に係る寄附修正

　完全支配関係のある法人（子法人）の株式等について次の①又は②に掲げる事由（寄附修正事由）が生ずる場合には次の算式により計算した金額を利益積立金額及びその寄附修正事由が生じた時の直前の子法人株式等の帳簿価額に加算することとされています。（法令9七、119の3⑨）

　①　子法人が法人による完全支配関係のある他の内国法人から益金不算入の対象となる受贈益の額を受けたこと

　②　子法人が法人による完全支配関係のある他の内国法人に対して損金不算入の対象となる寄附金の額を支出したこと

（算式）

$$\left(\begin{array}{l} 子法人が受けた益金 \\ 不算入の対象となる \\ 受贈益の額 \end{array} \times 持分割合 \right) - \left(\begin{array}{l} 子法人が支出した損金 \\ 不算入の対象となる \\ 寄附金の額 \end{array} \times 持分割合 \right)$$

　この算式の持分割合とは、当該子法人の寄附修正事由が生じた時の直前の発行済株式又は出資（当該子法人が有する自己の株式又は出資を除きます。）の総数又は総額のうちに当該法人が当該直前に有する当該子法人の株式又は出資の数又は金額の占める割合をいいます。

計算例

（設　例）　B社がC社に対して寄附金の額100を支出した場合

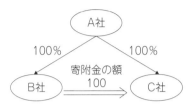

　A社との間に完全支配関係があるB社及びC社の株式について寄附修正事由が生じているため、A社はB社株式について寄附金の額100に持分割合100％を乗じた金額100を利益積立金額から減算するとともに、同額を寄附修正事由が生じた時の直前のB社株式の帳簿価額から減算し、減算後の帳簿価額を株式の数で除して計算した金額を1株当たりの帳簿価額とします。

　また、C社株式については、受贈益の額100に持分割合100％を乗じた金額100を利益積立金額に加算するとともに、同額を寄附修正事由が生じた時の直前のC社株式の帳簿価額に加算し、加算後の帳簿価額を株式の数で除して計算した金額を1株当たりの帳簿価額とします。

〈A社の処理〉

（申告調整）

　　利益積立金額　　100　／　B社株式　　　　　100

　　C社株式　　　　100　／　利益積立金額　　　100

〈A社の別表五㈠の記載〉

区　　分	期首現在利益積立金額	当期の増減		差引翌期首現在利益積立金額 ①－②＋③
		減	増	
	①	②	③	④
B社株式（寄附修正）		100		△100
C社株式（寄附修正）			100	100
計		100	100	0

■第四節　100％グループ内の法人からの受取配当等の益金不算入

　100％グループ内の法人から受け取った配当等については、負債利子控除をせずに全額が益金不算入とされます。詳しくは第十四章「受取配当等の益金不算入」を参照してください。

■第五節　発行法人への株式譲渡

　内国法人が所有株式を発行した他の内国法人（完全支配関係があるもの）から、みなし配当が生ずる起因となる事由により金銭その他の財産の交付を受けた場合又はその事由によりその他の内国法人の株式を有しなくなった場合には、その株式の譲渡損益の計算上、その株式の譲渡対価となる金額は譲渡原価に相当する金額とされ、譲渡損益を計上しないこととされています。（法法61の2⑰）

■第六節　中小企業向け特例措置の不適用

　資本（出資）の額が1億円以下の法人に適用される次の中小企業向け特例措置は、資本（出資）金の額が5億円以上の法人の100％子法人及び100％グループ内の複数の資本（出資）金の額が5億円以上の法人に発行済株式等の全部を保有されている法人に該当する普通法人には、適用しないこととされています。

　①　年800万円以下の所得に対する軽減税率（第十九章参照）

　②　特定同族会社の特別税率の不適用（第二十章第二節参照）

　③　貸倒引当金の損金算入（第十二章第二節参照）

　④　貸倒引当金の法定繰入率（第十二章第二節参照）

　⑤　交際費等の損金不算入制度における定額控除（第十一章第一節参照）

　⑥　欠損金の繰戻しによる還付（第二十二章第七節(2)参照）

　⑦　欠損金等の控除限度額の縮減の不適用（第十七章第三節参照）

総合演習問題

 の部分は章見出し（第二十五章）

問54 次の文章のうち、正しいものには○印を、誤っているものには×印を、それぞれ解答欄に記入しなさい。

1. 普通法人とは、公共法人、公益法人等、協同組合等以外の法人をいい、人格のない社団等は、普通法人に含まれる。

2. 事業年度とは、原則として、法人の財産及び損益の計算の単位となる期間（会計期間）で、法令で定めるもの又は定款、寄附行為、規則、規約その他これらに準ずるものに定めるものをいう。

3. 各事業年度の所得の金額の計算上、益金の額に算入すべき金額は、別段の定めがあるものを除き、資産の販売、有償又は無償による資産の譲渡又は役務の提供、無償による資産の譲受けその他の取引で資本等取引以外のものに係る収益の額である。

4. 損金経理とは、法人がその確定した決算において費用又は損失として経理することをいう。

5. 売上原価等となるべき費用の額が当期終了日までに確定していない場合には、同日の現況によりその金額を適正に見積もらなければならないが、原価以外の販売費及び一般管理費については、債務が確定していないかぎり、あらかじめ見積り計上することは認められない。

6. 購入した棚卸資産の取得価額には、購入代価のほか、原則として、その資産を消費し又は販売の用に供するために直接要した費用の額が含まれる。

7. 内国法人が、棚卸資産の評価の方法を選定しなかった場合又は選定した評価の方法により評価しなかった場合には、総平均法により算出した取得価額による原価法により評価する。

8. 減価償却資産を取得し事業の用に供した場合、その使用可能期間が1年未満又は取得価額が20万円未満のものにつき損金経理したときは、その全額は損金に算入される。

9. 平成24年4月1日以後に、平成19年4月1日から平成24年3月31日までに取得した定率法を適用している既存の減価償却資産（旧減価償却資産）について資本的支出（追加償却資産）をした場合は、旧減価償却資産と追加償却資産とを合算して1つの減価償却資産とすることはできない。

10. 繰延資産とは、法人が支出する費用のうち支出の効果がその支出の日以後2年以上に及ぶもので一定のものをいう。

11. 法人税法上、役員とは、法人の取締役、執行役、会計参与、監査役、理事、監事及び清算人をいい、これら以外の者は、たとえ法人の経営に従事している者であっても役員とさ

れることはない。

12. 法人税を法定納期限までに完納しなかったことにより課された延滞税の額は、各事業年度の所得の金額の計算上、損金の額に算入される。

13. 税務上、寄附金は、実際にその支出のあった日の属する事業年度の損金の額に算入されるので、未払寄附金は、その事業年度の寄附金とはならない。

14. 交際費等とは、交際費、接待費、機密費その他の費用で、法人がその得意先、仕入先その他事業に関係のある者等に対する接待、供応、慰安、贈答その他これらに類する行為のために支出するものをいう。

15. 法人が、交際費、接待費、機密費等の名義をもって支出した金銭で、その費途が明らかでないものは、損金の額に算入されない。

16. 金銭債権について、法律上切り捨てられた場合でも、その事実の発生した事業年度において貸倒れとして損金経理しなければ損金の額に算入されない。

17. 圧縮記帳は、課税の繰延べであり、キャピタル・ゲインに対する税金の免除ではない。

18. 受取配当等の益金不算入は、確定申告書に記載がなければ認められない。

19. 有価証券の一単位当たりの譲渡原価の算出方法には、移動平均法、総平均法と最終仕入原価法の3つの方法がある。

20. 欠損金額とは、各事業年度の所得の金額の計算上、当該事業年度の損金の額が当該事業年度の益金の額を超える場合におけるその超える部分の金額をいう。

21. 前事業年度に納付した住民税の還付金は、益金の額に算入する。

22. 法人税法上、同族会社とは、会社の株主等（その会社が自己の株式又は出資を有する場合のその会社を除く。）の3人以下並びにこれらの同族関係者が、その会社の発行済株式又は出資の総数又は総額（その会社が有する自己の株式又は出資を除く。）の50％を超える数又は金額の株式又は出資を有する場合その他一定の場合におけるその会社をいう。

23. 特定同族会社の特別税率は、被支配会社であることについての判定の基礎となった株主等のうちに被支配会社でない法人がある場合には、その法人を除外して判定しても被支配会社となる内国法人（資本金の額が1億円を超えるもの）に限り適用される。

24. 公社債投資信託の収益の分配に係る所得税額は、元本の所有期間に対応する金額のみが所得税額控除の対象となる。

25. 事業年度が6月を超える内国法人は、予定申告又は仮決算による中間申告をしなければならないが、中間税額が前事業年度の確定法人税額の12分の6を超える場合には、仮決算による中間申告はできない。

26. 完全支配関係とは、一の者が法人の発行済株式等の100％を保有する関係をいうが、一の者は内国法人のみをいい、個人や外国法人は含まれない。

（解答欄）

1	2	3	4	5	6	7	8	9	10	11	12	13

14	15	16	17	18	19	20	21	22	23	24	25	26

問55　次の各項目が、内国法人の各事業年度の所得の金額の計算上、益金の額又は損金の額に算入されるか否か、それぞれ解答欄に○印を付して答えなさい。なお、例外があるものでも、すべて原則によって解答すること。

1．還付を受けた前期分の所得税の額
2．前事業年度に係る中間申告分の法人税の還付金とともに支払を受けた還付加算金の額
3．使用人の業務遂行中の交通違反に対して課された罰金の会社負担額
4．当期に支払った指定寄附金等で仮払経理をしたもの
5．当期において手形で支払った寄附金で期末現在未決済となっているもの
6．得意先等に自社の社名入りカレンダーを贈与するために要した金額
7．従業員の親族の慶弔・禍福に際して社内規程に基づいて支給した金品の費用の額
8．当期の決算確定日までに剰余金の処分により積み立てた特別償却準備金の金額
9．前期に繰り入れた貸倒引当金繰入限度超過額の当期取崩額
10．仮装経理により役員に支給した給与の額
11．翌期に退職予定の役員に対する取締役会で内定した退職給与の未払計上額
12．会社更生法の規定による更生手続開始の決定に伴い計上した土地の評価益の額
13．青色申告事業年度に生じた欠損金の額

（解答欄）

	1	2	3	4	5	6	7	8	9	10	11	12	13
益金の額に算入													
益金の額に不算入													
損金の額に算入													
損金の額に不算入													

問56 次の資料により、Y株式会社の第◯期事業年度（自令和6年4月1日 至令和7年3月31日）の確定申告により納付すべき法人税額を計算しなさい。

* 当社は資本（出資）金の額が5億円以上である法人の100%子法人及び100%グループ内の複数の資本（出資）金の額が5億円以上の法人に発行済株式等の全部を保有されている法人ではありません。
　また、当期前3期の所得金額の年平均額は15億円以下です。

〈資　料〉

1．期末現在資本金額	80,000,000円
2．当期利益の額	63,554,180円
3．所得金額の計算上税務調整すべき事項	
⑴　損金の額に算入した中間納付の法人税額	14,756,000円
⑵　損金の額に算入した中間納付の住民税の額	1,391,500円
⑶　寄附金の損金不算入額	2,506,000円
⑷　車両の減価償却に関する事項	
①　損金の額に算入した減価償却費	3,500,000円
②　減価償却限度額	2,200,000円
③　減価償却超過額	1,300,000円
⑸　建物減価償却超過額の当期認容額	800,000円
⑹　役員給与の損金不算入額	2,500,000円
⑺　交際費等の損金不算入額	12,637,300円
⑻　益金の額に算入した法人税及び住民税の還付金額	1,356,000円
⑼　損金の額に算入した納税充当金	15,000,000円
⑽　法人税額から控除される所得税額	1,590,590円

なお、提示された資料以外は一切考慮しないものとする。

〈解答用紙〉

I　所得金額の計算

摘　　　　　　　　　要			金　　　額
当　　期　　利　　益			円
加			
算			

	小	計	
減			
算			
	小	計	
	仮	計	
	法 人 税 額 か ら 控 除 さ れ る 所 得 税 額		
	合 計 ・ 総 計 ・ 差 引 計		
	所 得 金 額		

Ⅱ　納付すべき法人税額の計算

摘　　　　要	金　額	計　算　過　程
所 得 金 額	円	円 未満の端数切捨て
法　人　税　額		(1)　年800万円以下の所得金額に対する税額 　円 × □/12 × □ % = 　円 (2)　年800万円を超える所得金額に対する税額 （ 　円 − 　円 × □/12 ） × □ % = 　円 (3)　税額計　(1)+(2)= 　円
差 引 法 人 税 額		
法 人 税 額 計		
控 除 税 額		
差引所得に対する法人税額		円 未満の端数切捨て
中 間 申 告 分 の 法 人 税 額		
納 付 す べ き 法 人 税 額		

問57 次の資料により非同族会社であるＺ株式会社の当期（自令和６年４月１日　至令和７年３月31日）の課税標準である所得金額及び確定申告により納付すべき法人税額を計算しなさい。

＊　当社は資本（出資）金の額が５億円以上である法人の100％子法人及び100％グループ内の複数の資本（出資）金の額が５億円以上の法人に発行済株式等の全部を保有されている法人ではありません。
また、当期前３期の所得金額の年平均額は15億円以下です。

〈資　料〉

1．期末現在資本金額　　　　　　　　　　　　　　　　　　　　100,000,000円

2．確定した決算による当期利益の額　　　　　　　　　　　　　106,853,200円

3．所得金額の計算上税務調整すべき事項

(1)　損金の額に算入した中間納付の法人税の額　　　　　　　　24,800,000円

(2)　損金の額に算入した中間納付の住民税の額　　　　　　　　2,262,200円

(3)　損金の額に算入した納税充当金　　　　　　　　　　　　　15,500,000円

(4)　納税充当金から支出した前期分事業税等の額　　　　　　　6,092,700円

(5)　貸倒引当金の繰入限度超過額　　　　　　　　　　　　　　1,270,000円

(6)　交際費等の損金不算入額　　　　　　　　　　　　　　　　3,987,550円

(7)　減価償却に関する事項

種　類	取　得　価　額	損金経理償却費	期首帳簿価額	耐用年数	償却方法	償却率
建　物	37,000,000円	1,000,000円	16,420,000円	38年	旧定額法	0.027
機　械	5,400,000円	500,000円	—	10年	定率法	0.200
車　両	5,000,000円	473,000円	1,200,000円	5年	定率法	0.400

①　建物には、前期以前に発生した繰越償却超過額が350,000円ある。

②　機械は、令和６年12月５日に取得し、同日事業の用に供したものである。

③　車両は、平成24年４月１日以後に取得し、事業の用に供したもので、前期に発生した繰越償却超過額が312,500円ある。

④　平成24年４月１日以後に取得された減価償却資産の定率法の改定償却率及び保証率は次のとおりです。

	５年	10年
改定償却率	0.500	0.250
保　証　率	0.10800	0.06552

(8)　受取配当等に関する事項

①　当期における受取配当等の状況は次のとおりであり、差引収入金額をもって雑収入に計上している。

銘　柄　等	区　　分	配当等の額	源泉所得税額	差引収入金額	配当等の計算期間	備考
A株式 （非上場株式）	剰余金の配当	700,000円	140,000円	560,000円	令和5年4月1日～ 令和6年3月31日	注1
B受益権	収益分配金	390,000円	58,500円	331,500円	令和5年10月1日～ 令和6年9月30日	注2
C銀行預金	預金の利子	120,000円	18,000円	102,000円	―	―

（注1）　A株式は、その全部である20,000株を令和5年6月1日に取得し、その後の取得及び売却
　　　　はない。また、A株式は、関連法人株式等に該当する。

（注2）　B受益権は、令和4年4月1日にそのすべてを取得した特定株式投資信託である。

②　控除する利子の額の特例は、適用しない。

なお、提示された資料以外は一切考慮しないものとする。

〈解答用紙〉

I　所得金額の計算

摘　　　　　　　　　　要		金　　　額
当　　期　　利　　益		円
加算		
	小　　　　計	
減算		
	小　　　　計	
仮　　　　　　　　　計		
合　計　・　総　計　・　差　引　計		
所　　得　　金　　額		

Ⅱ　計算過程

項　　　　　目	計　　算　　過　　程
減　価　償　却	1．建物 (1)　会社計上償却費　　[　　　　　]円 (2)　償却限度額 　　　　[　　　]円×0.9×[0.　　]＝[　　　　　]円 (3)　償却超過額 　　　(1)−(2)＝[　　　　　]円 2．機械 (1)　会社計上償却費　　[　　　　　]円 (2)　償却限度額 　　①　調整前償却額 　　　　[　　　　]円×[0.　　]＝[　　　　　]円 　　②　償却保証額 　　　　[　　　　]円×[0.　　]＝[　　　　　]円 　　③　①$\left\{\begin{array}{c}≧\\<\end{array}\right\}$②　　∴[　　　　　]円 　　　（いずれかを○で囲む） 　　④　償却限度額 　　　　[　　　　]円×[0.　　]×$\dfrac{[\ \ ]}{12}$＝[　　　　　]円 (3)　償却超過額 　　　(1)−(2)＝[　　　　　]円 3．車両 (1)　会社計上償却費　　[　　　　　]円 (2)　償却限度額 　　①　調整前償却額 　　　　$\left(\right.$[　　　　]円＋[　　　　]円$\left.\right)$×[0.　　] 　　　　＝[　　　　]円 　　②　償却保証額 　　　　[　　　　]円×[0.　　]＝[　　　　　]円 　　③　①$\left\{\begin{array}{c}≧\\<\end{array}\right\}$②　　∴[　　　　　]円 　　　（いずれかを○で囲む）

	④ 償却限度額 ［ 　　　　　］円 (3) 認容額 (2)−(1)＝［ 　　　　］円 $\left\{\begin{matrix}>\\<\end{matrix}\right\}$ ［ 　　　　］円 ∴ ［ 　　　　］円 （いずれかを○で囲む）
受取配当等の 益金不算入額	(1) 受取配当等の額 ① 関連法人株式等 ［ 　　　　］円 ② 特定株式投資信託 ［ 　　　　］円 (2) 控除する利子の額 ［ 　　　　］円 × 0.［ 　］＝［ 　　　　］円 (3) 益金不算入額 $\left(\right.$ ［ 　　　］円 − ［ 　　　］円 $\left.\right)$ ＋ ［ 　　　］円 × ［ 　］％ ＝ ［ 　　　　］円
法人税額から控除 される所得税額	(1) 株式・出資（A株式） ① 個別法 ［ 　　　　］円 × $\dfrac{［ 　 ］}{12}$ $\left(\right.$ 0.［ 　］ → 0.［ 　］ $\left.\right)$ 　　　　　　　　　　　　小数点以下3位未満切上げ ＝ ［ 　　　　］円 ② 簡便法 ［ 　　　］円 × $\dfrac{0株 ＋ \left(\right.［ 　　］株 − 0株\left.\right) × \frac{1}{2}}{［ 　　］株}$ $\left(\right.$ 0.［ 　］ $\left.\right)$ ＝ ［ 　　　　］円 ③ 控除額 ①と②のうちいずれか $\left\{\begin{matrix}多\ い\\少ない\end{matrix}\right\}$ 額 ∴ ［ 　　　　］円 　　　　　　　　　（いずれかを○で囲む） (2) 受益権（B受益権） ［ 　　　　］円 (3) その他（C銀行預金） ［ 　　　　］円 (4) 法人税額から控除される所得金額 ［ 　　　］円 ＋ ［ 　　　］円 ＋ ［ 　　　］円 ＝ ［ 　　　　］円

Ⅲ　納付すべき法人税額の計算

摘　　　要	金　額	計　算　過　程
所　得　金　額	円	☐ 円 未満の端数切捨て
法　人　税　額		(1) ☐ 円 $\times \dfrac{12}{12} \times$ ☐ ％ $=$ ☐ 円 (2) $\left(\text{☐ 円} - \text{☐ 円} \times \dfrac{12}{12}\right)$ 　　$\times$ ☐ ％ $=$ ☐ 円 (3)　税額計 　　(1)+(2)= ☐ 円
差　引　法　人　税　額		
法　人　税　額　計		
控　　除　　税　　額		
差引所得に対する法人税額		☐ 円 未満の端数切捨て
中　間　申　告　分　の法人税額		
納　付　す　べ　き法人税額		

問58　次の資料に基づき、非同族会社である甲株式会社の当期（自令和6年4月1日　至令和7年3月31日）の課税標準となる所得金額及び確定申告により納付すべき法人税額を計算しなさい。

　　＊　当社は資本（出資）金の額が5億円以上である法人の100％子法人及び100％グループ内の複数の資本（出資）金の額が5億円以上の法人に発行済株式等の全部を保有されている法人ではありません。

　　　　また、当期前3期の所得金額の年平均額は15億円以下です。

〈資　料〉

1．期末現在資本金額　　　　　　75,000,000円

2．当期利益の額　　　　　　　　97,992,900円

3．所得金額の計算上税務調整すべき事項

　(1)　損金の額に算入した中間納付の法人税の額　　　　22,654,000円

　(2)　損金の額に算入した中間納付の住民税の額　　　　　2,076,100円

　(3)　損金の額に算入した納税充当金　　　　　　　　　16,800,000円

　(4)　損金の額に算入した法人税の延滞税　　　　　　　　　175,000円

　(5)　納税充当金から支出した前期分事業税等の額　　　　5,031,000円

　(6)　貸倒引当金の繰入限度超過額　　　　　　　　　　　1,124,500円

　(7)　貸倒引当金繰入限度超過額の当期認容額　　　　　　　990,750円

　(8)　商品評価損の否認額　　　　　　　　　　　　　　　1,500,000円

(9)　役員給与に関する事項

　　甲株式会社が当期に損金経理により支給した役員給与の額は36,000,000円であるが、法人税法上の役員給与の適正額は30,000,000円である。

(10)　減価償却に関する事項

資　産	取得価額	損金経理償却費	期末帳簿価額	耐用年数	償却方法	償却率
建　物	45,000,000円	1,500,000円	17,367,500円	34年	旧定額法	0.030
機　械	27,000,000円	200,000円	2,456,000円	22年	旧定率法	0.099
車　両	2,500,000円	650,000円	849,750円	5年	定率法	0.400
備　品	720,000円	200,000円	520,000円	10年	定率法	0.200

① 建物には、前期以前に発生した繰越償却超過額が617,500円ある。

② 機械には、前期以前に発生した繰越償却超過額が368,000円ある。

③ 車両は、平成24年4月1日以後に取得し、事業の用に供したもので、前期以前に発生した繰越償却不足額が93,750円ある。

④ 備品は、令和6年6月21日に取得し、同日から事業の用に供したものである。

⑤ 平成24年4月1日以後に取得された減価償却資産の定率法の改定償却率及び保証率は次のとおりです。

	5年	10年
改定償却率	0.500	0.250
保　証　率	0.10800	0.06552

(11)　交際費等に関する事項

① 当期において交際費勘定に損金経理により計上した金額の内訳は次のとおりである。

　　イ．取引先に対し当社の社名入りのカレンダーを配付した費用　　　450,000円

　　ロ．取引先の従業員に対する慶弔費用　　　　　　　　　　　　　　300,000円

　　ハ．社内会議に関連して支出した茶菓・弁当代　　　　　　　　　　 80,000円

　　ニ．取引先との飲食のために支出した費用　　　　　　　　　　　2,000,000円

　　ホ．その他の費用で税務上の交際費等に該当するもの　　　　　　6,150,000円

② 令和7年3月に取引先を旅行に招待した費用600,000円は、当期末現在未払のため、何らの処理もしていない。

　＊ 定額控除限度額に達するまでの金額を損金の額に算入する方法によって計算しなさい。

(12)　国庫補助金に関する事項

① 令和6年8月5日に国庫補助金4,000,000円の交付を受け、その交付の目的に適合した土地を同年10月7日に自己資金2,000,000円を加え6,000,000円で取得し、直ちに事業

の用に供している。なお、この国庫補助金については、当期末までに返還不要が確定している。

② この土地に関し、損金経理により土地圧縮損5,000,000円を計上するとともに、同額を土地の帳簿価額から減額している。

⒀ 受取配当等の益金不算入額　　　　　　　　　420,000円

⒁ 寄附金の損金不算入額　　　　　　　　　　　983,370円

⒂ 法人税額から控除される所得税額　　　　　　172,500円

なお、提示された資料以外は一切考慮しないものとする。

〈解答用紙〉

I　所得金額の計算

摘　　　　　　　要		金　　額
当　　期　　利　　益		円
加		
算		
	小　　　　　計	
減		
算		
	小　　　　　計	

仮 計	
合 計 ・ 総 計 ・ 差 引 計	
所 得 金 額	

Ⅱ 計算過程

項 目	計 算 過 程
役 員 給 与	会社計上役員給与　　法人税法上の適正額　　損金不算入額 [＿＿＿＿] 円 － [＿＿＿＿] 円 ＝ [＿＿＿＿] 円
減 価 償 却	1．建物 (1) 会社計上償却費 [＿＿＿] 円 (2) 償却限度額 　[＿＿＿] 円 ×0.9× 0.[＿＿] ＝ [＿＿＿] 円 (3) 償却超過額 　(1)－(2)＝ [＿＿＿] 円 2．機械 (1) 会社計上償却費 [＿＿＿] 円 (2) 償却限度額 　([＿＿] 円 ＋ [＿＿] 円 ＋ [＿＿] 円) 　× 0.[＿＿] ＝ [＿＿＿] 円 (3) 認容額 　(2)－(1)＝ [＿＿＿] 円 { ＞ / ＜ } [＿＿＿] 円 　（いずれかを○で囲む） 　∴ [＿＿＿] 円 3．車両 (1) 会社計上償却費 [＿＿＿] 円 (2) 償却限度額 　① 調整前償却額 　　([＿＿] 円 ＋ [＿＿] 円) × 0.[＿＿] 　　＝ [＿＿＿] 円 　② 償却保証額 　　[＿＿＿] 円 × 0.[＿＿] ＝ [＿＿＿] 円

③ ①$\left\{\begin{array}{c}\geqq\\<\end{array}\right\}$②　　∴　$\boxed{\qquad\qquad\text{円}}$

（いずれかを○で囲む）

④　償却限度額

$\boxed{\qquad\qquad\text{円}}$

(3)　償却超過額

(1)－(2)＝$\boxed{\qquad\qquad\text{円}}$

4．備品

(1)　会社計上償却費　$\boxed{\qquad\qquad\text{円}}$

(2)　償却限度額

①　調整前償却額

$\left(\boxed{\qquad\qquad\text{円}}+\boxed{\qquad\qquad\text{円}}\right)\times\boxed{0.\qquad}$

$=\boxed{\qquad\qquad\text{円}}$

②　償却保証額

$\boxed{\qquad\qquad\text{円}}\times\boxed{0.\qquad}=\boxed{\qquad\qquad\text{円}}$

③ ①$\left\{\begin{array}{c}\geqq\\<\end{array}\right\}$②　　∴　$\boxed{\qquad\qquad\text{円}}$

（いずれかを○で囲む）

④　償却限度額

$\left(\boxed{\qquad\qquad\text{円}}+\boxed{\qquad\qquad\text{円}}\right)\times\boxed{0.\qquad}$

$\times\dfrac{\boxed{\qquad}}{12}=\boxed{\qquad\qquad\text{円}}$

(3)　償却超過額

(1)－(2)＝$\boxed{\qquad\qquad\text{円}}$

交　際　費　等	(1)　支出交際費等

$\boxed{\qquad\qquad\text{円}}+\boxed{\qquad\qquad\text{円}}+\boxed{\qquad\qquad\text{円}}+$

$\boxed{\qquad\qquad\text{円}}=\boxed{\qquad\qquad\text{円}}$

(2)　定額控除限度額

$\boxed{\qquad\qquad\text{円}}\times\boxed{\dfrac{\qquad}{\qquad}}=\boxed{\qquad\qquad\text{円}}$

(3)　損金算入限度額

$\boxed{\qquad\qquad\text{円}}>\boxed{\qquad\qquad\text{円}}$

∴　$\boxed{\qquad\qquad\text{円}}$

(4)　損金不算入額

$\boxed{\qquad\qquad\text{円}}-\boxed{\qquad\qquad\text{円}}=\boxed{\qquad\qquad\text{円}}$

国 庫 補 助 金	(1) 圧縮限度額

(いずれかを○で囲む)

(2) 圧縮超過額

| | 円 | － | | 円 | ＝ | | 円 |

Ⅲ 納付すべき法人税額の計算

摘　　　　　要	金　額	計　　算　　過　　程
所　得　金　額	円	⬚ 円 未満の端数切捨て
法　人　税　額		(1) 年800万円以下の所得金額に対する税額 　　⬚ 円 $\times \dfrac{12}{12} \times$ ⬚ ％ 　　＝ ⬚ 円 (2) 年800万円を超える所得金額に対する税額 　　$\left(\; ⬚ \text{円} - ⬚ \text{円} \times \dfrac{12}{12}\;\right)$ 　　$\times$ ⬚ ％ ＝ ⬚ 円 (3) 税額計　　(1)＋(2)＝ ⬚ 円
差　引　法　人　税　額		
法　人　税　額　計		
控　　除　　税　　額		
差引所得に対する法人税額		⬚ 円 未満の端数切捨て
中 間 申 告 分 の 法 人 税 額		
納 付 す べ き 法 人 税 額		

公益社団法人 **全国経理教育協会主催**

法人税法能力検定試験

○ 令和6年度法人税法能力検定試験受験要項

○ 試験規則・実施要項

○ 法人税法能力検定試験級別出題区分表

（令和6年度実施の検定試験については、税制改正により出題範囲を変更し出題する場合があります。）

○ 令和5年10月実施試験問題

公益社団法人　全国経理教育協会　主催
文　部　科　学　省　後援

令和6年度
所得税法能力検定試験
法人税法能力検定試験
消費税法能力検定試験
相続税法能力検定試験
受験要項

試 験 日　第115回　令和6年　5月19日（日）※2・3級は施行いたしません。
　　　　　　第116回　令和6年10月27日（日）
　　　　　　第117回　令和7年　2月　2日（日）※1級は施行いたしません。
　　　　　（注）所得税法・法人税法・消費税法・相続税法とも各回，同一試験日に行います。

受験資格　男女の別，年齢，学歴，国籍等の制限なく誰でも受けられます。

受 験 料　1 級　3,500円
（税込）　2 級　2,700円
　　　　　　3 級　2,300円
　　　　　（注）所得税法・法人税法・消費税法・相続税法　各級共通

申込期間　第115回　令和6年　4月　1日　～　　4月30日
　　　　　　第116回　令和6年　9月　2日　～　　9月30日
　　　　　　第117回　令和6年12月　9日　～　　1月　6日

試験会場　本協会加盟校　※試験会場の多くは専門学校となります。

申込方法　協会ホームページの申込サイト（https://app.zenkei.or.jp/）にアクセスし，メールアドレス
　　　　　　を登録してください。マイページにログインするためのIDとパスワードが発行されます。
　　　　　　マイページの検定実施一覧から検定試験の申し込みを行ってください。
　　　　　　申し込み後，コンビニ・ペイジー・ネットバンキング・クレジットカード・キャリア決済・プ
　　　　　　リペイドのいずれかの方法で受験料をお支払ください。受験票をマイページから印刷し試験当
　　　　　　日に持参してください。試験実施日の2週間前から印刷が可能です。

試験時間　試験時間は試験規則第5条を適用します。開始時間は受験票に記載します。

適用法令　適用する法令等は毎年4月30日現在施行されているものに準拠します。
　　　　　　5月施行の1級は，前年の11月30日現在施行されているものに準拠して出題します。

合格発表　試験日から1週間以内にインターネット上のマイページで閲覧できます。
　　　　　　※試験会場の学生，生徒の場合，各受付校で発表します。

［受験者への注意］
1．申し込み後の変更，取り消し，返金はできませんのでご注意ください。
2．受験者は，試験開始時間の10分前までに入り，受験票を指定の番号席に置き着席してください。
3．解答用紙の記入にあたっては，黒鉛筆または黒シャープペンを使用してください。
4．計算用具（計算機能のみの電卓またはそろばん）を持参してください。
5．試験は，本協会の規定する方法によって行います。
6．試験会場では試験担当者の指示に従ってください。
　　この検定についての詳細は，本協会又はお近くの本協会加盟校にお尋ねください。

郵便番号　170－0004
東京都豊島区北大塚1丁目13番12号
公益社団法人　全国経理教育協会
helpdesk@zenkei.or.jp

公益社団法人　全 国 経 理 教 育 協 会 主 催

所 得 税 法 能 力 検 定 試 験 規 則

法 人 税 法 能 力 検 定 試 験 規 則

消 費 税 法 能 力 検 定 試 験 規 則

相 続 税 法 能 力 検 定 試 験 規 則

（令和4年4月改正）

第1条　　本協会は，この規則により全国一斉に所得税法能力検定試験，法人税法能力検定試験，消費税法能力検定試験，相続税法能力検定試験を行う。

第2条　　検定試験は筆記によって行い，受験資格を制限しない。

第3条　　検定試験は年間3回行い，その日時及び場所は施行のつどこれを定める。

第4条　　検定試験は所得税法1級，所得税法2級，所得税法3級，法人税法1級，法人税法2級，法人税法3級，消費税法1級，消費税法2級，消費税法3級，相続税法1級，相続税法2級，相続税法3級のそれぞれ3ランクに分ける。

第5条　　検定試験の種目及び制限時間を次のように定める。

所得税法1級	1時間30分	消費税法1級	1時間30分
所得税法2級	1時間	消費税法2級	1時間
所得税法3級	1時間	消費税法3級	1時間
法人税法1級	1時間30分	相続税法1級	1時間30分
法人税法2級	1時間	相続税法2級	1時間
法人税法3級	1時間	相続税法3級	1時間

第6条　　検定試験の標準開始時間を次のように定める。

所得税法1級	9時00分	消費税法1級	13時00分
所得税法2級	10時50分	消費税法2級	14時50分
所得税法3級	9時00分	消費税法3級	13時00分
法人税法1級	10時50分	相続税法1級	14時50分
法人税法2級	9時00分	相続税法2級	13時00分
法人税法3級	10時50分	相続税法3級	14時50分

　　　　　ただし，天災，交通機関の遅延等により，上記の時間に開始できないときは，各試験会場の試験実施責任者において「開始時間変更に関する申請書」を提出することとする。

第7条　　検定試験は各級とも100点を満点とし，得点70点以上を合格とする。

第8条　　検定試験に合格した者には，合格証書を交付する。

第9条　　受験手続き及び受験料については別にこれを定める。

第10条　　本規則の改廃は，理事会が決定する。

所得税法能力検定試験
法人税法能力検定試験
消費税法能力検定試験
相続税法能力検定試験
実施要項

（令和3年4月改正）

　　所得税法能力検定試験規則，法人税法能力検定試験規則，消費税法能力検定試験規則，相続税法能力検定試験規則第9条の規定による詳細を次のとおり定める。

受験資格　　男女の別，年齢，学歴，国籍等の制限なく誰でも受けられる。

申込方法　　協会ホームページの申込サイト（https://app.zenkei.or.jp/）にアクセスし，メールアドレスを登録し，マイページにログインするためのIDとパスワードを受け取る。

　　　　　　マイページの検定実施一覧から申し込みを行う。申し込み後，コンビニ・ペイジー・ネットバンキング・クレジットカード・キャリア決済・プリペイドのいずれかで受験料を支払う。受験票はマイページから印刷し試験当日に持参する。試験の開始時間が重ならない級については2つ以上の級の申し込みができる。

受験料　　　1　級　　　3,500円　　　　　　3　級　　　2,300円

（税込）　　2　級　　　2,700円

　　　　　　　　　（注）所得税法・法人税法・消費税法・相続税法各級共通

試験時間　　試験時間は試験規則第5条を適用するものとする。開始時間は受験票に記載する。

合格発表　　試験日から1週間以内にインターネット上のマイページで閲覧できる。

　　　　　　※試験会場の学生，生徒の場合，各受付校で発表する。

令和6年4月30日現在の法改正を踏まえ，本出題区分表の内容に変更が生じた場合には，同年7月に本協会ホームページに掲載してお知らせいたします。

法人税法能力検定試験級別出題区分表

注1　とくに明示がないかぎり同一の項目又は範囲については，級の上昇に応じて程度が高くなるものとする。
注2　適用する法令等は毎年4月30日現在施行されているものに準拠する。
　　　ただし，5月施行の1級は，前年の11月30日現在施行されているものに準拠して出題する。

(令和5年4月1日改正)

項　　目	3　級	2　級	1　級
1. 出題理念および合格者の能力	法人税法の学習の導入部と位置付け，法人税法における基本的な内容を出題する。法人税法の規定や基本的な考え方を理解し，経理事務担当者として，基本的な項目に限定すれば法人税の申告書に従った所得金額や法人税額を計算する能力を持つ。	法人税法の規定や基本的な考え方に基づき，企業における経理管理者または経理管理者を補助する者として，一般的な税務調整項目について，その考え方を理解し，これらの項目を含めた法人税の申告書に従った所得金額や法人税額を計算する能力を持つ。	企業における法人税の申告業務を行う経理管理者や将来税理士・公認会計士を目標とする者として，法人税法における各規定の意義を理解し，それぞれの規定に基づいた税務調整を行い，税務上適正な法人税の申告書を作成する能力を持つ。
2. 税法の基礎 （1）税金の意義，根拠，目的 （2）納税の義務 （3）税金の体系と分類 （4）徴税方式	○税金の意義，根拠，目的 ○納税の義務 ○税金の体系と分類 　○国税と地方税 　○直接税と間接税 　○本税と附帯税 ○徴税方式 　○賦課課税方式 　○申告納税方式		
3. 法令等	原則として法人税法に係る法令並びに租税特別措置法，国税通則法及び地方税法等の法人税法に関連する他の法令（法人税基本通達等の取扱いを含む）		
4. 用語の定義	○国　　内 ○国　　外 ○内国法人 ○外国法人 ○公共法人 ○公益法人等 ○協同組合等 ○人格のない社団等 ○普通法人 ○同族会社 ○収益事業 ○株主等 ○役　　員 ○資本金等の額 ○利益積立金額 　（基本的なもの） ○欠損金額 ○棚卸資産 ○有価証券 ○固定資産 ○減価償却資産 ○繰延資産 ○損金経理	○被合併法人 ○合併法人 ○分割法人 ○分割承継法人 ○合同運用信託 ○証券投資信託 ○公社債投資信託 ○期限後申告書 ○修正申告書	

項　　目	3　級	2　級	1　級
	○中間申告書 ○確定申告書 ○青色申告書 ○附帯税 ○還付加算金		
5．総則及び申告			
（1）納税義務者と課税所得の範囲	○内国法人の課税所得の範囲 ○外国法人の課税所得の範囲 ○法人課税信託		○法人課税信託に係る所得の金額の計算
（2）事業年度	○原　則 ————————	○特　例	
（3）納税地	○原　則 ————————	○特　例	
（4）申告，納付，還付等	○中間申告制度 ○確定申告制度 ○納　付 　{ イ．中間申告 　　ロ．確定申告	○確定申告書の提出期限の延長 ○確定申告書の提出期限の延長の特例 ○延　納 ○還　付 ○修正申告	
（5）更正及び決定		○更正の請求	○更正及び決定
（6）青色申告	○意義 ○手続等	○特　典 ———————— 　　○特別償却	○欠損金の繰越控除 ○準備金 ○実質所得者課税の原則
（7）所得の帰属に関する通則			○信託財産に係る収入及び支出の帰属
6．課税標準			
（1）課税所得と計算原理	○所得金額・欠損金額の意義 ○公正妥当な会計処理の基準		
（2）企業利益と課税所得	○損金経理 ○税務調整		
7．益金の額の計算			
（1）基本原則	○引渡基準		
（2）資産の販売等の収益の額	○棚卸資産の販売による収益	○固定資産の譲渡による収益	○請負による収益
（3）受取配当等	○受取配当等の範囲 ○益金不算入額の計算 　{ その他の株式等 　　非支配目的株式等 } ———	関連法人株式等 ———————— （負債利子額の取扱いを含む）	○短期保有株式等 完全子法人株式等 ○みなし配当 ○外国子会社から受ける配当等 ○その他の配当
（4）資産の評価益	○評価益の取扱い	○評価益が認められる場合	
（5）還付金等	○還付金等の取扱い	○法人税等中間納付額の還付金の処理 ○所得税額の還付金の処理	○欠損金の繰戻し還付
（6）その他の益金		○受贈益及び債務免除益の処理	○広告宣伝用資産の受贈益

項　　目	3　　級	2　　級	1　　級
8．損金の額の計算			
（1）基本原則			
（2）棚卸資産の評価	○棚卸資産の範囲		
	○評価方法（先入先出法，総平均法，移動平均法，最終仕入原価法等）		
	○原価法及び低価法		
	○取得価額（購入，製造等）―――――――――――――――――――――		特殊な場合
	○評価方法の選定の届出と変更		
	○法定評価方法		
（3）減価償却資産の償却	○減価償却資産の範囲		
	○取得価額（購入，製造等）―――――	圧縮記帳の場合―――――――	特殊な場合
	○少額減価償却資産	○一括償却資産の損金算入	
	○少額の減価償却資産	○資本的支出がある場合の取得価額	
		○中古資産の耐用年数の見積り	
	○減価償却の方法		
	［イ．旧定額法		
	ロ．定額法	○資本的支出と修繕費―――――	判　定
	ハ．旧定率法		
	ニ．定率法		
	○償却方法の選定の届出と変更		
	○法定償却方法		
			○増加償却
	○償却限度額		
	［イ．償却超過額の取扱い	○特別償却	［イ．その他の特別償却
	ロ．償却不足額の取扱い	中小企業者等が機械等を	ロ．特別償却不足額の繰越し
	ハ．償却超過額の認容	取得した場合の特別償却	ハ．特別償却準備金
	ニ．期中供用資産の償却限度額		
（4）繰延資産の償却	○繰延資産の範囲	○繰延資産の償却計算	
	○償却限度額の計算	［イ．会社法上の繰延資産	
	［イ．償却超過額の取扱い	ロ．税法独自の繰延資産	
	ロ．償却不足額の取扱い		
	ハ．償却超過額の認容		
	ニ．期中供用資産の償却限度額		
	○少額繰延資産		
（5）役員の給与等	○同族会社の判定（同族関係者を除く）	○同族会社の特別規定	
		［イ．行為又は計算の否認	
		ロ．役員又は使用人兼務役員の範囲	
	○役員の範囲		○経済的利益
	○役員給与の損金不算入		○インセンティブ報酬
	○過大な使用人給与の損金不算入		
（6）交際費等	○交際費等の損金不算入額の計算		○資産の取得価額に含めた交際費等
	○支出交際費等の範囲		
		○未払交際費等	

項　　目	3　級	2　級	1　級
		○仮払交際費等	
（7）寄附金	○支出寄附金の範囲と区分 　イ．指定寄附金等 　ロ．特定公益増進法人等に 　　対する寄附金 　ハ．その他の寄附金 　　（一般寄附金） ○損金不算入額の計算 ―――― 　イ．一般寄附金だけの場合 　　（損金算入限度額の計算） 　ロ．指定寄附金等と一般寄 　　附金がある場合	―― 特定公益増進法人等に対 する寄附金がある場合 （特別損金算入限度額）	○完全支配関係がある場合 　の寄附金 ○国外関連者に対する寄附 　金
		○未払寄附金 ○仮払寄附金	
（8）租税公課	○損金算入（事業税，固定資 　産税，印紙税，利子税，納 　期限延長に係る延滞金） ○損金不算入（法人税，住民 　税（道府県民税，市町村民 　税）） ○納税充当金 ○法人税額から控除される 　所得税額	○未払中間事業税 ○地方法人税 ○法人税額から控除される 　外国税額	 ○名義書換失念株式の所得税 ○未収配当等の所得税 ○控除対象外消費税額等
（9）不正行為等に係る費用 　　等の損金不算入	○延滞税，加算税，過怠税， 　延滞金，加算金（附帯税） ○罰金，科料，過料		○隠蔽仮装行為等
（10）資産の評価損	○評価損の取扱い ――――――	○評価損が認められる場合	
（11）圧縮記帳		○圧縮記帳の取扱い 　○国庫補助金等 　○保険差益 　○交換差益	○収用換地等 ○特定資産の買換え
（12）欠損金の繰越し		○青色申告年度の欠損金が 　ある場合 ○災害損失金がある場合	○特定株主等によって支配 　された欠損等法人の不適 　用
（13）貸倒損失		○貸倒損失	
（14）貸倒引当金	○個別評価金銭債権の繰入 　限度額 ○一括評価金銭債権の繰入 　限度額 　イ．期末一括評価金銭債 　　権の額 　ロ．実質的に債権とみら 　　れないものの額 　　（原則法）――――― 　ハ．法定繰入率 ――――― ○取崩し	――（簡便法） ―― 貸倒実績率	
（15）準備金			○海外投資等損失準備金
（16）借地権			○借地権
（17）リース取引			○リース取引
（18）所得の特別控除		○収用換地等	
（19）その他の損金			○損害賠償金 ○使途秘匿金（費途不明金）

項　目	3　級	2　級	1　級
9. 益金の額または損金の額の計算			
（1）有価証券の帳簿価額等	○有価証券の範囲		
	○有価証券の取得価額 （購入・金銭の払込み）		○特殊な場合
		○譲渡損益の取扱い	
		○一単位当たりの帳簿価額の算出方法	○特殊な場合
		○算出方法の選定の届出と変更	○有価証券の時価評価損益
		○法定算出方法	
			○デリバティブ取引等
（2）短期売買商品等			○短期売買商品等の譲渡損益及び時価評価損益
（3）外貨建取引の換算等		○外貨建取引の換算	
10. 税額の計算			
	○法人税の税率 （中小法人の軽減税率を含む）		
		○特定同族会社の特別税率	○使途秘匿金 ○その他の特別税率
	○所得税額等の控除の処理	○月数按分 （個別法，簡便法） ○外国税額の控除 ○中小企業者等の機械等の特別控除	
			○試験研究を行った法人の特別控除 ○給与等の支給額が増加した場合の特別控除 ○その他の特別控除
11. その他			
（1）企業組織再編税制			○企業組織再編成
（2）グループ通算制度			○グループ通算制度
（3）グループ法人税制			○グループ法人税制
（4）海外取引			○移転価格税制 ○過少資本税制 ○外国子会社合算税制
（5）法人の解散・清算			○法人の解散・清算
12. 出題の形式			
（1）文章問題	○語群選択方式又は○×方式による	○空欄方式（語群を与える）又は○×方式	
（2）仕訳問題	○出題の可能性あり		
（3）計算問題	○すべてに計算式を与える	○計算式を与える場合もある	

３級

解答は解答用紙に

第1問　次の各文の（　　　　）内の語句のうち，適切なものを選び，解答欄に記号で記入しなさい。（20点）

1．中間申告書を提出した内国法人である普通法人は，その申告書に記載した中間納付額があるときは，その申告書の（① ア．提出期限，イ．提出の時）までに，その金額に相当する法人税を（② ウ．税務署長，エ．国）に納付しなければならない。

2．内国法人とは，（③ オ．国内，カ．国外）に（④ キ．本店，ク．支店）又は主たる事務所の所在地を有する法人をいう。

3．内国法人の各事業年度の所得の金額は，その事業年度の（⑤ ケ．益金，コ．損金）の額からその事業年度の（⑥ サ．益金，シ．損金）の額を控除した金額とする。

4．新たに設立した内国法人は，その設立の日の属する事業年度の（⑦ ス．確定申告書，セ．青色申告書）の提出期限までに，減価償却資産につき，選定した償却方法を書面により納税地の所轄税務署長に（⑧ ソ．申請，タ．届出）しなければならない。

5．損金経理とは，法人がその（⑨ チ．確定，ツ．決定）した決算において（⑩ テ．費用，ト．経費）又は損失として経理することをいう。

第2問　次の【資料】に基づき，甲株式会社（以下「甲社」とする。）の当期（自令和5年4月1日　至令和6年3月31日）における寄附金の損金不算入額を計算過程欄に従って計算した場合に，以下の　イ　から　ホ　に入る金額，数値又は文言等を解答用紙に解答しなさい。なお，甲社は中小法人等及び中小企業者等（適用除外事業者には該当しない。）に該当する。

　　　また，税法上選択できる計算方法が2以上ある事項については，問題に指示されている事項を除き，当期の法人税額が最も少なくなる計算方法によるものとし，提示された資料以外は一切考慮しないものとする。（20点）

【資　料】

　1．別表四仮計（総額欄）の金額　　　　　　　　　　　　　　35,926,400円

　2．当期において損金経理により寄附金勘定に計上した金額の内訳

　　⑴　指定寄附金等に該当するもの　　　　　　　　　　　　　700,000円

　　⑵　一般寄附金に該当するもの　　　　　　　　　　　　　　600,000円

　3．期末資本金の額　　　　　　　　　　　　　　　　　　　50,000,000円

　4．期末資本準備金の額　　　　　　　　　　　　　　　　　18,000,000円

【計算過程】

　⑴　支出した寄附金の額

　　①　指定寄附金等の額　　イ　　　　　　円

　　②　一般寄附金の額　　　　　　　　　　円

　　③　合　　計　　　　①　＋　②　＝　　　　　　　　円

　⑵　寄附金支出前所得金額

　　　　　　　　円　＋　　　　　　　　円　＝　　　　　　　　円
　　　　　　　　　　　－

　　　　　（いずれかを○で囲む）

　⑶　資本基準額

　（　　　　　　円　＋　　　　　　円　）×　月／　　　×　　　／　　　＝　ロ　　　　　　円

　⑷　所得基準額

　　　　　　　　円　×　ハ　（分数で記入）　＝　　　　　　　円

　⑸　損金算入限度額

　（　　　　　　円　＋　　　　　　円　）×　ニ　（分数で記入）　＝　　　　　　　円

　⑹　損金不算入額

　　　　　　　　円　－　　　　　　　円　－　　　　　　円　＝　ホ　　　　　　円

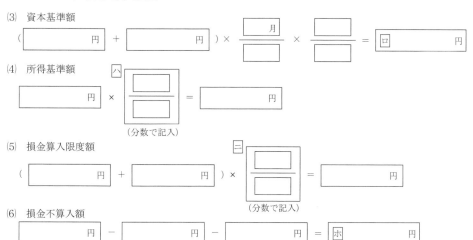

第3問 次の【資料】に基づき，乙株式会社（以下「乙社」とする。）の当期（自令和5年4月1日　至令和6年3月31日）における確定申告により納付すべき法人税額を計算過程欄に従って計算した場合に，以下の イ から ネ に入る金額，数値又は文言等を解答用紙に解答しなさい。空欄（カッコや□）は各自推定すること。なお，乙社は中小法人等及び中小企業者等（適用除外事業者には該当しない。）に該当する。

　また，税法上選択できる計算方法が2以上ある事項については，問題に指示されている事項を除き，当期の法人税額が最も少なくなる計算方法によるものとし，提示された資料以外は一切考慮しないものとする。（60点）

【資　料】

1．期末資本金の額　　　　　　　　　　　　　　　　　　　　　30,000,000円

2．期末資本準備金の額　　　　　　　　　　　　　　　　　　　5,000,000円

3．当期利益の額　　　　　　　　　　　　　　　　　　　　　 15,285,000円

4．所得金額の計算上税務調整を検討する事項

　⑴　損金経理をした法人税　　　　　　　　　　　　　1,260,000円（中間申告分）

　⑵　損金経理をした住民税　　　　　　　　　　　　　　 520,000円（中間申告分）

　⑶　損金経理をした納税充当金　　　　　　　　　　　　4,325,000円

　⑷　損金経理をした固定資産税　　　　　　　　　　　　 180,000円

　⑸　損金経理をした印紙税の過怠税　　　　　　　　　　　 7,000円

　⑹　納税充当金から支出した事業税等の金額　　　　　　1,104,000円

　⑺　車両減価償却超過額　　　　　　　　　　　　　　　 238,000円

　⑻　備品減価償却超過額の当期認容額　　　　　　　　　 321,000円

　⑼　繰延資産償却超過額　　　　　　　　　　　　　　　 166,000円

　⑽　受取配当等の益金不算入額　　　　　　　　　　　　 824,000円

　⑾　評価損益に関する事項

　　①　乙社が当期に計上した土地評価益の額は1,200,000円であるが，この評価益の計上は法人税法上認められるものではない。

　　②　乙社が当期に損金経理により計上した有価証券評価損の額は3,800,000円であるが，法人税法上の評価損の適正額は3,400,000円である。

　⑿　交際費等に関する事項

　　乙社が損金経理により支出した交際費等の額は12,351,800円（うち，1人当たり5,000円超の接待飲食費に該当するものが4,726,000円ある。）である。

　⒀　貸倒引当金に関する事項

　　①　損金経理により貸倒引当金勘定に繰り入れた金額は580,000円である。

　　②　法人税法上の貸倒引当金繰入限度額は524,380円である。

　　③　貸倒引当金繰入限度超過額の当期認容額は92,340円である。

　⒁　寄附金の損金不算入額　　　　　　　　　　　　　　 493,927円

　⒂　法人税額から控除される所得税額　　　　　　　　　 322,640円

これは解答用紙ではありません。
解答は解答用紙に記入すること。

【計算過程】

第3問（60点）

Ⅰ．所得金額の計算（別表四）

区　　　　　　　分	金　　　額	
当　　期　　利　　益	ホ	円
加算　イ	（　　　　　）	
	損金経理をした住民税	520,000
	損金経理をした納税充当金	（　　　　　）
	損金経理をした附帯税，加算金，延滞金及び過怠税	ヘ
	車両減価償却超過額	238,000
	繰延資産償却超過額	ト
	有価証券評価損の損金不算入額	チ
	交際費等の損金不算入額	リ
	貸倒引当金繰入限度超過額	（　　　　　）
	小　　　　　計	（　　　　　）
減算	納税充当金から支出した事業税等の金額	（　　　　　）
	備品減価償却超過額の当期認容額	321,000
	受取配当等の益金不算入額	ヌ
	ロ	（　　　　　）
	貸倒引当金繰入限度超過額の当期認容額	ル
	小　　　　　計	（　　　　　）
ハ	（　　　　　）	
寄　附　金　の　損　金　不　算　入　額	ヲ	
ニ	（　　　　　）	
合　計　・　差　引　計　・　総　計	（　　　　　）	
所　　　得　　　金　　　額	（　　　　　）	

Ⅱ．所得金額の計算過程

項　目	計　算　過　程
土　　　　地	(1)　土地評価益 　　会社計上評価益　　　　　法人税法上の適正額　　　　益金不算入額 　　$\boxed{ワ}$　　円　−　$\boxed{　　　　}$　円　＝　$\boxed{　　　　}$　円
有　価　証　券	(2)　有価証券評価損 　　会社計上評価損　　　　　法人税法上の適正額　　　　損金不算入額 　　$\boxed{　　　　}$　円　−　$\boxed{　　　　}$　円　＝　$\boxed{　　　　}$　円
交　際　費　等	(1)　支出交際費等の額　　$\boxed{　　　　}$　円 (2)　定額控除限度額 　　$\boxed{　　　}$　円　×　$\dfrac{\boxed{月}}{12}$　＝　$\boxed{　　　}$　円　$\boxed{　}$　$\boxed{カ}$　円 　　　　　　　　　　　　　　　　　　　　　　（等号不等号を記入） 　　∴　$\boxed{　　　}$　円 (3)　損金算入限度額 　　$\boxed{　　　}$　円　×　$\boxed{ヨ}$　％　＝　$\boxed{　　　}$　円　$\boxed{　}$　$\boxed{　　　}$　円 　　　　　　　　　　　　　　　　　　　　　　（等号不等号を記入） 　　∴　$\boxed{　　　}$　円 (4)　損金不算入額 　　(1)　−　(3)　＝　$\boxed{　　　}$　円
貸　倒　引　当　金	(1)　会社計上繰入額　　$\boxed{　　　}$　円 (2)　繰入限度額　　$\boxed{　　　}$　円 (3)　繰入限度超過額　　(1)　−　(2)　＝　$\boxed{タ}$　円

Ⅲ．差引確定法人税額の計算（別表一）

	金　　　額	備　　　　　　　　考
所　得　金　額	（　　　　　　　）円	（　　　　　　）円未満切捨て
法　人　税　額	（　　　　　　　）	
法　人　税　額　計	（　　　　　　　）	
控　除　税　額	レ	
差引所得に対する法人税額	（　　　　　　　）	（　　　　　　）円未満切捨て
中間申告分の法人税額	ツ	
差引確定法人税額	ツ	

Ⅳ．差引確定法人税額の計算過程

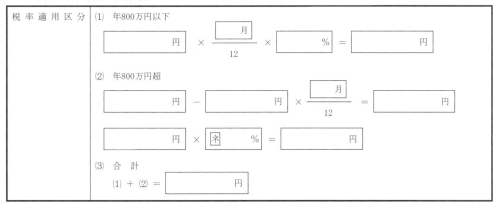

主催　公益社団法人　全国経理教育協会　　後援　文部科学省

第113回法人税法能力検定試験　解答用紙

3 級

試験会場　＿＿＿＿＿＿＿＿

受験番号　＿＿＿＿＿＿＿＿

採　　点　＿＿＿＿＿＿＿＿

第1問（20点）

①	②	③	④	⑤	⑥	⑦	⑧	⑨	⑩

第2問（20点）

イ		円	ロ		円
ハ	——		ニ	——	
ホ		円			

第3問（60点）

イ		ロ		
ハ		ニ		
ホ		円	ヘ	円
ト		円	チ	円
リ		円	ヌ	円
ル		円	ヲ	円
ワ		円	カ	円
ヨ		%	タ	円
レ		円	ソ	円
ツ		円	ネ	%

2 級

解答は解答用紙に

第1問　次の各文章の空欄に下記語群のうちから適切なものを選び，その番号を解答欄に記入しなさい。

(20点)

1．青色申告の承認を受けている内国法人は，| ア |を備え付けてこれにその取引を記録し，かつ，その| ア |を保存しなければならない。

2．確定申告書を提出した内国法人は，その申告書に記載した法人税の額があるときは，その申告書の| イ |までに，その金額に相当する法人税を| ウ |に納付しなければならない。

3．内国法人の各事業年度の所得の金額の計算上その事業年度の| エ |に算入すべき金額は，別段の定めがあるものを除き，資産の販売，有償又は無償による資産の譲渡又は役務の提供，無償による資産の譲受けその他の取引で| オ |以外のものに係るその事業年度の収益の額とする。

4．内国法人に対して課する各事業年度の所得に対する法人税の| カ |は，各事業年度の所得の金額とする。

5．同族会社とは，会社の株主等（その会社が自己の株式又は出資を有する場合のその会社を除く。）の| キ |以下並びにこれらと政令で定める特殊の関係のある個人及び法人がその会社の発行済株式又は出資（その会社が有する自己の株式又は出資を除く。）の総数又は総額の| ク |を超える数又は金額の株式又は出資を有する場合その他一定の場合におけるその会社をいう。

6．資産又は事業から生ずる収益の法律上帰属するとみられる者が単なる| ケ |であって，その収益を享受せず，その者以外の法人がその収益を享受する場合には，その収益は，これを享受する法人に帰属するものとして，法人税法の規定を適用する。このような取扱いを，| コ |課税の原則という。

<語　群>

① 提出期限	② 契約者	③ 利益取引	④ 所轄税務署	⑤ 課税標準
⑥ 損金の額	⑦ 帳簿書類	⑧ 5人	⑨ 提出日	⑩ 国
⑪ 資本等取引	⑫ 収益の額	⑬ 100分の50	⑭ 税率	⑮ 実質所得者
⑯ 100分の30	⑰ 権利者	⑱ 3人	⑲ 金融機関	⑳ 損益取引
㉑ 課税金額	㉒ 名義人	㉓ 領収書	㉔ 課税所得	㉕ 提出日の前日
㉖ 貸借対照表	㉗ 100分の51	㉘ 益金の額	㉙ 形式所得者	㉚ 1人

第2問 内国法人である甲株式会社（以下「甲社」という。）は，当期（自令和5年4月1日　至令和6年3月31日）に以前から使用していた建物をP社所有の建物と交換した。

次の【資料】に基づき，交換により取得した建物の税務調整すべき金額を計算過程欄に従って計算した場合に，以下の イ から ホ に入る金額，数値又は文言等を解答用紙に解答しなさい。（20点）

(1) 甲社は，中小法人等及び中小企業者等（適用除外事業者には該当しない。）に該当する。

(2) 税法上選択できる計算方法が2以上ある事項については，問題に指示されている事項を除き，当期の法人税額が最も少なくなる計算方法によるものとする。

(3) 計算過程欄が設けられている場合でも，金額，数値又は文言等の記入の必要のないことがある。この場合，解答用紙には「－」と記入すること。

【資　料】

1．当期の7月5日にP社との間で次の資産の交換を行った。

区　分	交　換　譲　渡　資　産		交換取得資産	譲　渡　経　費
	譲渡時の時価	譲渡直前の帳簿価額	取得時の時価	
建　物	38,000,000円	27,000,000円	34,000,000円	1,500,000円

2．甲社は，この交換において交換差金として現金4,000,000円を受け取り，同額を雑収入勘定に計上している。また，譲渡経費は損金経理により計上している。

3．甲社は，交換取得資産につき，損金経理により建物圧縮損10,000,000円を計上するとともに，同額を交換取得資産の帳簿価額から控除している。また，建物の減価償却費（見積耐用年数20年，定額法償却率0.050）として500,000円を損金経理により計上している。

4．交換譲渡資産及び交換取得資産は，それぞれ甲社及びP社が10年以上所有していたものであり，甲社及びP社において交換のために取得したものではない。

5．交換取得資産は，交換譲渡資産の譲渡直前の用途と同一の用途に供しており，当期の7月15日より事業の用に供している。

【計算過程】

第2問 (20点)

(1) 判　定

① ☐ 円 － ☐ 円 ＝ ☐ 円

② ☐ 円 × イ ☐ ％ ＝ ☐ 円

③ 判　定

① ☐ ② ☐　　　∴圧縮記帳の適用 ロ ☐

（等号不等号を記入）　　　　　　　　　　　（あり・なしを記入）

(2) 譲渡経費 ☐ 円

(3) 圧縮限度額

ハ ☐ 円 － (☐ 円 ＋ (2))

× $\dfrac{\boxed{} 円}{\boxed{} 円 ＋ \boxed{} 円}$ ＝ ☐ 円

(4) 圧縮超過額

☐ 円 － (3) ＝ ☐ 円

(5) 償却限度額

(☐ 円 － ニ ☐ 円) × 0.☐ × $\dfrac{\boxed{} 月}{\boxed{} 月}$

＝ ☐ 円

(6) 償却超過額

(☐ 円 ＋ (4)) － (5) ＝ ホ ☐ 円

－250－

第3問 内国法人である乙株式会社（以下「乙社」という。）は，製造業及び販売業を営む非同族会社である。当期（自令和5年4月1日 至令和6年3月31日）末の資本金の額は50,000,000円，資本準備金の額は22,000,000円，資本金等の額は72,000,000円であり，中小法人等及び中小企業者等（適用除外事業者には該当しない。）に該当する。

次の【資料】に基づき，乙社の当期における確定申告書に記載すべき課税標準である所得の金額及び差引確定法人税額を計算過程欄に従って計算した場合に，所得金額の計算（別表四）及び以下の イ から タ に入る金額，数値又は文言等を解答用紙に解答しなさい。なお，空欄は各自推定すること。

また，税法上選択できる計算方法が2以上ある事項については，問題に指示されている事項を除き，当期の法人税額が最も少なくなる計算方法によるものとし，提示された資料以外は一切考慮しないものとする。

ただし，別表四，別表一及び計算過程欄が設けられている場合でも，金額，数値又は文言等の記入の必要のないことがある。この場合，解答用紙には「－」と記入すること。(60点)

【資　料】

1. 確定した決算による当期利益の額　　　　　　　　　　66,975,652円
2. 所得金額の計算上税務調整を考慮すべき事項
   (1) 損金経理をした法人税　　　　　　　　　　　　　9,356,000円（中間申告分）
   (2) 損金経理をした住民税　　　　　　　　　　　　　2,666,000円（中間申告分）
   (3) 損金経理をした納税充当金　　　　　　　　　　　15,378,000円
   (4) 納税充当金から支出した事業税等の金額　　　　　3,560,000円
   (5) 損金経理をした固定資産税　　　　　　　　　　　2,300,000円
   (6) 損金経理をした固定資産税の延滞金　　　　　　　　　12,000円
   (7) 使用人による業務中の交通反則金　　　　　　　　　　36,000円
   (8) 一括評価金銭債権に係る貸倒引当金繰入限度超過額　　96,300円
   (9) 一括評価金銭債権に係る貸倒引当金繰入限度超過額の当期認容額　56,700円
   (10) 繰延資産償却超過額　　　　　　　　　　　　　　　641,200円
   (11) 収用等の所得の特別控除額　　　　　　　　　　22,000,000円
   (12) 交際費等に関する事項
       ① 当期において損金経理により計上した接待交際費勘定は，次のとおりである。
           i 得意先の慶弔・禍福に要した費用の額　　　　630,000円
           ii 得意先・仕入先に対する中元・歳暮の贈答に要した費用の額　572,000円
           iii 得意先・仕入先を飲食店で接待した飲食費の額　　3,980,000円
               この中には，1人当たり5,000円以下の飲食費の額（税務上適正に処理されている。）が1,190,000円含まれている。
           iv 仕入先を観劇に招待した費用の額　　　　　500,000円
           v その他税務上交際費等に該当する費用の額　3,080,000円

② 当期において損金経理により計上した雑費勘定には，次のものが含まれている。

i 得意先に対して配布した少額の乙社社名入りのカレンダー作成費用の額

125,000円

ii 社内会議に際して支出した飲物・弁当代の額 210,000円

iii 乙社の特定の役員を飲食店で接待した費用の額 780,000円

⒀ 当期における減価償却資産の明細は以下のとおりである。なお，減価償却の方法に関して，何ら届出を行っていない。

種類等	取得価額	当期償却費	期末帳簿価額	法定耐用年数	(注)
建　物	40,000,000円	1,110,000円	35,520,000円	38年	1
機械装置	2,400,000円	2,400,000円	0円	5年	2

（注1） 建物は，数年前に取得し，前期までにおいて130,000円の減価償却超過額が生じている。

（注2） 機械装置は，令和5年8月21日に新品の機械装置を取得したものであり，直ちに事業の用に供している。また，中小企業者等が機械等を取得した場合の特別償却及び特別控除について，特別償却の適用要件はすべて満たすものとし，当期に特別償却の適用を受けるものとする。

償却率は次のとおりである。

区　分	5年	38年
定額法	0.200	0.027
定率法	0.400	0.053
定率法改定償却率	0.500	0.056

⒁ 金融商品に関する事項

① 乙社が保有する金融商品は，次のとおりであり，源泉所得税を差し引いた金額を収益に計上している。なお，復興特別所得税は考慮しないものとする。乙社は，有価証券の評価に関して何ら届出を行っていない。また，時価評価の対象となる有価証券は無い。

銘柄名	区分	利子配当等の計算期間	利子配当等の額	源泉徴収税額	差引手取額	(注)
A社株式	配当金	令和4年7月1日～令和5年6月30日	700,000円	140,000円	560,000円	1
B社株式	配当金	令和4年10月1日～令和5年9月30日	180,000円	36,000円	144,000円	2
C社社債	社債利子	令和4年4月1日～令和5年3月31日	400,000円	60,000円	340,000円	3
銀行預金	預金利子	―	8,000円	1,200円	6,800円	―

（注1） A社株式の株式保有割合は，配当等の計算期間を通じて60%である。

（注2） B社株式は令和4年8月3日に10,000株を取得したものであり，当期首における帳簿価額は，6,100,000円（法人税法上も適正な金額である。）である。その後，令和5年6月9日に2,000株を1,100,000円で取得し，令和6年2月25日に4,000株を2,340,000円で譲渡している。なお，B社株式の株式保有割合は，配当等の計算期間を通じて1%未満である。

-252-

また，Ｂ社株式の２月25日の譲渡時に，次の仕訳を行っている。

借　　　　方	金　　　　額	貸　　　　方	金　　　　額
当　座　預　金	2,340,000円	Ｂ　社　株　式	2,420,000円
有価証券売却損	80,000円		

（注３）　Ｃ社社債は，数年前から保有している。

②　関連法人株式等に係る控除負債利子の額の適正額は，28,000円である。

【計算過程】

第3問 (60点)

Ⅰ. 所得金額の計算（別表四）

　　所得金額の計算（別表四）は解答用紙に記載しているので，そちらに記入すること。

Ⅱ. 所得金額の計算過程

項　目	計　算　過　程
交　際　費　等	(1) 支出交際費等の額 　① 接待飲食費 　□□□□□□□□□□□□□□□ ＝ □□□□円 　② その他 　□□□□□□□□□□□□□□□ ＝ イ□□□円 　③ 合　計 　① ＋ ② ＝ □□□□円 (2) 定額控除限度額 　□□□□□□ ＝ □□□円　□□□ □□□円 　　　　　　　　　　　　　　（等号不等号を記入） 　　　　　　　　　　　　　　∴ □□□円 (3) 損金算入限度額 　□□□□□□ ＝ ロ□□□円　□□□ (2) 　　　　　　　　　　　　　　（等号不等号を記入） 　　　　　　　　　　　　　　∴ □□□円 (4) 損金不算入額 　□□□□□□□□□□□ ＝ □□□円
減　価　償　却	＜建　物＞ (1) 償却限度額 　□□□円 × ハ 0.□□□ ＝ □□□円 (2) 償却超過額 　□□□□□□□□□□□ ＝ □□□円

<機械装置>

⑴ 償却限度額

① 普通償却限度額

$$\boxed{} = \boxed{} 円$$

② 特別償却限度額

$$\boxed{} 円 \times \boxed{二\ \ \ \ } \% = \boxed{} 円$$

③ 合 計

$$① + ② = \boxed{} 円$$

⑵ 償却超過額

$$\boxed{} = \boxed{} 円$$

有 価 証 券	

⑴ 税務上の譲渡原価

① 譲渡時の1株当たりの単価

$$\frac{\boxed{}}{\boxed{}} = \boxed{ホ\ \ \ \ \ \ \ \ } 円$$

② 税務上の譲渡原価

$$\boxed{} 円 \times \boxed{} 株 = \boxed{} 円$$

⑵ 税務上の売却損

$$⑴② - \boxed{} 円 = \boxed{ヘ\ \ \ \ \ \ \ } 円$$

⑶ 有価証券売却損否認

$$80,000円 - \boxed{} 円 = \boxed{} 円$$

受 取 配 当 等	

⑴ 受取配当等の額

① 関連法人株式等 $\boxed{ト\ \ \ \ \ \ \ \ } 円$

② 非支配目的株式等 $\boxed{} 円$

⑵ 控除負債利子の額 $\boxed{} 円$

⑶ 益金不算入額

$$(\boxed{} 円 - \boxed{} 円) + \boxed{} 円 \times \boxed{\begin{array}{c} チ \\ \hline \\ \hline \end{array}}$$

$$= \boxed{} 円 \qquad\qquad (分数で記入)$$

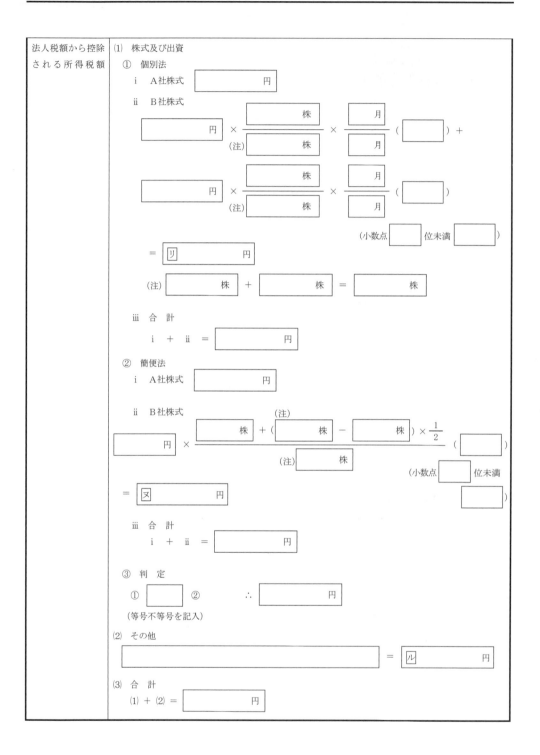

法人税額から控除
される所得税額

(1) 株式及び出資
① 個別法
　i　A社株式　[　　　　円]
　ii　B社株式

[　　　円] × [　　株] / (注)[　　株] × [　月] / [　月] ([　　]) +

[　　　円] × [　　株] / (注)[　　株] × [　月] / [　月] ([　　])

(小数点 [　] 位未満 [　　])

＝ [リ　　　円]

(注) [　　株] + [　　株] ＝ [　　株]

　iii　合計
　　i ＋ ii ＝ [　　　　円]

② 簡便法
　i　A社株式　[　　　　円]

　ii　B社株式

[　　円] × [　株] + ([　株] − [　株]) × 1/2 / (注)[　株] ([　　])

(小数点 [　] 位未満

＝ [ヌ　　円]　　　[　　])

　iii　合計
　　i ＋ ii ＝ [　　　　円]

③ 判定
　① [　　]　②　　　∴ [　　　円]
(等号不等号を記入)

(2) その他
[　　　　　　　　　　　　　] ＝ [ル　　　円]

(3) 合計
(1) ＋ (2) ＝ [　　　円]

Ⅲ．差引確定法人税額の計算（別表一）

	金　　　額	備　　　　　　　　　考
所　得　金　額	円	（　　　　　　　　）
法　人　税　額		
法　人　税　額　計		
控　除　税　額	ヲ	
差引所得に対する法人税額		（　　　　　　　　）
中間申告分の法人税額	ワ	
差引確定法人税額	カ	

Ⅳ．差引確定法人税額の計算過程

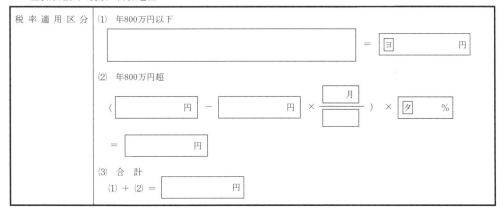

税率適用区分	(1)　年800万円以下
	＝ ヨ　　　　　円
	(2)　年800万円超
	（　　　　円 － 　　　　円 × 月／　　　　） × タ　　　％
	＝ 　　　　円
	(3)　合　計
	(1) ＋ (2) ＝ 　　　　円

主催 公益社団法人 全国経理教育協会　後援 文部科学省

第113回法人税法能力検定試験　解答用紙

試験会場　　　　　　　　　
受験番号　　　　　　　　　
採　　点　　　　　　　　　

2　級

第1問（20点）

ア	イ	ウ	エ	オ	カ	キ	ク	ケ	コ

第2問（20点）

イ	%	ロ	
ハ	円	二	円
ホ	円		

第3問（60点）

Ⅰ．所得金額の計算

区　　　　　　　　　分		金　　　額
当　　期　　利　　益		円
加算	損金経理をした納税充当金	
	損金経理をした法人税	
	損金経理をした住民税	
	損金経理をした附帯税，加算金，延滞金及び過怠税	
	損金経理をした罰金等	
	小　　　　　計	
減算	納税充当金から支出した事業税等の金額	
	小　　　　　計	
仮　　　　　　　　　計		
合　計　・　差　引　計　・　総　計		
所　　　得　　　金　　　額		

法 人 税 法 **2** 級　　　　受験番号＿＿＿＿＿＿＿

イ		円	ロ		円
ハ	0.		ニ		%
ホ		円	ヘ		円
ト		円	チ	———	
リ		円	ヌ		円
ル		円	ヲ		円
ワ		円	カ		円
ヨ		円	タ		%

別表第七　平成19年３月31日以前に取得をされた減価償却資産の償却率表

耐用年数	旧定額法の償却率	旧定率法の償却率	耐用年数	旧定額法の償却率	旧定率法の償却率
年			51 年	0.020	0.044
2	0.500	0.684	52	0.020	0.043
3	0.333	0.536	53	0.019	0.043
4	0.250	0.438	54	0.019	0.042
5	0.200	0.369	55	0.019	0.041
6	0.166	0.319	56	0.018	0.040
7	0.142	0.280	57	0.018	0.040
8	0.125	0.250	58	0.018	0.039
9	0.111	0.226	59	0.017	0.038
10	0.100	0.206	60	0.017	0.038
11	0.090	0.189	61	0.017	0.037
12	0.083	0.175	62	0.017	0.036
13	0.076	0.162	63	0.016	0.036
14	0.071	0.152	64	0.016	0.035
15	0.066	0.142	65	0.016	0.035
16	0.062	0.134	66	0.016	0.034
17	0.058	0.127	67	0.015	0.034
18	0.055	0.120	68	0.015	0.033
19	0.052	0.114	69	0.015	0.033
20	0.050	0.109	70	0.015	0.032
21	0.048	0.104	71	0.014	0.032
22	0.046	0.099	72	0.014	0.032
23	0.044	0.095	73	0.014	0.031
24	0.042	0.092	74	0.014	0.031
25	0.040	0.088	75	0.014	0.030
26	0.039	0.085	76	0.014	0.030
27	0.037	0.082	77	0.013	0.030
28	0.036	0.079	78	0.013	0.029
29	0.035	0.076	79	0.013	0.029
30	0.034	0.074	80	0.013	0.028
31	0.033	0.072	81	0.013	0.028
32	0.032	0.069	82	0.013	0.028
33	0.031	0.067	83	0.012	0.027
34	0.030	0.066	84	0.012	0.027
35	0.029	0.064	85	0.012	0.026
36	0.028	0.062	86	0.012	0.026
37	0.027	0.060	87	0.012	0.026
38	0.027	0.059	88	0.012	0.026
39	0.026	0.057	89	0.012	0.026
40	0.025	0.056	90	0.012	0.025
41	0.025	0.055	91	0.011	0.025
42	0.024	0.053	92	0.011	0.025
43	0.024	0.052	93	0.011	0.025
44	0.023	0.051	94	0.011	0.024
45	0.023	0.050	95	0.011	0.024
46	0.022	0.049	96	0.011	0.024
47	0.022	0.048	97	0.011	0.023
48	0.021	0.047	98	0.011	0.023
49	0.021	0.046	99	0.011	0.023
50	0.020	0.045	100	0.010	0.023

別表第八　平成19年4月1日以後に取得をされた減価償却資産の定額法の償却率表

耐用年数	償　却　率	耐用年数	償　却　率
年		51 　年	0.020
2	0.500	52	0.020
3	0.334	53	0.019
4	0.250	54	0.019
5	0.200	55	0.019
6	0.167	56	0.018
7	0.143	57	0.018
8	0.125	58	0.018
9	0.112	59	0.017
10	0.100	60	0.017
11	0.091	61	0.017
12	0.084	62	0.017
13	0.077	63	0.016
14	0.072	64	0.016
15	0.067	65	0.016
16	0.063	66	0.016
17	0.059	67	0.015
18	0.056	68	0.015
19	0.053	69	0.015
20	0.050	70	0.015
21	0.048	71	0.015
22	0.046	72	0.014
23	0.044	73	0.014
24	0.042	74	0.014
25	0.040	75	0.014
26	0.039	76	0.014
27	0.038	77	0.013
28	0.036	78	0.013
29	0.035	79	0.013
30	0.034	80	0.013
31	0.033	81	0.013
32	0.032	82	0.013
33	0.031	83	0.013
34	0.030	84	0.012
35	0.029	85	0.012
36	0.028	86	0.012
37	0.028	87	0.012
38	0.027	88	0.012
39	0.026	89	0.012
40	0.025	90	0.012
41	0.025	91	0.011
42	0.024	92	0.011
43	0.024	93	0.011
44	0.023	94	0.011
45	0.023	95	0.011
46	0.022	96	0.011
47	0.022	97	0.011
48	0.021	98	0.011
49	0.021	99	0.011
50	0.020	100	0.010

別表第九　平成19年４月１日から平成24年３月31日までの間に取得をされた減価償却資産の定率法の償却率、改定償却率及び保証率の表

耐用年数	償 却 率	改定償却率	保 証 率	耐用年数	償 却 率	改定償却率	保 証 率
年				51 年	0.049	0.050	0.01053
2	1.000	—	—	52	0.048	0.050	0.01036
3	0.833	1.000	0.02789	53	0.047	0.048	0.01028
4	0.625	1.000	0.05274	54	0.046	0.048	0.01015
5	0.500	1.000	0.06249	55	0.045	0.046	0.01007
6	0.417	0.500	0.05776	56	0.045	0.046	0.00961
7	0.357	0.500	0.05496	57	0.044	0.046	0.00952
8	0.313	0.334	0.05111	58	0.043	0.044	0.00945
9	0.278	0.334	0.04731	59	0.042	0.044	0.00934
10	0.250	0.334	0.04448	60	0.042	0.044	0.00895
11	0.227	0.250	0.04123	61	0.041	0.042	0.00892
12	0.208	0.250	0.03870	62	0.040	0.042	0.00882
13	0.192	0.200	0.03633	63	0.040	0.042	0.00847
14	0.179	0.200	0.03389	64	0.039	0.040	0.00847
15	0.167	0.200	0.03217	65	0.038	0.039	0.00847
16	0.156	0.167	0.03063	66	0.038	0.039	0.00828
17	0.147	0.167	0.02905	67	0.037	0.038	0.00828
18	0.139	0.143	0.02757	68	0.037	0.038	0.00810
19	0.132	0.143	0.02616	69	0.036	0.038	0.00800
20	0.125	0.143	0.02517	70	0.036	0.038	0.00771
21	0.119	0.125	0.02408	71	0.035	0.036	0.00771
22	0.114	0.125	0.02296	72	0.035	0.036	0.00751
23	0.109	0.112	0.02226	73	0.034	0.035	0.00751
24	0.104	0.112	0.02157	74	0.034	0.035	0.00738
25	0.100	0.112	0.02058	75	0.033	0.034	0.00738
26	0.096	0.100	0.01989	76	0.033	0.034	0.00726
27	0.093	0.100	0.01902	77	0.032	0.033	0.00726
28	0.089	0.091	0.01866	78	0.032	0.033	0.00716
29	0.086	0.091	0.01803	79	0.032	0.033	0.00693
30	0.083	0.084	0.01766	80	0.031	0.032	0.00693
31	0.081	0.084	0.01688	81	0.031	0.032	0.00683
32	0.078	0.084	0.01655	82	0.030	0.031	0.00683
33	0.076	0.077	0.01585	83	0.030	0.031	0.00673
34	0.074	0.077	0.01532	84	0.030	0.031	0.00653
35	0.071	0.072	0.01532	85	0.029	0.030	0.00653
36	0.069	0.072	0.01494	86	0.029	0.030	0.00645
37	0.068	0.072	0.01425	87	0.029	0.030	0.00627
38	0.066	0.067	0.01393	88	0.028	0.029	0.00627
39	0.064	0.067	0.01370	89	0.028	0.029	0.00620
40	0.063	0.067	0.01317	90	0.028	0.029	0.00603
41	0.061	0.063	0.01306	91	0.027	0.027	0.00649
42	0.060	0.063	0.01261	92	0.027	0.027	0.00632
43	0.058	0.059	0.01248	93	0.027	0.027	0.00615
44	0.057	0.059	0.01210	94	0.027	0.027	0.00598
45	0.056	0.059	0.01175	95	0.026	0.027	0.00594
46	0.054	0.056	0.01175	96	0.026	0.027	0.00578
47	0.053	0.056	0.01153	97	0.026	0.027	0.00563
48	0.052	0.053	0.01126	98	0.026	0.027	0.00549
49	0.051	0.053	0.01102	99	0.025	0.026	0.00549
50	0.050	0.053	0.01072	100	0.025	0.026	0.00546

別表第十　平成24年４月１日以後に取得をされた減価償却資産の定率法の償却率、改定償却率及び保証率の表

耐用年数	償 却 率	改定償却率	保 証 率	耐用年数	償 却 率	改定償却率	保 証 率
年				51 年	0.039	0.040	0.01422
2	1.000	—	—	52	0.038	0.039	0.01422
3	0.667	1.000	0.11089	53	0.038	0.039	0.01370
4	0.500	1.000	0.12499	54	0.037	0.038	0.01370
5	0.400	0.500	0.10800	55	0.036	0.038	0.01337
6	0.333	0.334	0.09911	56	0.036	0.038	0.01288
7	0.286	0.334	0.08680	57	0.035	0.036	0.01281
8	0.250	0.334	0.07909	58	0.034	0.035	0.01281
9	0.222	0.250	0.07126	59	0.034	0.035	0.01240
10	0.200	0.250	0.06552	60	0.033	0.034	0.01240
11	0.182	0.200	0.05992	61	0.033	0.034	0.01201
12	0.167	0.200	0.05566	62	0.032	0.033	0.01201
13	0.154	0.167	0.05180	63	0.032	0.033	0.01165
14	0.143	0.167	0.04854	64	0.031	0.032	0.01165
15	0.133	0.143	0.04565	65	0.031	0.032	0.01130
16	0.125	0.143	0.04294	66	0.030	0.031	0.01130
17	0.118	0.125	0.04038	67	0.030	0.031	0.01097
18	0.111	0.112	0.03884	68	0.029	0.030	0.01097
19	0.105	0.112	0.03693	69	0.029	0.030	0.01065
20	0.100	0.112	0.03486	70	0.029	0.030	0.01034
21	0.095	0.100	0.03335	71	0.028	0.029	0.01034
22	0.091	0.100	0.03182	72	0.028	0.029	0.01006
23	0.087	0.091	0.03052	73	0.027	0.027	0.01063
24	0.083	0.084	0.02969	74	0.027	0.027	0.01035
25	0.080	0.084	0.02841	75	0.027	0.027	0.01007
26	0.077	0.084	0.02716	76	0.026	0.027	0.00980
27	0.074	0.077	0.02624	77	0.026	0.027	0.00954
28	0.071	0.072	0.02568	78	0.026	0.027	0.00929
29	0.069	0.072	0.02463	79	0.025	0.026	0.00929
30	0.067	0.072	0.02366	80	0.025	0.026	0.00907
31	0.065	0.067	0.02286	81	0.025	0.026	0.00884
32	0.063	0.067	0.02216	82	0.024	0.024	0.00929
33	0.061	0.063	0.02161	83	0.024	0.024	0.00907
34	0.059	0.063	0.02097	84	0.024	0.024	0.00885
35	0.057	0.059	0.02051	85	0.024	0.024	0.00864
36	0.056	0.059	0.01974	86	0.023	0.023	0.00885
37	0.054	0.056	0.01950	87	0.023	0.023	0.00864
38	0.053	0.056	0.01882	88	0.023	0.023	0.00844
39	0.051	0.053	0.01860	89	0.022	0.022	0.00863
40	0.050	0.053	0.01791	90	0.022	0.022	0.00844
41	0.049	0.050	0.01741	91	0.022	0.022	0.00825
42	0.048	0.050	0.01694	92	0.022	0.022	0.00807
43	0.047	0.048	0.01664	93	0.022	0.022	0.00790
44	0.045	0.046	0.01664	94	0.021	0.021	0.00807
45	0.044	0.046	0.01634	95	0.021	0.021	0.00790
46	0.043	0.044	0.01601	96	0.021	0.021	0.00773
47	0.043	0.044	0.01532	97	0.021	0.021	0.00757
48	0.042	0.044	0.01499	98	0.020	0.020	0.00773
49	0.041	0.042	0.01475	99	0.020	0.020	0.00757
50	0.040	0.042	0.01440	100	0.020	0.020	0.00742

別表第十一　平成19年３月31日以前に取得をされた減価償却資産の残存割合表

種　　　　　　　類	細　　　　　　　目	残存割合
別表第一、別表第二、別表第五及び別表第六に掲げる減価償却資産（同表に掲げるソフトウエアを除く。）		0.100
別表第三に掲げる無形減価償却資産、別表第六に掲げるソフトウエア並びに鉱業権及び坑道		0
別表第四に掲げる生物	牛 　繁殖用の乳用牛及び種付用の役肉用牛 　種付用の乳用牛 　その他用のもの	 0.200 0.100 0.500
	馬 　繁殖用及び競走用のもの 　種付用のもの 　その他用のもの	 0.200 0.100 0.300
	豚	0.300
	綿羊及びやぎ	0.050
	果樹その他の植物	0.050

令和6年版　演習法人税法

2024年4月5日　発行

編　者　公益社団法人 全国経理教育協会
　　　　　〒170-0004 東京都豊島区北大塚1-13-12　電話03(3918)6133(代)

発行所　株式会社 清文社
東京都文京区小石川1丁目3-25(小石川大国ビル)
〒112-0002　電話 03(4332)1375　FAX 03(4332)1376
大阪市北区天神橋2丁目北2-6(大和南森町ビル)
〒530-0041　電話 06(6135)4050　FAX 06(6135)4059
URL https://www.skattsei.co.jp/

印刷：㈱広済堂ネクスト

ISBN978-4-433-73954-6

令和6年版／演習法人税法

演習問題
検定試験問題　解答

〔演習問題解答〕

第二章　総則（15ページ）

問1　(1)……ハ

　　　　(2)……ニ

問2　イ　日本国内に本店又は主たる事務所を有する法人を ｜内国法人｜ といい、これは公共法人、｜公益法人等｜、｜協同組合等｜、｜普通法人｜ に分かれる。

　　　このうち、｜公益法人等｜ は制限納税義務者といわれ、各事業年度の所得のうち、｜収益事業｜ から生ずる所得のみに法人税が課税される。地方公共団体、地方公社、一定の独立行政法人などは ｜公共法人｜ であり、法人税は非課税とされる。

　　　ロ　法人格は有しないが社団又は財団としての実体を備え、代表者又は管理人の定めのある団体を ｜人格のない社団等｜ といい、法人税法上はこれを法人とみなして、その ｜収益事業｜ から生ずる所得には法人税が課税される。

　　　ハ　｜協同組合等｜、｜普通法人｜ は法人税の無制限納税義務者である。

第三章　法人税法上の「所得」（22ページ）

問3

①	②	③	④	⑤	⑥	⑦	⑧	⑨	⑩
o	a	q	d	i	s	c	g	p	m

問4　(1) (2) (7) (9)

問5

①	オ	コ
②	イ	キ
③	ア	カ
④	エ	ク
⑤	ウ	ケ

問6

摘　　　要		金　　額
当　期　利　益		3,000,000円
加算	損金の額に算入した中間納付の法人税額	1,000,000
	損金の額に算入した中間納付の住民税の額	200,000
	損金の額に算入した納税充当金	800,000
	交際費等の損金不算入額	100,000
	小　　　計	2,100,000
減算	納税充当金から支出した前期分事業税額	200,000
	受取配当等の益金不算入額	150,000
	小　　　計	350,000
仮　　　計		4,750,000
法 人 税 額 か ら 控 除 さ れ る 所 得 税 額		200,000
所　得　金　額		4,950,000

第四章　損益の期間帰属（37ページ）

問7　認められるもの……イ、ニ、ヘ

第五章　棚卸資産（45ページ）

問8　イ　棚卸資産の期末評価額の計算

原価の率　$\dfrac{480万円（期首帳簿価額）＋1,600万円（期中仕入高）}{600万円（期末在庫品売価）＋2,000万円（当期売上高）}＝0.8$

棚卸資産の期末評価額　　600万円（期末在庫品売価）×0.8＝480万円

ロ　売上総利益の計算

売　上　高		2,000万円
売上原価		
期首棚卸高	480万円	
期中仕入高	1,600万円	
期末棚卸高	480万円	1,600万円
売上総利益		400万円

問9　イ　正常品の低価法による評価額

原価法による評価額　＠2,000円 ⎫
時価による評価額　　＠1,800円 ⎭ のいずれか低い方　∴＠1,800円

ロ　B商品の期末評価額

1,800円×（1,000個−20個）＋（1,900円×50％×20個）＝1,783,000円

問10　（設問1）

A商品	B商品	C商品	D商品	E商品	F商品	G商品
×	○	○	×	×	○	○

（設問2）

区　　　分	計　算　過　程	損　金　算　入　額
A　商　品		一　円
B　商　品	2,600,000円−2,100,000円	500,000円
C　商　品	4,800,000円−2,000,000円	2,800,000円
D　商　品		一　円
E　商　品		一　円
F　商　品	800,000円−600,000円	200,000円
G　商　品	2,000,000円−1,500,000円	500,000円
合　　　計	（A商品〜G商品までの損金算入額の合計額）	4,000,000円

問11

1 売　上　高	642,000,000円＋600,000円（計上漏れ）	642,600,000円
2 売　上　原　価		
期首棚卸高		3,450,000円
期中仕入高	344,400,000円−4,000,000円（架空仕入）	340,400,000円
期末棚卸高	7,900,000円−450,000円（売渡し品）	7,450,000円
差引売上原価		336,400,000円
3 売上総利益		306,200,000円

★ 税務調整参考事項のうち、ロの評価損550,000円（800,000円－250,000円）は、確定決算において評価損の損金算入をしていないのであるから、申告調整は認められない。

第六章　減価償却（70ページ）

問12

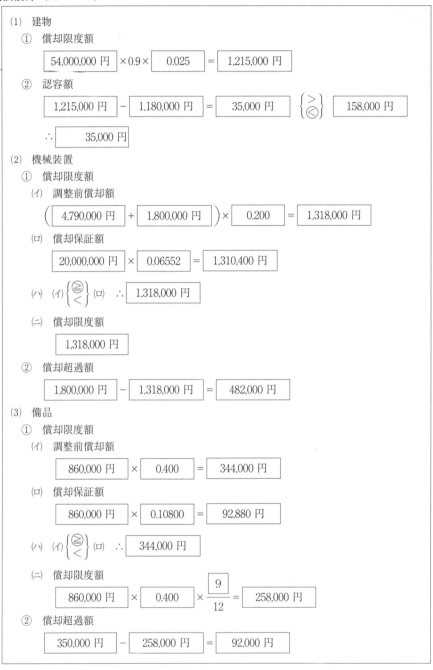

(1) 建物
　① 償却限度額

　　| 54,000,000 円 | ×0.9× | 0.025 | = | 1,215,000 円 |

　② 認容額

　　| 1,215,000 円 | － | 1,180,000 円 | = | 35,000 円 | $\begin{Bmatrix} > \\ \text{Ⓢ} \end{Bmatrix}$ | 158,000 円 |

　　∴　| 35,000 円 |

(2) 機械装置
　① 償却限度額
　　(イ) 調整前償却額

　　　(| 4,790,000 円 | + | 1,800,000 円 |)× | 0.200 | = | 1,318,000 円 |

　　(ロ) 償却保証額

　　　| 20,000,000 円 | × | 0.06552 | = | 1,310,400 円 |

　　(ハ) (イ) $\begin{Bmatrix} \geqq \\ < \end{Bmatrix}$ (ロ)　∴　| 1,318,000 円 |

　　(ニ) 償却限度額

　　　| 1,318,000 円 |

　② 償却超過額

　　| 1,800,000 円 | － | 1,318,000 円 | = | 482,000 円 |

(3) 備品
　① 償却限度額
　　(イ) 調整前償却額

　　　| 860,000 円 | × | 0.400 | = | 344,000 円 |

　　(ロ) 償却保証額

　　　| 860,000 円 | × | 0.10800 | = | 92,880 円 |

　　(ハ) (イ) $\begin{Bmatrix} \geqq \\ < \end{Bmatrix}$ (ロ)　∴　| 344,000 円 |

　　(ニ) 償却限度額

　　　| 860,000 円 | × | 0.400 | × $\dfrac{9}{12}$ = | 258,000 円 |

　② 償却超過額

　　| 350,000 円 | － | 258,000 円 | = | 92,000 円 |

問13

1．建物
　(1) 償却限度額

$$\boxed{128{,}000{,}000 \text{ 円}} \times 0.9 \times \boxed{0.025} = \boxed{2{,}880{,}000 \text{ 円}}$$

　(2) 償却超過額

$$\boxed{3{,}000{,}000 \text{ 円}} - \boxed{2{,}880{,}000 \text{ 円}} = \boxed{120{,}000 \text{ 円}}$$

2．機械装置
　(1) 償却限度額

$$\left(\boxed{983{,}000 \text{ 円}} + \boxed{100{,}000 \text{ 円}} + \boxed{150{,}000 \text{ 円}} \right) \times \boxed{0.099} = \boxed{122{,}067 \text{ 円}}$$

　(2) 認容額

$$\boxed{122{,}067 \text{ 円}} - \boxed{100{,}000 \text{ 円}} = \boxed{22{,}067 \text{ 円}} \quad \begin{Bmatrix} > \\ \oslash \end{Bmatrix} \quad \boxed{150{,}000 \text{ 円}}$$

$$\therefore \boxed{22{,}067 \text{ 円}}$$

3．車両
　(1) 償却限度額
　　① 調整前償却額

$$\boxed{2{,}580{,}000 \text{ 円}} \times \boxed{0.400} = \boxed{1{,}032{,}000 \text{ 円}}$$

　　② 償却保証額

$$\boxed{2{,}580{,}000 \text{ 円}} \times \boxed{0.10800} = \boxed{278{,}640 \text{ 円}}$$

　　③ ① $\begin{Bmatrix} \circledgtr \\ < \end{Bmatrix}$ ② ∴ $\boxed{1{,}032{,}000 \text{ 円}}$

　　④ 償却限度額

$$\boxed{2{,}580{,}000 \text{ 円}} \times \boxed{0.400} \times \frac{8}{12} = \boxed{688{,}000 \text{ 円}}$$

　(2) 償却超過額

$$\boxed{1{,}290{,}000 \text{ 円}} - \boxed{688{,}000 \text{ 円}} = \boxed{602{,}000 \text{ 円}}$$

問14

(1) 償却限度額

　① 従前部分

$$28,000,000円 \times 0.027 \times \frac{10}{12}$$ ＝ 630,000 円

　② 資本的支出部分

$$3,360,000円 \times 0.027 \times \frac{5}{12}$$ ＝ 37,800 円

　③ 合　計

　　①＋② ＝ 667,800 円

(2) 償却超過額

$$(680,000円 + 3,360,000円) - 667,800円$$ ＝ 3,372,200 円

問15

1．見積耐用年数

$$\left(\boxed{5\ 年} - \boxed{1\ 年} \right) + \boxed{1\ 年} \times \frac{\boxed{20}}{100} = 4.2\ 年 \rightarrow \boxed{4\ 年}$$

1年未満の端数切 $\left\{ \begin{matrix} 上げ \\ \underline{捨て} \end{matrix} \right\}$

2．償却限度額

(1) 調整前償却額

　2,000,000 円 × 0.500 ＝ 1,000,000 円

(2) 償却保証額

　2,000,000 円 × 0.12499 ＝ 249,980 円

(3) (1) $\left\{ \begin{matrix} \geqq \\ < \end{matrix} \right\}$ (2) ∴ 1,000,000 円

(4) 償却限度額

　2,000,000 円 × 0.500 × $\frac{6}{12}$ ＝ 500,000 円

第七章　繰延資産の償却（80ページ）

問16

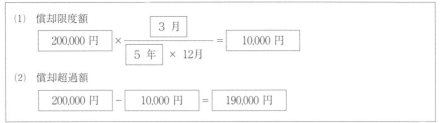

(1) 償却限度額

$$200,000 \text{円} \times \frac{3 \text{月}}{5 \text{年} \times 12 \text{月}} = 10,000 \text{円}$$

(2) 償却超過額

$$200,000 \text{円} - 10,000 \text{円} = 190,000 \text{円}$$

問17

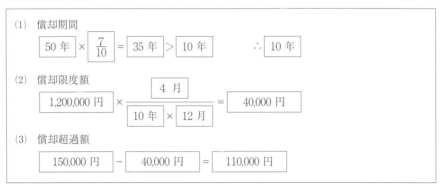

(1) 償却期間

$$50 \text{年} \times \frac{7}{10} = 35 \text{年} > 10 \text{年} \qquad \therefore \ 10 \text{年}$$

(2) 償却限度額

$$1,200,000 \text{円} \times \frac{4 \text{月}}{10 \text{年} \times 12 \text{月}} = 40,000 \text{円}$$

(3) 償却超過額

$$150,000 \text{円} - 40,000 \text{円} = 110,000 \text{円}$$

第八章　役員の給与等（93ページ）

問18

イ　株主グループの判定

　　田中一郎、花子、三郎は、夫婦又は親子なので１株主グループとなる。この株主グループの持株割合は60％であるので、第２順位の株主山本太郎は、使用人兼務役員となることができる。

ロ　長男田中三郎は、①第１順位の株主グループに属し、②しかもそのグループの持株割合は10％超（60％）で、③田中三郎自身の持株割合も20％と５％を超えるので、使用人兼務役員にはなれない。妻は監査役でもちろん除かれる。

問19

(1) 同族会社の判定

　① 株主グループ

　　イ　伊東グループ　65,000株＋27,000株＋14,000株＝106,000株

　　ロ　内山グループ　58,000株＋10,000株＋23,000株＝91,000株

　　ハ　大谷グループ　30,000株＋2,000株＝32,000株

　　ニ　イ＋ロ＋ハ＝229,000株

　② 判　定

$$\frac{229,000 \text{株}}{400,000 \text{株}} = 0.5725 > \frac{50}{100} \quad \text{よって同族会社である。}$$

(2) みなし役員の判定

	〈50％超基準〉	〈10％基準〉	〈５％超基準〉	〈判　定〉
内山勝久	○	○	○	役　員

(3) 使用人兼務役員の判定

	〈50％超基準〉	〈10％基準〉	〈５％超基準〉	〈判　定〉
伊東留次	○	○	○	役　員
大谷武夫	○	×	—	使用人兼務役員
吉田康高	×	—	—	使用人兼務役員

問20

(1) 株主順位

① 第1順位 　(Aグループ) A 12,000株 + B 4,000株 + C 4,000株 ＝ 20,000 株

② 第2順位 　(Iグループ) I 16,000株 ＝ 16,000 株

③ 第3順位 　(Gグループ) G 8,000株 + H 7,000株 ＝ 15,000 株

④ 第4順位 　(Dグループ) D 4,000株 + E 10,000株 ＝ 14,000 株

(2) 同族会社の判定

$$\frac{20,000株 + 16,000株 + 15,000株}{100,000株} = \boxed{51\ \%}\ \bigcirc\!\!>\cdot<\ 50\%$$

∴ 同族会社で (ある)・ない

(3) 税法上のみなし役員及び使用人兼務役員の判定

	50%超基準	10%超基準	5%超基準	税法上の役員ないしみなし役員	左のうち使用人兼務役員
A	○	○	○	○	
B	○	○	○	○	
C	○	○	−	○	○
D	−	−	−	−	
E	−	−	−		
F	−	−	−	○	
G	○	○	○	○	
H	○	○	○	○	

第九章　租税公課等（101ページ）

問21　申告調整により次の金額を会社計上利益に加算する。

①の前期分確定申告による法人税及び住民税の額　　　　　　　　　1,180,000円

③の罰金の会社負担額　　　　　　　　　　　　　　　　　　　　　　50,000円

④の過少申告加算金　　　　　　　　　　　　　　　　　　　　　　　 5,000円

⑦の役員賞与に対する源泉所得税立替額　　　　　　　　　　　　　 200,000円

⑧の当期分未納事業税充当額　　　　　　　　　　　　　　　　　 3,600,000円

計　　5,035,000円

★　①の事業税等、②の利子税、④の追徴事業税、⑤の地方税、⑥の会費は損金の額に算入される。また、源泉所得税の立替額200,000円は立替金として経理されていないので200,000円の給与の支給があったものと認定される。

問22

	摘　　　　　　　　要	金　　　額	
加 算	損金の額に算入した法人税	39,000,000円	
	損金の額に算入した住民税	6,800,000	
	損金の額に算入した納税充当金	62,000,000	
	損金の額に算入した附帯税等	1,130,000	＊
	役員賞与の損金不算入額	28,000	
	小　　　　　　計	108,958,000	
減 算	納税充当金から支出した事業税等の額	14,500,000	
	小　　　　　　計	14,500,000	

＊　730,000円＋130,000円＋260,000円＋10,000円＝1,130,000円

問23

	摘　　　　　　　　要	金　　　額	
	当　　期　　利　　益	24,000,000円	
加 算	損金の額に算入した法人税	240,000	
	損金の額に算入した住民税	50,000	
	損金の額に算入した納税充当金	6,500,000	
	損金の額に算入した附帯税等	37,000	＊1
	小　　　　　　計	6,827,000	
減 算	納税充当金から支出した事業税等の額	829,000	＊2
	小　　　　　　計	829,000	
	所　　得　　金　　額	29,998,000	

＊1　24,000円＋5,000円＋8,000円＝37,000円　　＊2　800,000円＋24,000円＋5,000円＝829,000円

★　納税充当金を取り崩して附帯税を納付した場合、所得金額の異動は生じないが、その金額につき別表四で加算・社外流出と減算・留保の処理をする必要がある。

問24 イ、ニ、ヘ

問25

(1) 寄附金支出前所得金額

26,524,000円 $\overset{+}{-}$ 1,500,000 円 = 28,024,000 円

(2) 資本基準額

85,000,000 円 $\times \dfrac{12}{12} \times \dfrac{2.5}{1,000}$ = 212,500 円

(3) 所得基準額

28,024,000 円 $\times \dfrac{2.5}{100}$ = 700,600 円

(4) 損金算入限度額

(212,500 円 + 700,600 円) $\times \dfrac{1}{4}$ = 228,275 円

(5) 損金不算入額

1,500,000 円 - 228,275 円 = 1,271,725 円

問26

(1) 支出寄附金の額

   ① 指定寄附金   100,000 円

   ② 特定公益増進法人に対する寄附金   200,000 円

   ③ 一般寄附金   900,000 円

   ④ ①＋②＋③＝   1,200,000 円

(2) 損金算入限度額

   ① 一般寄附金の損金算入限度額

     (イ) 資本基準額

$$120,000,000 \text{円} \times \frac{12}{12} \times \frac{2.5}{1,000} = 300,000 \text{円}$$

     (ロ) 所得基準額

$$\left(50,000,000 \text{円} + 1,200,000 \text{円} \right) \times \frac{2.5}{100} = 1,280,000 \text{円}$$

     (ハ) 損金算入限度額

$$\left(300,000 \text{円} + 1,280,000 \text{円} \right) \times \frac{1}{4} = 395,000 \text{円}$$

   ② 特定公益増進法人等に対する寄附金の損金算入限度額

     (イ) 資本基準額

$$120,000,000 \text{円} \times \frac{12}{12} \times \frac{3.75}{1,000} = 450,000 \text{円}$$

     (ロ) 所得基準額

$$\left(50,000,000 \text{円} + 1,200,000 \text{円} \right) \times \frac{6.25}{100} = 3,200,000 \text{円}$$

     (ハ) 損金算入限度額

$$\left(450,000 \text{円} + 3,200,000 \text{円} \right) \times \frac{1}{2} = 1,825,000 \text{円}$$

(3) 損金不算入額

                       (注)

1,200,000 円 − 100,000 円 − 200,000 円 − 395,000 円

= 505,000 円

    (注) 200,000 円 ＜ 1,825,000 円   ∴ 200,000 円

(1) 支出寄附金の額

① 指定寄附金等　　　　　　　　(A) 1,200,000 円

② 特定公益増進法人に対する寄附金　(B) 500,000 円

③ 一般寄附金　1,500,000 円 ＋ 400,000 円 ＋ 200,000 円

　　　　　＝ (C) 2,100,000 円

④ (A)＋(B)＋(C)＝ (D) 3,800,000 円

(2) 損金算入限度額

① 一般寄附金の損金算入限度額

(イ) 資本基準額

$$28{,}000{,}000 \text{円} \times \frac{12}{12} \times \frac{2.5}{1{,}000} = 70{,}000 \text{円}$$

(ロ) 所得基準額

未払寄附金否認額　仮払寄附金認定損

$$\left\{ \left(13{,}000{,}000 \text{円} + 500{,}000 \text{円} - 1{,}500{,}000 \text{円} \right) + \text{(D)}\ 3{,}800{,}000 \text{円} \right\}$$

$$\times \frac{2.5}{100} = 395{,}000 \text{円}$$

(ハ) 損金算入限度額

$$\left(70{,}000 \text{円} + 395{,}000 \text{円} \right) \times \frac{1}{4} = 116{,}250 \text{円}$$

② 特定公益増進法人等に対する寄附金の損金算入限度額

(イ) 資本基準額

$$28{,}000{,}000 \text{円} \times \frac{12}{12} \times \frac{3.75}{1{,}000} = 105{,}000 \text{円}$$

(ロ) 所得基準額

未払寄附金否認額　仮払寄附金認定損

$$\left\{ \left(13{,}000{,}000 \text{円} + 500{,}000 \text{円} - 1{,}500{,}000 \text{円} \right) + \text{(D)}\ 3{,}800{,}000 \text{円} \right\}$$

$$\times \frac{6.25}{100} = 987{,}500 \text{円}$$

(ハ) 損金算入限度額

$$\left(105{,}000 \text{円} + 987{,}500 \text{円} \right) \times \frac{1}{2} = 546{,}250 \text{円}$$

(3) 損金不算入額

(D) 3,800,000 円 － (A) 1,200,000 円

$$- \left(\left. \begin{array}{c} \text{(B)}\ 500{,}000 \text{円} \\ 546{,}250 \text{円} \end{array} \right\} \text{いずれか少ない額} \quad \therefore \quad 500{,}000 \text{円} \right)$$

－ 116,250 円 ＝ 1,983,750 円

問28

1．支出交際費等の額

$$\boxed{3,800,000 \text{ 円}} + \boxed{750,000 \text{ 円}} + \boxed{2,500,000 \text{ 円}} + \boxed{2,285,000 \text{ 円}}$$

$$= \boxed{9,335,000 \text{ 円}}$$

2．定額控除限度額

$$\boxed{8,000,000 \text{ 円}} \times \frac{\boxed{12}}{12} = \boxed{8,000,000 \text{ 円}}$$

3．損金算入限度額

$$\boxed{9,335,000 \text{ 円}} \text{ と } \boxed{8,000,000 \text{ 円}} \text{ のうちいずれか少ない金額}$$

$$\therefore \boxed{8,000,000 \text{ 円}}$$

4．損金不算入額

$$\boxed{9,335,000 \text{ 円}} - \boxed{8,000,000 \text{ 円}} = \boxed{1,335,000 \text{ 円}}$$

問29

1．支出交際費等の額

①140,000円＋⑧ロ（320,000円＋500,000円）＋⑨8,090,000円＝9,050,000円

2．定額控除限度額

$$8,000,000円 \times \frac{12}{12} = 8,000,000円$$

3．損金算入限度額

9,050,000円＞8,000,000円　　　　∴8,000,000円

4．損金不算入額

9,050,000円－8,000,000円＝1,050,000円　★　⑥の280,000円は、役員給与となる。

問30

1．支出交際費等の額

(2)②210,000円＋(2)③（600,000円－90,000円－120,000円）＋(3)①280,000円

＋(3)④1,000,000円＋(3)⑤4,950,000円＝6,830,000円

2．定額控除限度額

$$8,000,000円 \times \frac{6}{12} = 4,000,000円$$

3．損金算入限度額

6,830,000円＞4,000,000円　　　　∴4,000,000円

4．損金不算入額

6,830,000円－4,000,000円＝2,830,000円

問31

1.

(1)の①	(1)の②	(1)の③	(1)の④	(1)の⑤	(1)の⑥	(1)の⑦	(1)の⑧	(2)	(3)
○	×	×	○	○	○	○	×	○	○

2．交際費等の損金不算入額の計算

(1) 支出交際費等の金額

370,000円＋250,000円＋3,580,000円＋3,890,000円＋300,000円＋350,000円＋460,000円 ＝ 9,200,000 円

(2) 定額控除限度額

8,000,000 円 × $\dfrac{12}{12}$ ＝ 8,000,000 円

(3) 損金算入限度額

9,200,000 円 と 8,000,000 円 のうちいずれか少ない金額

∴ 8,000,000 円

(4) 損金不算入額

9,200,000 円 － 8,000,000 円 ＝ 1,200,000 円

3．土地取得価額減額

1,200,000 円 × $\dfrac{460,000 円}{9,200,000 円}$ ＝ 60,000 円

第十二章　貸倒損失と貸倒引当金（132ページ）

問32

1. 期末一括評価金銭債権の額

36,450,000 円 ＋ 89,200,000 円 ＋ 41,700,000 円 ＋ 3,800,000 円

＝ 171,150,000 円

2. 実質的に債権とみられないものの額　3,150,000 円

3. 差引期末一括評価金銭債権の額

171,150,000 円 － 3,150,000 円 ＝ 168,000,000 円

4. 当期繰入限度額

168,000,000 円 × $\dfrac{10}{1,000}$ ＝ 1,680,000 円

5. 繰入限度超過額

2,520,000 円 － 1,680,000 円 ＝ 840,000 円

問33

Ⅰ　実質債権の額

（注1）

29,600,000 円 ＋ 58,700,000 円 ＋（ 40,800,000 円 － 2,500,000 円

（注2）

－ 600,000 円 ）＋ 3,000,000 円 ＝ 129,000,000 円

（東京商店に対する売掛金）

（注1）　2,500,000 円 ＜ 3,200,000 円　∴ 2,500,000 円

（大阪商店に対する売掛金）

（注2）　1,800,000 円 ＞ 600,000 円　∴ 600,000 円

Ⅱ　繰入限度額

129,000,000 円 × 0.010 ＝ 1,290,000 円

問34

(1) 期末一括評価金銭債権の額

$\boxed{76,000,000 \text{ 円}}$ + $\boxed{25,700,000 \text{ 円}}$ + $\boxed{172,800,000 \text{ 円}}$ + $\boxed{9,950,000 \text{ 円}}$

+ $\boxed{250,000 \text{ 円}}$ = $\boxed{284,700,000 \text{ 円}}$

(2) 実質的に債権とみられないものの額

① 原則法　$\boxed{5,180,000 \text{ 円}}$

② 簡便法　$\boxed{284,700,000 \text{ 円}}$ × $\boxed{0.020}$ = $\boxed{5,694,000 \text{ 円}}$

③ 判　定

①と②のうちいずれか $\left\{\begin{array}{l}\text{多　い}\\ \underline{\text{少ない}}\end{array}\right\}$ 額　　　∴ $\boxed{5,180,000 \text{ 円}}$

(3) 実績繰入率

$$\frac{\left(\boxed{3,244,777 \text{ 円}} + \boxed{3,484,438 \text{ 円}} + \boxed{2,803,881 \text{ 円}}\right) \times \dfrac{12}{36}}{\left(\boxed{329,800,000 \text{ 円}} + \boxed{342,160,000 \text{ 円}} + \boxed{338,600,000 \text{ 円}}\right) \div \boxed{3}}$$

= $\boxed{0.00943}$ ⟶ $\boxed{0.0095}$　小数点以下4位未満切 $\boxed{\text{上げ}}$

(4) 法定繰入率　$\boxed{0.010}$

(5) 繰入限度額

① 実績繰入率による繰入限度額

$\boxed{284,700,000 \text{ 円}}$ × $\boxed{0.0095}$ = $\boxed{2,704,650 \text{ 円}}$

② 法定繰入率による繰入限度額

$\left(\boxed{284,700,000 \text{ 円}} - \boxed{5,180,000 \text{ 円}}\right)$ × $\boxed{0.010}$ = $\boxed{2,795,200 \text{ 円}}$

③ 当期繰入限度額

①と②のうちいずれか $\left\{\begin{array}{l}\underline{\text{多　い}}\\ \text{少ない}\end{array}\right\}$ 額　　　∴ $\boxed{2,795,200 \text{ 円}}$

問35

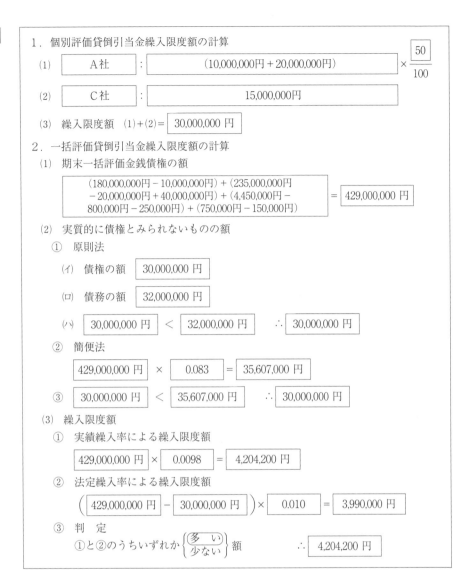

1．個別評価貸倒引当金繰入限度額の計算

(1)　| A社 | ： | （10,000,000円＋20,000,000円） | × $\dfrac{50}{100}$

(2)　| C社 | ： | 15,000,000円 |

(3)　繰入限度額　(1)＋(2)＝ | 30,000,000 円 |

2．一括評価貸倒引当金繰入限度額の計算

(1)　期末一括評価金銭債権の額

| （180,000,000円－10,000,000円）＋（235,000,000円 －20,000,000円＋40,000,000円）＋（4,450,000円－ 800,000円－250,000円）＋（750,000円－150,000円） | ＝ | 429,000,000 円 |

(2)　実質的に債権とみられないものの額

　①　原則法

　　(イ)　債権の額　| 30,000,000 円 |

　　(ロ)　債務の額　| 32,000,000 円 |

　　(ハ)　| 30,000,000 円 | ＜ | 32,000,000 円 | ∴ | 30,000,000 円 |

　②　簡便法

　　　| 429,000,000 円 | × | 0.083 | ＝ | 35,607,000 円 |

　③　| 30,000,000 円 | ＜ | 35,607,000 円 | ∴ | 30,000,000 円 |

(3)　繰入限度額

　①　実績繰入率による繰入限度額

　　　| 429,000,000 円 | × | 0.0098 | ＝ | 4,204,200 円 |

　②　法定繰入率による繰入限度額

　　　（| 429,000,000 円 | － | 30,000,000 円 |）× | 0.010 | ＝ | 3,990,000 円 |

　③　判　定

　　　①と②のうちいずれか $\left\{\begin{array}{l}多　い\\少ない\end{array}\right\}$ 額　　∴ | 4,204,200 円 |

問36

1．圧縮限度額の計算

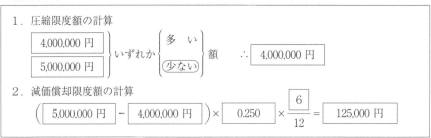

$\left.\begin{array}{c} \boxed{4,000,000 \text{ 円}} \\ \boxed{5,000,000 \text{ 円}} \end{array}\right\}$ いずれか $\left\{\begin{array}{c} 多 \text{ い} \\ \boxed{少ない} \end{array}\right\}$ 額　∴ $\boxed{4,000,000 \text{ 円}}$

2．減価償却限度額の計算

$\left(\boxed{5,000,000 \text{ 円}} - \boxed{4,000,000 \text{ 円}} \right) \times \boxed{0.250} \times \dfrac{\boxed{6}}{12} = \boxed{125,000 \text{ 円}}$

問37

(1) 保険差益の額

$\left(\boxed{77,250,000 \text{ 円}} - \boxed{2,250,000 \text{ 円}} \right) - \boxed{7,250,000 \text{ 円}} = \boxed{67,750,000 \text{ 円}}$

(2) 圧縮限度額

$\boxed{67,750,000 \text{ 円}} \times \dfrac{\boxed{72,000,000 \text{ 円}}}{\boxed{77,250,000 \text{ 円}} - \boxed{2,250,000 \text{ 円}}} = \boxed{65,040,000 \text{ 円}}$

問38

(1) 滅失等により支出する経費の額

$\boxed{3,420,000円 + 1,500,000円} = \boxed{4,920,000 \text{ 円}}$

(2) 改訂保険金等の額

$\boxed{127,920,000 \text{ 円}} - \boxed{4,920,000 \text{ 円}} = \boxed{123,000,000 \text{ 円}}$

(3) 保険差益の額

$\boxed{123,000,000 \text{ 円}} - \boxed{18,040,000 \text{ 円}} = \boxed{104,960,000 \text{ 円}}$

(4) 圧縮限度額

$\boxed{104,960,000 \text{ 円}} \times \dfrac{\boxed{118,080,000 \text{ 円}}}{\boxed{123,000,000 \text{ 円}}} = \boxed{100,761,600 \text{ 円}}$

問39

(1) F株式会社

$\boxed{200,000,000 \text{ 円}} - \left(\boxed{40,000,000 \text{ 円}} + \boxed{3,000,000 \text{ 円}} + \boxed{40,000,000 \text{ 円}} \right)$

$= \boxed{117,000,000 \text{ 円}}$

(2) N株式会社

$\boxed{160,000,000 \text{ 円}} - \left(\boxed{32,000,000 \text{ 円}} + \boxed{2,000,000 \text{ 円}} \right)$

$\times \dfrac{\boxed{160,000,000 \text{ 円}}}{\boxed{160,000,000 \text{ 円}} + \boxed{40,000,000 \text{ 円}}} = \boxed{132,800,000 \text{ 円}}$

問40

1. 滅失等により支出した経費の額

   | 650,000 円 | + | 1,000,000 円 | + | 450,000 円 | = | 2,100,000 円 |

2. 改訂保険金等の額

   | 27,100,000 円 | − | 2,100,000 円 | = | 25,000,000 円 |

3. 保険差益の額

   | 25,000,000 円 | − | 10,000,000 円 | = | 15,000,000 円 |

4. 圧縮限度額

   $$15,000,000\ 円 \times \frac{20,000,000\ 円}{25,000,000\ 円} = 12,000,000\ 円$$

5. 圧縮超過額

   | 14,000,000 円 | − | 12,000,000 円 | = | 2,000,000 円 |

6. 減価償却限度額

   $$\left(20,000,000\ 円 - 12,000,000\ 円\right) \times 0.042 \times \frac{5}{12} = 140,000\ 円$$

7. 償却超過額

   $$\left(120,000\ 円 + 2,000,000\ 円\right) - 140,000\ 円 = 1,980,000\ 円$$

第十四章　受取配当等の益金不算入 （151ページ）

問41

(1) 受取配当等の額

① S商事株式会社

$$\boxed{1,960,000 \text{ 円}} \div \left(1 - \boxed{0.2} \right) = \boxed{2,450,000 \text{ 円}}$$

② 特定株式投資信託

$$\boxed{170,000 \text{ 円}} \div \left(1 - \boxed{0.15} \right) = \boxed{200,000 \text{ 円}}$$

(2) 控除する利子の額

① 原則

$$\boxed{2,450,000 \text{ 円}} \times \boxed{0.04} = \boxed{98,000 \text{ 円}}$$

② 特例

$$\boxed{780,000 \text{ 円}} \times \boxed{0.1} = \boxed{78,000 \text{ 円}}$$

③ 控除する利子の額

①  ②　∴　$\boxed{78,000 \text{ 円}}$

(3) 益金不算入額

$$\left(\boxed{2,450,000 \text{ 円}} - \boxed{78,000 \text{ 円}} \right) + \boxed{200,000 \text{ 円}} \times \boxed{20 \text{ %}}$$

$$= \boxed{2,412,000 \text{ 円}}$$

問42

(1) 受取配当等の額

① 関連法人株式等　　　　　　　　　　$\boxed{600,000 \text{ 円}}$

② その他の株式等（完全子法人株式等、関連法人株式等及び非支配目的株式等以外の株式等）　　$\boxed{360,000 \text{ 円}}$

③ 非支配目的株式等　　　　　　　　　$\boxed{120,000 \text{ 円}}$

(2) 控除する利子の額

① 原則

$$\boxed{600,000 \text{ 円}} \times \boxed{0.04} = \boxed{24,000 \text{ 円}}$$

② 特例

$$\boxed{500,000 \text{ 円}} \times \boxed{0.1} = \boxed{50,000 \text{ 円}}$$

③ 控除する利子の額

① $\begin{cases} \geqq \\ < \end{cases}$ ②　∴　$\boxed{24,000 \text{ 円}}$

(3) 益金不算入額

$$\left(\boxed{600,000 \text{ 円}} - \boxed{24,000 \text{ 円}} \right) + \boxed{360,000 \text{ 円}} \times \boxed{50 \text{ %}}$$

$$+ \boxed{120,000 \text{ 円}} \times \boxed{20 \text{ %}} = \boxed{780,000 \text{ 円}}$$

問43

(1) 短期所有株式対応分

$$\boxed{20,000\ \text{株}} \times \frac{40,000\text{株} \times \dfrac{10,000\text{株}}{30,000\text{株} + 10,000\text{株}}}{40,000\text{株} + 60,000\text{株}} = \boxed{2,000\text{株}}$$

$$\frac{200,000\text{円}}{\boxed{40,000\ \text{株}}} \times \boxed{2,000\ \text{株}} = \boxed{10,000\ \text{円}}$$

(2) 受取配当等の額

① 関連法人株式等

$$\boxed{285,000\ \text{円}} + \boxed{475,000\ \text{円}} + \left(\boxed{200,000\ \text{円}} - \boxed{10,000\ \text{円}} \right)$$

$$= \boxed{950,000\ \text{円}}$$

② 非支配目的株式等 　$\boxed{60,000\ \text{円}}$

(3) 控除する利子の額 　$\boxed{38,000\ \text{円}}$

(4) 益金不算入額

$$\left(\boxed{950,000\ \text{円}} - \boxed{38,000\ \text{円}} \right) + \boxed{60,000\ \text{円}} \times \boxed{20\ \%}$$

$$= \boxed{924,000\ \text{円}}$$

第十五章　有価証券の譲渡損益・時価評価損益（160ページ）

問44

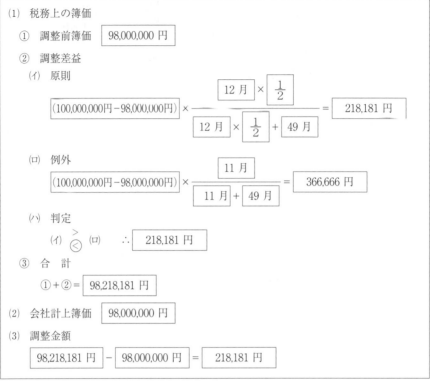

(1) 税務上の簿価

① 調整前簿価　 98,000,000 円

② 調整差益

（イ）原則

$$\left(100,000,000円-98,000,000円\right)\times\dfrac{12\ 月\times\dfrac{1}{2}}{12\ 月\times\dfrac{1}{2}+49\ 月}=218,181\ 円$$

（ロ）例外

$$\left(100,000,000円-98,000,000円\right)\times\dfrac{11\ 月}{11\ 月+49\ 月}=366,666\ 円$$

（ハ）判定

（イ）> < （ロ）　∴ 218,181 円

③ 合計

①＋②＝ 98,218,181 円

(2) 会社計上簿価　 98,000,000 円

(3) 調整金額

98,218,181 円 － 98,000,000 円 ＝ 218,181 円

★　調整金額218,181円は、別表四で所得に加算する。

第十七章　その他の損益（170ページ）

問45

(1) 第11期欠損金額12,000,000円－第13期所得金額8,000,000円－第14期所得金額4,000,000円＝0

(2) 第12期欠損金額5,000,000円－第16期所得金額500,000円＝4,500,000円＜第17期所得金額6,000,000円　　∴4,500,000円

(3) 第15期欠損金額2,000,000円＞1,500,000円（6,000,000円－4,500,000円）　　∴1,500,000円

(4) (2)＋(3)＝6,000,000円　　★　第15期欠損金額の残り500,000円が第18期に繰り越される。

問46　イ　受贈益として課税される金額

$$1,200,000円\times\dfrac{2}{3}-400,000円=400,000円$$

ロ　仕訳

（借）車両運搬具　　800,000円　　（貸）現　　金　　400,000円

受　贈　益　　400,000円

問47

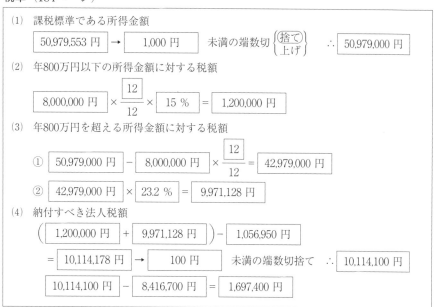

(1) 課税標準である所得金額

$$50,979,553 \text{ 円} \rightarrow 1,000 \text{ 円} \quad \text{未満の端数切} \begin{pmatrix} \text{捨て} \\ \text{上げ} \end{pmatrix} \quad \therefore \quad 50,979,000 \text{ 円}$$

(2) 年800万円以下の所得金額に対する税額

$$8,000,000 \text{ 円} \times \frac{12}{12} \times 15 \text{ \%} = 1,200,000 \text{ 円}$$

(3) 年800万円を超える所得金額に対する税額

① $50,979,000 \text{ 円} - 8,000,000 \text{ 円} \times \dfrac{12}{12} = 42,979,000 \text{ 円}$

② $42,979,000 \text{ 円} \times 23.2 \text{ \%} = 9,971,128 \text{ 円}$

(4) 納付すべき法人税額

$$\left(1,200,000 \text{ 円} + 9,971,128 \text{ 円} \right) - 1,056,950 \text{ 円}$$

$$= 10,114,178 \text{ 円} \rightarrow 100 \text{ 円} \quad \text{未満の端数切捨て} \quad \therefore \quad 10,114,100 \text{ 円}$$

$$10,114,100 \text{ 円} - 8,416,700 \text{ 円} = 1,697,400 \text{ 円}$$

問48

Ⅰ　所得金額の計算

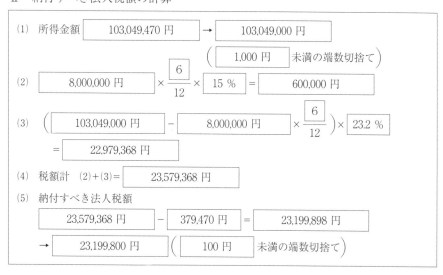

	当 期 利 益	79,220,000円
加算又は減算	損金の額に算入した納税充当金	25,000,000
	納税充当金から支出した前期分事業税の額	△4,300,000
	役員給与の損金不算入額	2,900,000
	法人税額から控除される所得税額	379,470
	受取配当等の益金不算入額	△150,000
	所 得 金 額	103,049,470

Ⅱ　納付すべき法人税額の計算

(1) 所得金額　$103,049,470 \text{ 円} \rightarrow 103,049,000 \text{ 円}$

$\left(1,000 \text{ 円} \quad \text{未満の端数切捨て} \right)$

(2) $8,000,000 \text{ 円} \times \dfrac{6}{12} \times 15 \text{ \%} = 600,000 \text{ 円}$

(3) $\left(103,049,000 \text{ 円} - 8,000,000 \text{ 円} \times \dfrac{6}{12} \right) \times 23.2 \text{ \%}$

$= 22,979,368 \text{ 円}$

(4) 税額計　(2)+(3)＝ $23,579,368 \text{ 円}$

(5) 納付すべき法人税額

$23,579,368 \text{ 円} - 379,470 \text{ 円} = 23,199,898 \text{ 円}$

$\rightarrow 23,199,800 \text{ 円} \quad \left(100 \text{ 円} \quad \text{未満の端数切捨て} \right)$

第二十章　同族会社と留保金課税（190ページ）

問49　株主Aとその同族関係者の持株割合　25%……第1順位
　　　　株主Bとその同族関係者の持株割合　20%……第2順位
　　　　株主Cとその同族関係者の持株割合　10%……第3順位　　計　55%
　　　　3人の株主とその同族関係者の持株が発行済株式の55%に相当し同族会社となる。

問50

1．株主グループ別持株数

第1順位の株主グループ	4,000株＋2,000株＋1,000株	＝ 7,000 株
第2順位の株主グループ	3,500株＋2,000株	＝ 5,500 株
第3順位の株主グループ	3,000株	＝ 3,000 株
第4順位の株主グループ	1,000株＋1,000株	＝ 2,000 株

2．同族会社の判定

（第1順位）　（第2順位）　（第3順位）

7,000 株 ＋ 5,500 株 ＋ 3,000 株 ＝ 15,500 株 $\left\{\begin{array}{c}\bigotimes\\<\end{array}\right\}$ 30,000 株 × $\dfrac{50}{100}$

＝ 15,000 株

∴　同族会社に該当 $\left\{\begin{array}{c}\text{する}\\ \text{しない}\end{array}\right\}$

3．留保金課税の適用法人の判定

（第 1 順位）

7,000 株 $\left\{\begin{array}{c}>\\\bigcirc\end{array}\right\}$ 30,000 株 × $\dfrac{50}{100}$ ＝ 15,000 株

∴　留保金課税の適用 $\left\{\begin{array}{c}\text{あり}\\ \text{なし}\end{array}\right\}$

4．使用人兼務役員の判定

株主名	50%超基準	10%超基準	5%超基準	判定
E	○	○	○	×
G	×	－	－	○

問51

1．株式・出資（甲株式）

(1) 個別法

130,000 円 × $\dfrac{8}{12}$（ 0.6666… → 0.667 ）＝ 86,710 円

小数点以下３位未満切上げ

(2) 簡便法

130,000 円 × $\dfrac{0 株 +（ 12,000 株 - 0 株 ）× \frac{1}{2}}{12,000 株}$（ 0.500 ）

＝ 65,000 円

(3) 控除額

(1)と(2)のうちいずれか〔多い／少ない〕額　∴　86,710 円

2．受益権（乙受益権）　16,800 円

3．その他（丙銀行預金）　12,300 円

4．法人税額から控除される所得税額

86,710 円 ＋ 16,800 円 ＋ 12,300 円 ＝ 115,810 円

問52

1　株式

(1) A株式・C株式　104,000 円 ＋ 35,000 円 ＝ 139,000 円

(2) B株式

① 個別法

51,000 円 × $\dfrac{9}{12}$（ 0.750 ）＝ 38,250 円

小数点以下 3 位未満切 上げ

② 簡便法

51,000 円 × $\dfrac{0 株 +（ 1,700 株 - 0 株 ）× \frac{1}{2}}{1,700 株}$（ 0.500 ）

＝ 25,500 円

③ 控除額

①と②のうちいずれか〔多い／少ない〕額　∴　38,250 円

(3) 株式合計　(1)+(2)＝ 177,250 円

2　公社債　54,000 円

3　その他　45,000 円

4　合　計　1 ＋ 2 ＋ 3 ＝ 276,250 円

問53

(1) 株式・出資

  ① 個別法

    (イ) A株式（中間）

$$\boxed{30{,}000\ 円} \times \frac{\boxed{40{,}000\ 株}}{\boxed{60{,}000\ 株}} \times \boxed{\frac{6}{6}}\ (1.000) + \boxed{30{,}000\ 円} \times \frac{\boxed{20{,}000\ 株}}{\boxed{60{,}000\ 株}}$$

$$\times \boxed{\frac{1}{6}} \left(\boxed{0.167}\right)\text{（小数点以下}\boxed{3}\text{位未満切}\boxed{\text{上げ}}\text{）} = \boxed{21{,}670\ 円}$$

    (ロ) A株式（確定）

$$\boxed{57{,}000\ 円} \times \frac{\boxed{30{,}000\ 株}}{\boxed{95{,}000\ 株}} \times \boxed{\frac{6}{6}}\ (1.000) + \boxed{57{,}000\ 円} \times \frac{\boxed{65{,}000\ 株}}{\boxed{95{,}000\ 株}}$$

$$\times \boxed{\frac{5}{6}} \left(\boxed{0.834}\right)\text{（小数点以下}\boxed{3}\text{位未満切}\boxed{\text{上げ}}\text{）} = \boxed{50{,}526\ 円}$$

    (ハ) その他 $\boxed{140{,}000\ 円}$

    (ニ) 小 計 (イ)＋(ロ)＋(ハ)＝ $\boxed{212{,}196\ 円}$

  ② 簡便法

    (イ) A株式（中間）

$$\boxed{30{,}000\ 円} \times \frac{\boxed{60{,}000\ 株}}{\boxed{60{,}000\ 株}}\ (1.000) = \boxed{30{,}000\ 円}$$

    (ロ) A株式（確定）

$$\boxed{57{,}000\ 円} \times \frac{\boxed{60{,}000\ 株} + \left(\boxed{95{,}000\ 株} - \boxed{60{,}000\ 株}\right) \times \boxed{\frac{1}{2}}}{\boxed{95{,}000\ 株}}\left(\boxed{0.816}\right)$$

$$\text{（小数点以下}\boxed{3}\text{位未満切}\boxed{\text{上げ}}\text{）}$$

$$= \boxed{46{,}512\ 円}$$

    (ハ) その他 $\boxed{140{,}000\ 円}$

    (ニ) 小 計 (イ)＋(ロ)＋(ハ)＝ $\boxed{216{,}512\ 円}$

  ③ ① $\gtrless$ ② ∴ $\boxed{216{,}512\ 円}$

(2) 受益権

    $\boxed{10{,}500\ 円} + \boxed{11{,}250\ 円} = \boxed{21{,}750\ 円}$

(3) その他 $\boxed{24{,}750\ 円}$

(4) 合 計   (1)＋(2)＋(3)＝ $\boxed{263{,}012\ 円}$

問54

1	2	3	4	5	6	7	8	9	10	11	12	13
×	○	○	○	○	○	×	×	○	×	×	×	○

14	15	16	17	18	19	20	21	22	23	24	25	26
○	○	×	○	×	×	○	×	○	×	×	○	×

問55

	1	2	3	4	5	6	7	8	9	10	11	12	13
益金の額に算入		○										○	
益金の額に不算入	○								○				
損金の額に算入				○		○	○	○					○
損金の額に不算入			○		○					○	○		

問56

I　所得金額の計算

摘　　要		金　　額
当　期　利　益		63,554,180円
加算	損金の額に算入した中間納付の法人税額	14,756,000
	損金の額に算入した中間納付の住民税の額	1,391,500
	損金の額に算入した納税充当金	15,000,000
	車両減価償却超過額	1,300,000
	役員給与の損金不算入額	2,500,000
	交際費等の損金不算入額	12,637,300
	小　　計	47,584,800
減算	建物減価償却超過額の当期認容額	800,000
	益金の額に算入した法人税及び住民税の還付金額	1,356,000
	小　　計	2,156,000
仮　　計		108,982,980
寄　附　金　の　損　金　不　算　入　額		2,506,000
法　人　税　額　か　ら　控　除　さ　れ　る　所　得　税　額		1,590,590
合　計　・　総　計　・　差　引　計		113,079,570
所　　得　　金　　額		113,079,570

II 納付すべき法人税額の計算

摘　　要	金　　額	計　算　過　程
所 得 金 額	113,079,000円	☐ 1,000 円 未満の端数切捨て
法 人 税 額	25,578,328	(1) 年800万円以下の所得金額に対する税額 ☐ 8,000,000 円 × $\frac{12}{12}$ × ☐ 15 % ＝ ☐ 1,200,000円 (2) 年800万円を超える所得金額に対する税額 (☐ 113,079,000 円 － ☐ 8,000,000 円 × $\frac{12}{12}$) × ☐ 23.2% ＝ ☐ 24,378,328 円 (3) 税額計　(1)＋(2)＝ ☐ 25,578,328 円
差引法人税額	25,578,328	
法 人 税 額 計	25,578,328	
控 除 税 額	1,590,590	
差引所得に対する法人税額	23,987,700	☐ 100 円 未満の端数切捨て
中間申告分の法 人 税 額	14,756,000	
納付すべき法 人 税 額	9,231,700	

問57　I　所得金額の計算

摘　　　　　　　　要		金　　　額
当　　期　　利　　益		106,853,200円
加	損金の額に算入した中間納付の法人税の額	24,800,000
	損金の額に算入した中間納付の住民税の額	2,262,200
	損金の額に算入した納税充当金	15,500,000
	貸倒引当金の繰入限度超過額	1,270,000
	交際費等の損金不算入額	3,987,550
	建物減価償却超過額	100,900
算	機械減価償却超過額	140,000
	小　　　　　計	48,060,650
減	納税充当金から支出した前期分事業税等の額	6,092,700
	車両減価償却超過額認容	132,000
	受取配当等の益金不算入額	750,000
算		
	小　　　　　計	6,974,700
仮　　　　　　　　計		147,939,150
法 人 税 額 か ら 控 除 さ れ る 所 得 税 額		193,260
合　計　・　総　計　・　差　引　計		148,132,410
所　　得　　金　　額		148,132,410

II　計算過程

項　　　目	計　　算　　過　　程
減　価　償　却	1．建物 　(1)　会社計上償却費　 1,000,000 円 　(2)　償却限度額 　　 37,000,000 円 ×0.9× 0.027 ＝ 899,100 円 　(3)　償却超過額 　　(1)−(2)＝ 100,900 円 2．機械 　(1)　会社計上償却費　 500,000 円 　(2)　償却限度額 　　①　調整前償却額 　　　 5,400,000 円 × 0.200 ＝ 1,080,000 円 　　②　償却保証額 　　　 5,400,000 円 × 0.06552 ＝ 353,808 円

③ ① $\left\{\begin{matrix}\geqq\\<\end{matrix}\right\}$ ② ∴ 1,080,000 円

④ 償却限度額

5,400,000 円 × 0.200 × $\dfrac{4}{12}$ = 360,000 円

(3) 償却超過額

(1)−(2)= 140,000 円

3．車両

(1) 会社計上償却費 473,000 円

(2) 償却限度額

① 調整前償却額

(1,200,000 円 + 312,500 円) × 0.400

= 605,000 円

② 償却保証額

5,000,000 円 × 0.10800 = 540,000 円

③ ① $\left\{\begin{matrix}\geqq\\<\end{matrix}\right\}$ ② ∴ 605,000 円

④ 償却限度額

605,000 円

(3) 認容額

(2)−(1)= 132,000 円 $\left\{\begin{matrix}>\\<\end{matrix}\right\}$ 312,500 円 ∴ 132,000 円

受取配当等の益金不算入額	(1) 受取配当等の額

(1) 受取配当等の額

① 関連法人株式等 700,000 円

② 特定株式投資信託 390,000 円

(2) 控除する利子の額

700,000 円 × 0.04 = 28,000 円

(3) 益金不算入額

(700,000 円 − 28,000 円) + 390,000 円

× 20 % = 750,000 円

法人税額から控除される所得税額

(1) 株式・出資（A株式）

① 個別法

140,000 円 × $\dfrac{10}{12}$ (0.8333 → 0.834)

小数点以下3位未満切上げ

= 116,760 円

② 簡便法

140,000 円 × $\dfrac{0株+\left(20,000 株 − 0株\right)×\frac{1}{2}}{20,000 株}$ (0.500)

= 70,000 円

③ 控除額

①と②のうちいずれか $\left\{\begin{matrix}多 い\\少ない\end{matrix}\right\}$ 額 ∴ 116,760 円

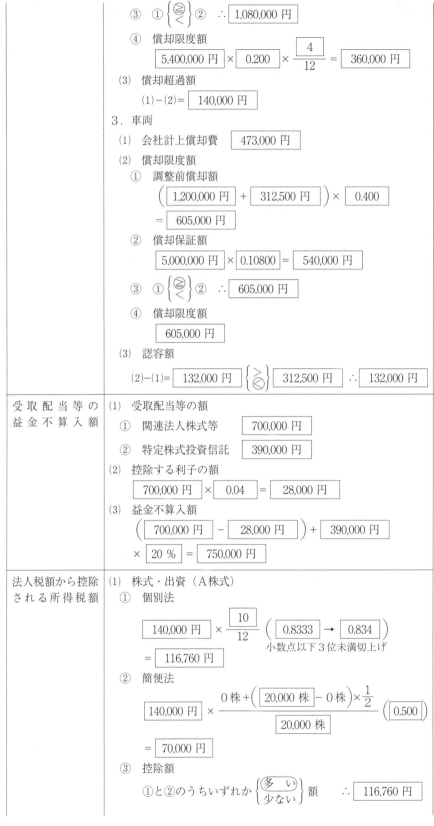

(2) 受益権（B受益権）　　58,500 円

(3) その他（C銀行預金）　　18,000 円

(4) 法人税額から控除される所得金額

116,760 円 ＋ 58,500 円 ＋ 18,000 円 ＝ 193,260 円

Ⅲ　納付すべき法人税額の計算

摘　　要	金　　額	計　　算　　過　　程
所 得 金 額	148,132,000円	1,000 円 未満の端数切捨て
法 人 税 額	33,710,624	(1) 8,000,000 円 × $\frac{12}{12}$ × 15 % ＝ 1,200,000 円 (2) （ 148,132,000 円 － 8,000,000 円 × $\frac{12}{12}$）× 23.2% ＝ 32,510,624 円 (3) 税額計 (1)＋(2)＝ 33,710,624円
差引法人税額	33,710,624	
法 人 税 額 計	33,710,624	
控 除 税 額	193,260	
差引所得に対する法人税額	33,517,300	100 円 未満の端数切捨て
中間申告分の法 人 税 額	24,800,000	
納 付 す べ き法 人 税 額	8,717,300	

問58

I 所得金額の計算

摘　　　　　　　　　　　　要		金　　　額
	当　　期　　利　　益	97,992,900円
加	損金の額に算入した中間納付の法人税の額	22,654,000
	損金の額に算入した中間納付の住民税の額	2,076,100
	損金の額に算入した納税充当金	16,800,000
	損金の額に算入した延滞税	175,000
	貸倒引当金の繰入限度超過額	1,124,500
	商品評価損の否認額	1,500,000
	役員給与の損金不算入額	6,000,000
算	建物減価償却超過額	285,000
	車両減価償却超過額	50,100
	備品減価償却超過額	80,000
	交際費等の損金不算入額	1,050,000
	土地圧縮超過額	1,000,000
	小　　　　　　　　　計	52,794,700
減	納税充当金から支出した事業税等の額	5,031,000
	貸倒引当金繰入限度超過額の当期認容額	990,750
	機械減価償却超過額認容	99,376
	未払交際費認定損	600,000
算	受取配当等の益金不算入額	420,000
	小　　　　　　　　　計	7,141,126
	仮　　　　　　　　　計	143,646,474
	寄　附　金　の　損　金　不　算　入　額	983,370
	法　人　税　額　か　ら　控　除　さ　れ　る　所　得　税　額	172,500
	合　計　・　総　計　・　差　引　計	144,802,344
	所　　得　　金　　額	144,802,344

II 計算過程

項　　　　目	計　　算　　過　　程		
役　員　給　与	会社計上役員給与	法人税法上の適正額	損金不算入額
	36,000,000 円 －	30,000,000 円 ＝	6,000,000 円

減 価 償 却	1．建物

1．建物

(1) 会社計上償却費　　1,500,000 円

(2) 償却限度額

45,000,000 円 ×0.9× 0.030 ＝ 1,215,000 円

(3) 償却超過額

(1)－(2)＝ 285,000 円

2．機械

(1) 会社計上償却費　　200,000 円

(2) 償却限度額

$\left(\right.$ 2,456,000 円 ＋ 200,000 円 ＋ 368,000 円 $\left.\right)$

× 0.099 ＝ 299,376 円

(3) 認容額

(2)－(1)＝ 99,376 円 $\left\{\begin{array}{c} > \\ \bigotimes \end{array}\right\}$ 368,000 円

∴ 99,376 円

3．車両

(1) 会社計上償却費　　650,000 円

(2) 償却限度額

① 調整前償却額

$\left(\right.$ 849,750 円 ＋ 650,000 円 $\left.\right)$ × 0.400

＝ 599,900 円

② 償却保証額

2,500,000 円 ×0.10800＝ 270,000 円

③ ① $\left\{\begin{array}{c} \bigcircleq \\ < \end{array}\right\}$ ②　∴ 599,900 円

④ 償却限度額

599,900 円

(3) 償却超過額

(1)－(2)＝ 50,100 円

4．備品

(1) 会社計上償却費　　200,000 円

(2) 償却限度額

① 調整前償却額

$\left(\right.$ 520,000 円 ＋ 200,000 円 $\left.\right)$ × 0.200

＝ 144,000 円

② 償却保証額

720,000 円 ×0.06552＝ 47,174 円

③ ① $\left\{\begin{array}{c} \bigcircleq \\ < \end{array}\right\}$ ②　∴ 144,000 円

④ 償却限度額

$\left(\right.$ 520,000 円 ＋ 200,000 円 $\left.\right)$ × 0.200

		$\times \dfrac{10}{12}$ = 120,000 円
	(3) 償却超過額	
	(1)-(2)= 80,000 円	

交 際 費 等	(1) 支出交際費等
	300,000 円 + 2,000,000 円 + 6,150,000 円 +
	600,000 円 = 9,050,000 円
	(2) 定額控除限度額
	8,000,000 円 × $\dfrac{12}{12}$ = 8,000,000 円
	(3) 損金算入限度額
	9,050,000 円 > 8,000,000 円 ∴ 8,000,000 円
	(4) 損金不算入額
	9,050,000 円 - 8,000,000 円 = 1,050,000 円

国 庫 補 助 金	(1) 圧縮限度額
	4,000,000 円 ⎫ いずれか ⎰ 多 い ⎱ 額 ∴ 4,000,000 円
	6,000,000 円 ⎭ ⎰(少ない)⎱
	(2) 圧縮超過額
	5,000,000 円 - 4,000,000 円 = 1,000,000 円

Ⅲ　納付すべき法人税額の計算

摘　要	金　額	計　算　過　程
所 得 金 額	144,802,000円	1,000 円　未満の端数切捨て
法 人 税 額	32,938,064	(1) 年800万円以下の所得金額に対する税額 8,000,000 円 × $\dfrac{12}{12}$ × 15 % = 1,200,000 円 (2) 年800万円を超える所得金額に対する税額 (144,802,000 円 - 8,000,000 円 × $\dfrac{12}{12}$) × 23.2% = 31,738,064 円 (3) 税額計　(1)+(2)= 32,938,064 円
差引法人税額	32,938,064	
法 人 税 額 計	32,938,064	
控 除 税 額	172,500	
差引所得に対する法人税額	32,765,500	100 円　未満の端数切捨て
中間申告分の法 人 税 額	22,654,000	
納付すべき法 人 税 額	10,111,500	

第113回法人税法能力検定試験　解答

3 級

試験会場

受験番号

採　点

第1問（20点）

①	②	③	④	⑤	⑥	⑦	⑧	⑨	⑩
ア	エ	オ	キ	ケ	シ	ス	タ	チ	テ

第2問（20点）

イ	700,000 円	ロ	170,000 円
ハ	$\dfrac{2.5}{100}$	二	$\dfrac{1}{4}$
ホ	324,835 円		

第3問（60点）

イ	損金経理をした法人税	ロ	土地評価益の益金不算入額	
ハ	仮　　計	ニ	法人税額から控除される所得税額	
ホ	15,285,000 円	ヘ	7,000 円	
ト	166,000 円	チ	400,000 円	
リ	4,351,800 円	ヌ	824,000 円	
ル	92,340 円	ヲ	493,927 円	
ワ	1,200,000 円	カ	12,351,800 円	
ヨ	50 %	タ	55,620 円	
レ	322,640 円	ソ	1,260,000 円	
ツ	3,302,200 円	ネ	23.2 %	

第113回法人税法能力検定試験　解答

2　級

試験会場

受験番号

採　点

第1問 （20点）

ア	イ	ウ	エ	オ	カ	キ	ク	ケ	コ
⑦	①	⑩	㉘	⑪	⑤	⑱	⑬	㉒	⑮

第2問 （20点）

イ	20 ％	ロ	あり
ハ	34,000,000 円	ニ	8,500,000 円
ホ	1,043,750 円		

第3問（60点）

I．所得金額の計算

区　　　　分		金　　　額
当　　期　　利　　益		66,975,652 円
加算	損金経理をした納税充当金	15,378,000
	損金経理をした法人税	9,356,000
	損金経理をした住民税	2,666,000
	損金経理をした附帯税，加算金，延滞金及び過怠税	12,000
	損金経理をした罰金等	36,000
	一括評価金銭債権に係る貸倒引当金繰入限度超過額	96,300
	繰延資産償却超過額	641,200
	交際費等の損金不算入額	352,000
	建物減価償却超過額	30,000
	機械装置減価償却超過額	1,040,000
	有価証券売却損否認	20,000
	小　　　　　計	29,627,500
減算	納税充当金から支出した事業税等の金額	3,560,000
	一括評価金銭債権に係る貸倒引当金繰入限度超過額の当期認容額	56,700
	収用等の所得の特別控除額	22,000,000
	受取配当等の益金不算入額	708,000
	小　　　　　計	26,324,700
仮　　　　　計		70,278,452
法人税額から控除される所得税額		234,212
合　計　・　差　引　計　・　総　計		70,512,664
所　　得　　金　　額		70,512,664

法 人 税 法 **2** 級　　　　受験番号 _____

イ		5,562,000 円	ロ		1,395,000 円
ハ		0.027	ニ		30 %
ホ		600 円	ヘ		60,000 円
ト		700,000 円	チ		$\frac{20}{100}$
リ		32,004 円	ヌ		33,012 円
ル		61,200 円	ヲ		234,212 円
ワ		9,356,000 円	カ		6,112,500 円
ヨ		1,200,000 円	タ		23.2 %